MONSIEUR LITTRÉ

JEAN HAMBURGER
de l'Académie française

MONSIEUR LITTRÉ

FLAMMARION

© Flammarion, 1988.
ISBN 2-08-066224-4
Imprimé en France

INTRODUCTION

Savez-vous ce que sont un trousse-galant, une trouille ou un trou-madame ? Si vous l'ignorez, ouvrez le *Littré* à la lettre T et vous apprendrez que :

Le *trousse-galant* est une :

> « sorte de maladie violente et rapide qui abat, emporte en peu de temps ».

La *trouille* est le :

> « résidu de la fabrication de l'huile de colza ».

Le *trou-madame* est une :

> « sorte de jeu, qui se joue avec treize petites boules, qu'on fait couler dans autant de trous, marqués pour la perte ou pour le gain ».

Et vous saurez même que Madame de Sévigné fut un jour si heureuse qu'elle confia à sa fille ·

> « Ce bonheur me parut comme de donner droit dans le treize d'un trou-madame ».

Ou encore que Madame de Maintenon écrivit au duc de Noailles, à propos des faits et gestes de la comtesse d'Estrées :

> « Elle engagea hier Monsieur, qui languissait dans ma chambre après le dîner retardé par le conseil, à jouer au trou-madame. »

Les promenades dans le *Littré* sont donc fort instructives. Émile Littré édifia son dictionnaire comme d'autres bâtirent une cathédrale, vouant leur existence à choisir la taille de chaque pierre, la ciselure de chaque relief, l'épanouissement de chaque vitrail. Il créa ainsi un admirable monument à la gloire de la langue française. Pour la première fois, la définition du mot était complétée par l'image de son passé, de ses racines, de son évolution à travers les siècles. Tandis que les lexicographes s'étaient limités jusqu'alors à un instantané de la langue, Littré racontait la vie des mots depuis leur naissance. Il démontrait qu'on ne peut en user avec exactitude sans en comprendre la genèse. Et les définitions étaient illustrées de tant d'exemples choisis avec bonheur qu'elles devenaient, à chaque page, le prétexte d'un rendez-vous avec Du Bellay, Christine de Pisan, Molière, Pascal, Bossuet, La Fontaine, Voltaire ou Victor Hugo.

L'homme qui se cache derrière une œuvre est parfois dénoncé par elle. Ici, rien de tel. Nul ne peut deviner, derrière le dictionnaire, le personnage qui en fut l'auteur. Épris de solitude et habité par l'amour des hommes, sauvage et audacieux, tolérant mais sans compromis, haïssant l'ambition et saisi par elle, chercheur passionné d'une philosophie de l'existence, incroyant et religieux à la fois, maladroit en paroles et se jetant dans l'écriture, peu ordinaire en somme. Curieusement, si le *Littré* a été l'objet de nombreuses études, l'homme Littré fut un peu boudé par les biographes. Pourtant, la tentation est forte de dessiner cette silhouette étrange et de raconter son histoire.

*
**

La première folie d'Émile Littré fut de désirer tout connaître : la médecine d'abord, puis l'histoire, les lettres, les langues mortes et vivantes, l'Antiquité, le Moyen Âge, la philosophie, la philologie, les sciences, la poésie, le journalisme, la politique. Il aurait jugé avec sévérité l'étroite spécialisation qui est la nécessité et la servitude de notre temps. Toute sa vie durant, il eut peur de s'engager dans une voie unique, il s'efforça d'avoir des clartés de tout, il voulut tout comprendre.

Sans doute était-il tenaillé, comme la plupart des hommes, par le désir d'effacer l'étrangeté de l'aventure humaine, l'étrangeté de l'univers. Dans cette démarche, la raison échoue, mais Littré n'accepte pas cet échec. Il use d'un moyen simple : il frappe d'interdit toute recherche des sources profondes, arguant qu'à l'évidence elles ne seront jamais à portée d'homme. Il ne nie pas le mystère, il le refuse, comme on refuse un corps étranger. Il croit apercevoir, la main sûre et l'âme tranquille, la frontière entre le rationnel, qu'il chérit, et l'irrationnel, qu'il repousse. Il se trompe dans le tracé de cette frontière et se prive à la fois des doutes nécessaires sur le rationnel et de la révérence que mérite l'irrationnel. Mais, dans ces erreurs, il est si probe, si droit, si sincère, qu'il inspire le respect — davantage même, parce que ses interrogations sont sœurs des nôtres. On pourrait craindre que son découpage manichéen, déifiant la science et ignorant le reste, ne l'expose au risque de sécheresse : il échappe totalement à ce risque par une générosité et une sensibilité à fleur de peau, à peine cachées sous une discrétion d'ascète. Sa haine de l'intolérance le sauve du sectarisme. Il est simplement, comme nous tous, à la recherche d'un monde respirable. Même si ses chemins ne sont pas les nôtres, il est, dans sa quête, à nos côtés.

Malgré sa vie solitaire et peu voyageuse, Émile Littré connut de nombreuses aventures. Né d'une famille pauvre et obscure, il parvint, au cours d'une existence semée d'embûches et d'ennemis, à connaître une immense célébrité auprès de ses contemporains. « L'un des hommes les plus considérables de notre temps et de notre pays », écrivait Gambetta. « Une des consciences les plus complètes de l'univers », déclarait Renan. Sainte-Beuve, Victor

Hugo, George Sand et bien d'autres renchérissaient dans cette admiration. Émile Zola ira jusqu'à proclamer qu'il était « l'homme du siècle ». Il est vrai que certains, à l'inverse, le tenaient pour le diable, tel ce journaliste de Bretagne qui, ayant appris que Littré avait fait une chute accidentelle, regrettait publiquement qu'il n'en fût pas mort.

Pour moi, tandis que je préparais ce livre, Émile Littré me devint tour à tour proche et lointain. J'avais appris à aimer sa timidité, son scrupule, sa soif de rigueur, sa curiosité impatiente, son entêtement dans la recherche, sa candeur, son enfermement dans le travail, ses instants de mélancolie et ses instants d'enthousiasme. Mais, peu à peu, je compris que je ne pouvais faire mienne sa philosophie. C'est l'aventure de cette affinité imparfaite, de cet éloignement de seconde intention, que j'aimerais relater. Le biographe n'est pas toujours absent de la biographie. On découvre Marguerite Yourcenar derrière Hadrien. *L'Idiot de la famille* en dit plus long sur Sartre que sur Flaubert. Et Mauriac, dans sa *Vie de Racine* déclare : « Pour tenter l'approche d'un homme disparu depuis des siècles, la route la meilleure passe par nous-mêmes. » Sans vouloir me comparer à ces auteurs célèbres, j'avoue n'avoir pu raconter l'histoire d'Émile Littré sans dialoguer avec lui par la pensée. J'ai été parfois jusqu'à contester ouvertement ses positions, interrompant le récit pour me donner le temps d'une contradiction. Ce mélange d'accords et de désaccords, loin d'étouffer mon héros, lui donnera peut-être davantage de relief, comme l'ombre et la lumière permettent au portraitiste de donner vie à son modèle.

Chapitre I

ENFANCE

Les parents d'Émile Littré étaient d'une trempe assez rare, deux personnages de roman d'aventure. Lui un ancien matelot apprenant le grec et le sanscrit, elle une pasionaria qui se voulut femme-servante. Tous deux formés par la Révolution, épris de justice, amoureux fervents de culture, couvant l'éducation de leur fils qui allait devenir leur raison de vivre.

Michel-François et Sophie

Novembre 1799. Un jeune général nommé Bonaparte devient Premier Consul de la République. Le Directoire est renversé. La Révolution s'éloigne. Le Consulat commence.

A cette époque revient en France, après une longue absence outre-mer, un sous-officier de l'infanterie de marine, qui a servi avec droiture, fidélité et bravoure dans les armées révolutionnaires. L'homme est athlétique, haute taille, belle allure, malgré un visage grêlé par la petite vérole. Il se nomme Michel-François Littré. Il est parti d'Avranches, onze ans plus tôt, Avranches où ses ancêtres ont exercé le métier d'orfèvre depuis sept générations. Plus tard, son fils dira combien reste vive, dans la famille Littré, l'amour de la Normandie :

« J'aime la Normandie et je lui appartiens. Mon père naquit à Avranches, petite ville perchée sur une espèce de promontoire d'où, dominant un pays charmant qu'il faut voir quand les pommiers sont en fleurs, elle regarde en face d'elle l'abbaye du Mont-Saint-Michel et sa grève désolée. Grandiose est l'effet de cet antique et admirable édifice de granit, jeté en défi à une mer qui, deux fois par jour, vient l'entourer de son flot grondant. J'ai entendu conter dans la famille qu'un de nos aïeux, orfèvre comme ses pères et comme ses descendants, fut appelé à l'abbaye pour réparer un groupe de cuivre qui représentait Satan terrassé par l'archange Michel. Le bonhomme, examen fait, dit aux moines : " Votre diable est bon, mais l'archange ne vaut rien. " Malheureusement il était huguenot ; sa parole fut mal prise, on l'inquiéta, il eut peur et se convertit. Depuis ce temps-là, la famille est catholique. A quoi tiennent les conversions ! Sans la malencontreuse goguenarderie d'un aïeul, tous ces gens-là restaient huguenots et ils étaient damnés éternellement. »

C'était là plaisante ironie, car la foi chrétienne s'était éteinte dans la famille Littré vers la fin du XVIIIe siècle. Michel-François avait été élevé dans une totale incroyance. Cependant, très attaché à la tradition de ses ancêtres, il aurait sans doute succédé à son père dans le métier d'orfèvre si, à l'âge de dix-huit ans, un événement imprévu ne l'avait amené à rompre la chaîne. Sa mère était morte et il en avait éprouvé un chagrin extrême. Peu après, son père avait pris une nouvelle épouse. Michel-François n'avait pu supporter ce remariage. L'intruse lui était vite devenue odieuse. Il avait décidé de partir, misérable, jurant de ne jamais revenir, fuyant vers Paris pour s'engager bientôt dans les troupes de marine, mais, peut-être pour se faire pardonner, envoyant à son père qu'il savait en difficulté d'argent la jolie somme qu'on recevait en s'enrôlant dans l'armée. Ce trait de caractère le dépeint assez bien.

Il navigue ensuite sur les mers lointaines. A bord de la *Cybèle*, vaisseau de quarante-quatre canons, il fait preuve d'un grand courage. La *Cybèle* croisait au large d'une des possessions françaises de l'océan Indien, l'île de France, l'actuelle île Maurice, lorsqu'un bâtiment anglais de cinquante canons surgit et sembla se diriger vers l'île avec d'inquiétantes intentions. Les Français ouvrirent le feu et l'ennemi anglais prit bientôt la fuite. Au cours de la bataille, le sergent Littré s'était montré si valeureux qu'il se vit, peu après, décerner un Sabre d'honneur.

Presque tout l'équipage était animé d'un bel enthousiasme pour les événements de 1789. Seuls quelques officiers étaient plus réservés. Le 14 juillet, jour anniversaire de la prise de la Bastille, il y eut grande fête à bord. Michel-François Littré composa une ronde à la gloire de la Révolution française. On la chanta en dansant autour du grand mât. A bas toutes les tyrannies ! Le moment était à la joie et à la fraternité. Comme le racontera son fils longtemps après, Michel-François entraîna dans la farandole un officier qui se nommait M. de Villèle, sans se douter que cet officier devait plus tard s'illustrer comme ministre de la Restauration.

Michel-François Littré était un soldat fort instruit d'histoire et de littérature. Il avait été nourri par la lecture de Voltaire, de Rousseau, des Encyclopédistes. Et, de toute l'armée révolutionnaire, c'était sans doute l'un des hommes les plus assoiffés d'érudition. Grand admirateur de Robespierre, il avait la tripe jacobine et ne s'en cachait pas. Cela lui valut les plus sérieux ennuis au moment du 9 thermidor : la réaction antijacobine avait fait tache d'huile jusqu'à ces îles lointaines. Il décida de rentrer en France. Ce fut la fin de sa carrière militaire. A Paris, il trouva un emploi dans l'Administration des finances, comme contrôleur des Droits-Réunis, et il se maria.

Sophie Johannot l'avait séduit par l'ardeur de ses convictions révolutionnaires. Son père, député montagnard, avait été assassiné par les bandes des Compagnies royalistes de Jéhu et elle en était restée meurtrie. Elle était aussi passionnément républicaine et antimonarchiste que Michel-François, mais elle ne partageait pas les idées de son époux sur la religion. Lui, depuis son enfance, ne croyait ni à Dieu ni à diable. Elle, protestante, avait conservé intacte sa foi chrétienne. Lorsqu'elle fut enceinte, on discuta pour savoir s'il y aurait baptême. Sophie, qui était d'un tempérament à servir, et à servir son mari avant tout, lui laissa le soin de prendre la décision. Et il décida que l'enfant à venir ne serait pas baptisé.

L'essentiel serait de veiller à ce qu'il reçoive une instruction complète et approfondie. Sur ce point Michel-François et sa femme s'accordaient pleinement. Ils voulaient pour leurs enfants une éducation digne du Siècle des lumières, qui avait tant fait pour le renversement des tyrans. Leurs enfants devraient apprendre que l'histoire de la pensée française commençait au xviiie siècle et l'histoire de France à la Révolution.

Les amis que recevaient les Littré étaient tous d'ardents républicains. Trois d'entre eux étaient d'ailleurs d'anciens conventionnels qui avaient voté la mort de Louis XVI sans appel ni sursis, et la création de la République : l'historien et archéologue Dulaure, auteur de nombreux ouvrages savants et de pamphlets enflammés contre « la triple tyrannie des prêtres, des nobles et des rois » ; Seconds, homme de lettres philosophe à ses heures et créateur de la théorie du *sensitisme* ; Marc Guillaume Vadier, qui venait d'être enfin libéré en 1799 après plus de quatre années de clandestinité et de prison pour une activité révolutionnaire jugée peu orthodoxe. Les Littré connaissaient aussi les hommes qui devaient bientôt se faire arrêter, à la fin de l'année 1800, pour avoir voulu assassiner Bonaparte à l'Opéra, lors de la première représentation des *Horaces* : Joseph Arena et le sculpteur Guiseppe Ceracchi, tous deux corses, tous deux exécutés en place de Grève, avec leur complice Topino-Lebrun, le 30 janvier 1801.

Michel-François Littré avait accepté de collaborer à la rédaction du *Journal des hommes libres de tous les pays,* un quotidien qui était « rédigé par plusieurs écrivains patriotes » et que Napoléon, quelques années plus tard, s'empressa d'interdire. En même temps, il lisait beaucoup, comme le montre la correspondance qu'il échangeait, par exemple, avec un érudit nommé Fontanas : dans une lettre que ce dernier lui envoie, il est question des mérites respectifs de Térence, Virgile ou Ovide, de Tite-Live, Tacite ou Montesquieu, et Michel-François se voit reprocher son admiration excessive pour de Thou et Grotius. C'est assez dire que l'ancien sergent d'infanterie de marine avait, dès cette époque, une culture étendue.

Maximilien Paul Émile

Le premier février 1801, Madame Littré mit au monde chez ses amis Cosnard, au 27 de la rue des Grands-Augustins, un fils qui fut nommé Maximilien Paul Émile. Maximilien avait été choisi en souvenir de Robespierre. Mais Émile fut le seul prénom retenu. Chaque enfant, en naissant, est une promesse; nul ne pouvait deviner que celui-ci deviendrait, à travers mille embûches, erreurs, déconvenues, inlassables efforts et réussites éclatantes, un homme porté par ses contemporains au faîte de la gloire.

On dit communément que le destin d'un homme se joue dans son enfance. Voire. Des rattrapages, hasards, accidents heureux ou malheureux peuvent, à l'âge adulte, changer le cours des choses. Mais il est vrai que l'enfance et l'adolescence sont souvent des époques cruciales pour la suite. Ce fut le cas pour Émile Littré. Dans le moule encore vierge, où peuvent se cacher les dons innés, tout est prêt pour recevoir l'apport extérieur. L'acquis va rencontrer l'inné. Or, dans le cas d'Émile Littré, l'inné ni l'acquis ne furent ordinaires.

De même qu'il n'y a pas deux corps humains rigoureusement identiques, de même les matrices de l'esprit où s'inscrira le monde extérieur ne sont pas semblables d'un enfant à l'autre. Chez celui-ci l'apprentissage des langues sera malaisé, chez celui-là facile. Tel n'est doté que d'une médiocre mémoire, tel autre d'une mémoire prodigieuse. Émile était doué d'une étonnante facilité pour apprendre les langues étrangères, les langues anciennes, et mettre en mémoire des connaissances de toutes sortes. Ces dons étaient associés à une soif dévorante de savoir et de comprendre. Or, cette soif, il allait se voir offrir, plus que tout autre enfant de son âge, de quoi l'étancher. Je suis surpris que l'éternel et dérisoire débat entre partisans du tout-inné et défenseurs du tout-acquis n'en finisse pas de mourir. Le coup de grâce devrait être donné à cette discussion oiseuse par des exemples comme celui de cet adolescent, si différent des autres par ses dons naturels, puis tellement comblé d'occasions de s'instruire. Que, sous cette double influence, Émile Littré soit devenu un homme d'exceptionnel savoir suffirait à me persuader que le moule et l'apport s'accordent, compléments indispensables l'un de l'autre. Les hommes naissent et grandissent doublement inégaux, par leurs dons innés, d'abord, par les circonstances de leur formation, ensuite.

Cette double influence des dispositions naturelles et des circonstances extérieures ne forme sans doute pas seulement le patrimoine intellectuel, mais aussi le caractère. Or, il arriva que, se trouvant plus laid que ses camarades, souffrant de son manque d'assurance, le jeune Littré fut mécontent de lui et malheureux. Certes Émile était un garçon vigoureux, excellent aux barres, à l'escrime, à la natation et à la course. Mais il n'était pas grand, il avait un visage disgracieux, un maintien lourdaud, une démarche gauche. Il n'était pas de ces jeunes gens sûrs d'eux et de parole facile. Il en conçut le désir secret de se racheter par une supériorité d'autre nature. Il se mit à travailler plus que les autres et parvint à l'une des meilleures places de sa classe.

Un événement allait encore montrer que, sous des dehors réservés et tranquilles, il cachait une extrême sensibilité. Peu après sa naissance, son père fut envoyé par l'Administration à Angoulême, où les Littré vécurent pendant plusieurs années. Là naquit bientôt un second enfant, une fille, pour qui Émile ressentit une grande tendresse. Un troisième enfant, Barthélemy, vint encore agrandir la famille. Quand Émile eut atteint l'âge de dix ans, sa petite sœur contracta le croup et mourut. Pour la première fois, il rencontrait la mort sur sa route et il en fut profondément bouleversé. Il pleura longtemps et entra dans une de ces périodes de repliement sur soi et de mélancolie que certains enfants connaissent après qu'une image soudaine et brutale leur ait fait découvrir les vraies cruautés de la vie. L'étendue de sa peine à la mort de sa sœur annonçait sa fragilité. Il sera de ces hommes forts, actifs, entreprenants, tenaces, qui longent néanmoins sans cesse les chemins de la dépression. Les jeunes années laissent souvent entrevoir cette condition singulière.

Rue des Maçons-Sorbonne

Peu après la mort de la petite fille, les Littré rentrèrent à Paris. Ils s'installèrent au 3 de la rue des Maçons-Sorbonne (l'actuelle rue Champollion), dans un vieil hôtel occupé en partie par un pensionnat de jeunes filles. La demeure des Littré se composait d'un grand rez-de-chaussée, au-dessus de vastes caves, et d'un étage où l'on accédait par un escalier monumental à rampe de fer forgé. Ils avaient aussi la jouissance d'un jardin privé, séparé de la grande cour plantée d'arbres qui servait de préau aux jeunes élèves du pensionnat. Émile et son frère furent inscrits au lycée Louis-le-Grand, qui n'était qu'à deux pas de la maison paternelle. Les parents suivaient, jour après jour, le déroulement des études. Quand Émile rentrait du collège, la première question était :

— Quelle place as-tu ?

La place devenait peu à peu excellente. En classe de rhétorique, ultime étape du cycle scolaire, il obtint le premier prix de discours français au concours général entre les quatre collèges royaux de Paris. Le thème du concours consistait à inventer le discours de Constantin Paléologue à la veille de la prise de Constantinople par Mahomet II. Émile avait écrit, d'une écriture fine et penchée aux majuscules et aux hampes de lettres joliment arrondies, cinq pages qui commençaient ainsi :

« Si ces Barbares sortis des forêts et des cavernes de la Scythie entrent dans cette enceinte, avec eux entreront la terreur, le carnage, et toutes les horreurs de la guerre. Demandez à la Syrie, à la Grèce, à tout l'Orient quelle sera notre destinée, si nous sommes vaincus, interrogez Babylone dont il ne reste plus que le nom. Ces Janissaires, accoutumés au pillage, familiarisés avec le sang, auront-ils quelque chose de sacré, quand leur Sultan lui-même leur promet le pillage de Constantinople pendant trois jours, comme récompense de leur valeur. Nos frères massacrés, nos femmes enlevées, les cendres de nos pères arrachées à la paix du tombeau, nos autels renversés, le vrai Dieu, le Dieu vivant blasphêmé (*sic*) jusque dans son sanctuaire, voilà le sort que nous réservent les Ottomans. Ainsi donc le berceau du christianisme

serait souillé par l'ennemi de la religion chrétienne ! la fille de
Rome serait prophanée (*sic*) par l'ennemi du nom Romain ! »

et qui se terminaient par ces mots :

« C'est sur les débris de nos murailles renversées que j'attends
Mahomet ; c'est là que je lui disputerai Constantinople. Il n'y
entrera qu'en passant sur mon cadavre. Jamais, non jamais cet
infidèle n'enchaînera à son char de triomphe le successeur de
Constantin. »

Ils étaient quatre garçons à se disputer la tête de la classe. Ils
devinrent bientôt des amis inséparables. Aux côtés d'Émile,
Louis Hachette, qui devait fonder plus tard la célèbre maison
d'édition ; Eugène Burnouf, fils d'un illustre philologue et séduit
déjà par les civilisations orientales ; enfin Bascou, le littéraire de la
bande. C'était le temps heureux où, pour former un adolescent,
les collèges ne cherchaient pas à le contraindre à un choix précoce
entre disciplines différentes, ce choix qui, aujourd'hui, qu'il soit
littéraire ou scientifique, ne peut faire de l'élève qu'une moitié
d'homme complet. A Louis-le-Grand, on enseignait à la fois le
latin, le grec, le français, l'histoire et des notions de mathématiques et de sciences.

Les quatre amis se réunissaient très souvent rue des Maçons-
Sorbonne. Les parents d'Émile s'appliquaient avec opiniâtreté à
faire de leur maison un foyer où ces jeunes gens pourraient
accroître leur savoir. Bien que le père fût dans une administration
peu propice à cette sorte de culture, il avait acquis d'importantes
notions sur les civilisations antiques. Il était devenu membre de la
Société asiatique de Paris. Année après année, les livres s'entassaient dans sa bibliothèque. Et il avait une âme d'éducateur. Il
voulait contaminer ses fils de sa passion de l'histoire. Il profitait
de ses moments de loisir pour améliorer son latin et apprendre le
grec, l'arabe et même le sanscrit, afin d'en instruire son fils aîné.

Le jeudi, il y avait réunion plénière rue des Maçons-Sorbonne.
C'était merveille de voir M. Littré père, l'autodidacte, rivaliser
d'érudition avec les quatre brillants élèves de Louis-le-Grand et,

souvent, se montrer le plus savant. Un cinquième ami d'Émile, Jules Barthélemy Saint-Hilaire, de quatre ans plus jeune, était venu se joindre aux autres. Il avait conquis l'estime du père d'Émile en annonçant qu'il voulait apprendre le sanscrit. M. Littré lui avait montré, dans un coin de sa bibliothèque, quelques ouvrages écrits dans cette langue sacrée de l'Inde. Plus tard, Eugène Burnouf, devenu maître en la matière, achèvera de donner à Émile et à Barthélemy Saint-Hilaire une connaissance approfondie du sanscrit, langue mère de toutes les langues indo-européennes.

Entre ces garçons se tissait plus que de l'amitié. Ils étaient également unis par une ambition commune : ils brûlaient de marquer leur vie d'une grande œuvre. Ils avaient, tous les cinq, cette sorte d'orgueil et de certitude tranquille qui s'empare parfois d'adolescents assurés de surpasser en culture la moyenne des jeunes gens de leur âge. Aucun d'entre eux ne se contenterait jamais d'une carrière médiocre. Sur ce point, c'est sans doute Émile qui se montrait le plus incertain et le plus silencieux. Eugène Burnouf, fasciné par les travaux de son éminent philologue de père, ne cachait pas son intention de devenir le plus grand spécialiste français des langues orientales : il était sûr que ses rêves d'enfant se réaliseraient, mais il ne savait pas encore qu'il découvrirait les clés de la langue de Zoroastre, qu'il traduirait en français le Zend-Avesta, livre sacré dormant, sphynx oublié, dans la poussière de la Bibliothèque royale, qu'il occuperait enfin, dès l'âge de trente et un ans, à l'Académie des Inscriptions et Belles-Lettres, le siège de l'illustre Champollion, qui venait de mourir du choléra. Jules Barthélemy Saint-Hilaire, que les langues grecque et latine captivaient, n'avait pas moins d'ambition. A Louis-le-Grand, les versions et les thèmes latins et grecs se succédaient à une cadence rapide ; on traduisait en latin ou en grec Bossuet, Fontenelle ou Madame de Lafayette, on traduisait en français César, Aulu-Gelle, Ovide, Platon ou Aristote. Barthélemy Saint-Hilaire songeait peut-être déjà à la grande traduction des œuvres complètes d'Aristote qui sera le monument de sa vie, lui vaudra une chaire de philosophie grecque et latine au Collège de France et son élection à l'Institut. Quant à Louis Hachette, fils d'un pharmacien en retraite et de la lingère du lycée Louis-le-Grand, il voulait devenir enseignant. Sa voie, c'était l'École normale. Il devait d'ailleurs y être brillamment reçu à dix-neuf ans. Mais le sort décide souvent d'entraver les projets initiaux. Trois ans plus tard, l'école était fermée, Hachette se voyait repoussé brutalement de l'enseignement public et, finalement, achetait à vingt-cinq ans la petite librairie du Brédif pour y éditer des livres d'enseignement, puis des livres classiques, enfin la littérature la plus variée. Pouvait-on prévoir qu'il deviendrait le plus grand éditeur de son temps ? Adolescent, il avait déjà une générosité de cœur qui fut peut-être le secret de sa réussite. Alors que la plupart des éditeurs achetaient une fois pour toutes les manuscrits et ne versaient ensuite aucun droit à l'auteur, quelles que soient les ventes de la publication, Hachette se fit connaître en intéressant ses auteurs au succès éventuel de leur ouvrage par l'invention d'un *droit proportionnel*. On verra combien il fut généreux avec Littré. Il deviendra l'un de ces éditeurs dont le premier souci est d'aider l'auteur, de le défendre, de le conseiller et de le décharger des préoccupations matérielles qui peuvent entraver sa liberté d'écrire. Une espèce qui était rare en son siècle, qui compta au siècle suivant quelques exemples admirables, et qui est probablement aujourd'hui, çà et là, menacée de disparition.

Parmi tous ces garçons, Littré était le plus réservé, le plus hésitant dans ses projets d'avenir, le moins expansif. Mais les autres l'aimaient beaucoup. Toute sa vie durant, Littré gardera avec eux des relations de sympathie attentive, même quand la vie les aura dispersés. Ils auront, d'ailleurs, bien d'autres occasions de rencontre.

Pendant ses études à Louis-le-Grand, Émile avait senti grandir en lui l'envoûtement du travail. A quatorze ans, il note : « L'étude rend savant. La réflexion rend sage. » Même s'il ne sait pas encore quel sera son métier, il est déjà saisi d'une ardeur constante à connaître et à comprendre. C'est aussi le moment où les premières interrogations politiques lui viennent à l'esprit. A la maison, il a sans cesse entendu parler, depuis ses plus jeunes années, d'un empereur trahissant la révolution qui l'a porté au pouvoir. Émile a treize ans quand Napoléon abdique pour la première fois, quatorze au moment des Cent-Jours. Tout plutôt que la dictature impériale, mieux vaut même la monarchie détestée. Louis XVIII est accepté chez les Littré comme moindre mal. Cependant, peu à peu, Émile découvre l'idée de *république*. Lui qui vit, par ses études, dans la cité antique, qui n'entend parler que du siècle de Périclès ou des discours de Cicéron, qui lit le grec et le latin dans le texte, qui écrira plus tard que les victoires des Grecs lui font encore battre le cœur, qui se persuade de la sagesse de ces temps anciens, rien ne peut le séduire davantage que l'invention du projet républicain par les Grecs ; et il sait qu'après Athènes, Rome proclama avec bonheur la *res publica* il y a près de vingt-cinq siècles. Émile mêle avec délices ces émerveillements historiques et sa passion grandissante pour la chose républicaine.

Chapitre II

SEPT ANNÉES DE MÉDECINE

A dix-huit ans, Émile Littré, couvert de lauriers, termine ses études au lycée Louis-le-Grand. Mais, dans sa soif perpétuelle d'en savoir davantage, sa formation classique ne lui suffit pas, il souffre de sa faiblesse dans les matières scientifiques. Il lui faut trouver une école où la mathématique, la physique, la chimie, l'astronomie seront l'objet d'études approfondies. Or, fondée vingt-cinq ans plus tôt par la Convention, l'École polytechnique enseigne ces disciplines. Elle a déjà grande réputation. Mais, pour y être admis, Émile doit d'abord acquérir un supplément de connaissance en algèbre et en géométrie. Il décide d'y consacrer une année entière. Bien que les Littré soient assez pauvres, Michel-François n'est pas homme à refuser ce qui peut parfaire l'éducation de son fils. Il paiera les trente-six francs par mois que réclament les cours privés nécessaires.

Cependant, peu à peu, Émile est saisi par le doute. A mesure qu'il pénètre davantage dans le monde des mathématiques, il prend peur. Il est sûr de n'y jamais exceller. Au mois d'août suivant, il abandonne. Un incident est un prétexte tout trouvé pour changer de voie. S'étant démis l'épaule en plongeant, il ne peut se présenter à l'examen d'entrée de l'École polytechnique. Il ne s'y présentera jamais. Au reste, il est impatient de gagner sa vie. Un jour, il va s'en ouvrir au directeur de Louis-le-Grand (désigné depuis peu par le titre de « proviseur ») et lui demande s'il ne pourrait l'aider à trouver quelque emploi. Peu après, il est invité à se rendre chez le comte Pierre Daru, qui cherche un secrétaire.

Pierre Daru, pair de France

Le comte Daru jouissait alors d'un grand prestige. Cet ancien ministre de Napoléon avait été exilé en 1815 par Louis XVIII. Mais son renom d'excellent administrateur, de travailleur acharné, d'homme de grand courage et de haute moralité lui avait valu d'être réhabilité quatre ans plus tard. Il venait même d'être nommé pair de France. Il accumulait les honneurs. Il avait été élu à l'Académie française et il était, cette année-là, directeur de l'Institut.

Quand le jeune Littré, fort intimidé, alla se présenter au comte, il se trouva devant un homme affable, qui s'efforçait de mettre son visiteur à l'aise. Émile avait-il du goût pour l'histoire et pour la littérature ? Lui, Pierre Daru, avait toujours regretté de ne pouvoir leur consacrer plus de temps, envahi qu'il avait été par les affaires politiques. Il était grand amateur de Jean-Jacques Rousseau. Il avait écrit de nombreux poèmes, dont une *Astronomie* en six chants. Il avait aussi traduit Horace en vers français. Il terminait une *Histoire de la république de Venise* et avait besoin d'un secrétaire pour achever cette grande œuvre. Un traducteur d'Horace, doublé d'un historien, voilà qui ne pouvait manquer de séduire Émile, encore frais émoulu de ses éblouissements scolaires pour les auteurs antiques. En outre, le comte paraissait un homme simple, silencieux, presque froid, presque austère, solide plus que brillant, cette sorte de caractère réfléchi mais secret qu'Émile appréciait parce qu'il éprouvait en lui-même de semblables forces et de semblables faiblesses. Il accepta le poste et fut heureux. D'autant plus heureux que son travail lui laissait quelque loisir, dont il profita pour apprendre l'italien, l'anglais et surtout l'allemand.

Un jour, pourtant, Michel-François Littré reçut du comte Daru une missive inattendue : le comte voulait se séparer d'Émile. Non qu'il n'appréciât ses qualités, au contraire il lui portait une haute estime. Mais il l'employait à des tâches subalternes, il avait le sentiment d'utiliser un homme de valeur à des travaux de gratte-papier; Émile était digne de bien autre chose qu'un secrétariat.

Pourquoi Daru voulait-il ainsi se débarrasser de son collaborateur, s'il le jugeait aussi remarquable? Trouver pour Émile une position plus importante n'aurait pas été difficile, dans la situation d'influence qu'il occupait. Il est loisible de se demander si le motif de sa décision était bien celui qu'il annonçait. Il faut se souvenir que le comte avait été d'une parfaite fidélité à l'Empereur. N'avait-il pas été effrayé par les ardeurs violemment anti-bonapartistes que Littré avait dû laisser entrevoir au hasard de leurs entretiens? N'était-ce pas la vraie raison de son désir de séparation? Mais peut-être aussi croyait-il nécessaire qu'Émile poursuivît ses études, pour obtenir d'autres diplômes. Dans notre pays, à cette époque comme aujourd'hui, la valeur n'est rien sans les diplômes, sotte spécialité bien française. En tout cas, la lettre ne laissait aucunement paraître les mobiles profonds du comte. Elle se terminait simplement par ces mots :

« Votre fils vaut mieux que ce que je lui fais faire. Donnez-lui une carrière quelle qu'elle soit, il réussira. »

Une carrière. Mais quelle carrière? Émile Littré ruminait la question depuis des mois. Les sciences l'attiraient, mais celles qui exigent un savoir-faire mathématique étendu lui faisaient peur. Cette peur l'avait éloigné de l'École polytechnique. Et puis, malgré sa timidité naturelle, le sort des autres commençait à le préoccuper, il ne voulait pas d'une discipline d'où seraient absents les problèmes humains. Il n'y a guère qu'un métier où se mêlent les exigences de l'esprit scientifique et le souci de soulager les souffrances des hommes : la médecine. Le seul obstacle était la longueur et le coût des études. Il y eut de longs conciliabules familiaux jusqu'à ce que Michel-François, fidèle à son désir de tout sacrifier pour l'avenir de ses fils, décida qu'on ferait ce qu'il faut, et jusqu'à emprunter, pour permettre à Émile de s'inscrire à la Faculté de médecine de Paris.

Agitation à la Faculté

Il pénètre pour la première fois, le 13 novembre 1822, dans le vieil édifice de la rue de l'École-de-Médecine. Il y découvre des étudiants en colère. Le 18 novembre, éclate une bruyante manifestation, comme d'autres facultés en virent en d'autres temps. On crie que l'enseignement est incohérent, l'organisation des études inacceptable, la condition estudiantine scandaleuse. On entend des clameurs hostiles au Roi. Il est vrai qu'en cette année 1822, la France entière était agitée de mouvements rebelles. La famille Littré, qui avait accepté sans trop de hargne l'avènement d'un Louis XVIII partisan déclaré d'un régime constitutionnel et libéral, apercevait son erreur. Pressé par les extrémistes de droite, harcelé par les associations religieuses telles que la puissante Congrégation, le Roi avait, en décembre de l'année précédente, chargé M. de Villèle de former un nouveau gouvernement, qui ne fut composé que d'ultras. En février, il s'était attaqué à la liberté de la presse et avait rétabli la censure. Puis, l'évêque *in partibus* Denis Antoine de Frayssinous avait été nommé Grand Maître de l'Université. L'influence cléricale pesait de plus en plus sur l'instruction publique. L'École normale supérieure et l'École de droit étaient fermées. En septembre, de nombreux suspects d'une opposition au Roi étaient fusillés et le 21 septembre les quatre sergents de La Rochelle, accusés de complot, étaient conduits à l'échafaud. Dans le cœur de tout étudiant sommeille un révolté épris de justice et les carabins n'échappent pas à la règle. L'ébullition que Littré trouvait en arrivant à l'École de médecine était une manifestation politique.

Les conséquences ne se firent pas attendre. Trois jours après, Émile apprend que Louis XVIII, dénonçant ces désordres, décrète, par ordonnance royale, que la Faculté de médecine de Paris est purement et simplement supprimée. Les étudiants sont invités à se faire rembourser les droits d'inscription et à émigrer dans des facultés provinciales, à Montpellier ou à Strasbourg. Émile ne peut accepter de s'éloigner durablement de la rue des

Maçons-Sorbonne et de ses amis. Il refuse de quitter Paris. Il ne sait que faire. Il songe à changer de direction. L'École normale supérieure, qui l'aurait tenté et dont ses amis Hachette et Bascou étaient devenus des élèves brillants, vient d'avoir ses cinquante-huit élèves licenciés, parce qu'on les soupçonne d'entretenir un esprit libéral et antimonarchiste. Littré se souvient d'une autre de ses fascinations, l'histoire du Moyen Âge, où il a cru deviner les sources des changements qui firent la France et l'homme d'aujourd'hui. Comme son camarade Eugène Burnouf, il s'inscrit à l'École des chartes, qui vient d'être créée. Mais, peu après, l'École est mise en sommeil à la recherche d'une organisation meilleure. Littré n'a pas la patience d'attendre sa réouverture, qui n'aura lieu qu'en 1823. Son rêve serait de trouver une école où l'on puisse avoir des clartés de tout. Mais cette école n'existe pas. Et pourtant, il a peur d'une spécialisation qui le sèvrerait de tout le reste. Il voudrait un avenir d'*honnête homme* dans le sens que le XVIIᵉ siècle attribuait à ce mot. En même temps, il sait déjà qu'il ne pourra rien faire sans y appliquer un sérieux extrême, qui exige l'exclusivité. Mener ces deux désirs de front ? Être à la fois homme de l'art en quelque matière et bon connaisseur de toutes les autres ? La vie d'Émile Littré sera consacrée à tenter de réussir ce pari impossible.

Mais, à ce moment de son existence, chez ce jeune homme déjà remarquablement instruit et posé, et en même temps habité par le doute, renfermé, vulnérable, fragile, le désarroi est grand. Émile est fatigué, il dort mal, il souffre de violentes douleurs gastriques. Il maigrit. Il perd sa belle santé d'adolescent. On parle de gastrite. Peut-être parlerait-on aujourd'hui d'ulcère d'estomac. Cela durera des années, réveillant le souvenir des lectures scolaires où Émile apprenait comment, dans la Grèce antique, les stoïciens s'entraînaient à maîtriser la souffrance physique et à mépriser les faiblesses du corps. Tiraillé entre la volonté de les imiter et la crainte de n'y pas parvenir, abattu par son mauvais état de santé et décidé à ne pas se laisser abattre, Émile hésitait encore sur le choix de son avenir.

Cependant, la médecine faisait beaucoup parler d'elle. On disait que la France y était maintenant excellente. Bichat et

Broussais avaient grand renom. Un certain Laennec venait de découvrir l'auscultation et le monde entier reconnaissait l'importance de cette nouvelle technique. En outre, le bruit courait que la Faculté parisienne allait rouvrir ses portes. C'était vrai. Émile Littré s'y inscrivit dès que ce fut possible, au deuxième trimestre de 1823.

Il fut très vite considéré comme un étudiant modèle, plus instruit d'humanités que la plupart des autres. On admira l'application studieuse qu'il mettait à s'instruire des choses médicales. A en croire Sainte-Beuve, un de ses condisciples nommé Gervais aurait déclaré que Littré « inspirait plus que de l'estime ; c'était du respect ».

Les lits d'hôpital

Il se présenta au concours d'externat en 1824. Le jeudi 16 décembre, il se rendit à la cérémonie au cours de laquelle on proclamait les résultats : il était reçu neuvième sur cent candidats dont dix-huit seulement avaient été retenus. La lecture de la liste des heureux élus fut suivie d'un grand discours du professeur Rayer, que Littré voyait pour la première fois, sans se douter que cet illustre médecin jouerait plus tard un rôle important dans sa vie. Sa prestance, son habit noir d'un style très strict, sa chemise blanche à plastron, larges manchettes et haut col portant cravate noire, faisaient belle impression. Il commença par vanter avec éloquence les concours qui favorisent l'émulation et le choix des meilleurs. L'administration, ajouta-t-il,

> « ... attend de vous une humanité tendre et vigilante. Témoins du plus beau dévouement que la charité et la religion puissent inspirer ; guidés par tout ce que la science possède de talents et de lumières, vous serez animés par de si nobles exemples ; et chaque jour, en parcourant ces asiles de douleurs, vous vous rappellerez, avec un sentiment qui redoublera votre zèle, qu'un fils de Saint-Louis et de Henri IV, à peine monté sur le trône, est venu au milieu de vous, apprendre à la France qu'aucune infortune ne pouvait rester inconnue à son humanité vigilante et populaire ».

Ce fils de Saint Louis et de Henri IV n'était autre que Charles X, qui avait visité l'Hôtel-Dieu la semaine précédente.

L'année suivante, Littré manqua de peu son premier concours d'internat, auquel on n'était presque jamais admis, et, dès son second concours, il devint interne des hôpitaux dans une promotion de dix-neuf élèves choisis sur cent vingt-deux impétrants. Pendant quatre ans, il allait hanter les hôpitaux de Paris : La Charité, Les Vénériens, Les Enfans-Malades, l'hôpital des Enfans-Trouvés et quelques autres. Un univers nouveau, troublant et terrible, s'était ouvert devant lui.

En ce temps-là, les hôpitaux parisiens ne ressemblaient guère à ceux de notre temps. Les malades qui s'y entassaient étaient pressés par la misère autant que par la maladie. Les soins et l'hébergement étaient gratuits. Mais on n'y avait droit qu'en passant par les fourches caudines d'un bureau central d'admission, où l'on vérifiait les conditions d'indigence et de maladie avant de diriger les patients vers l'établissement jugé convenable pour leur état. Si l'hôpital déclarait le malade incurable, on l'envoyait à l'asile. Les bourgeois aisés ne fréquentaient pas les hôpitaux : leur médecin venait les soigner à domicile. On usait et on abusait encore de saignées, sangsues et lavements, administrés par des sœurs hospitalières. En attendant que la médecine progresse, pensait Littré, l'hôpital pourrait être plus hospitalier. Sa journée se déroulait, austère, entre l'hôpital et la Faculté. Le soir, il rentrait, fourbu, rue des Maçons-Sorbonne et se plongeait dans des ouvrages médicaux, gardant, longtemps indélébile, l'image des malades qu'il avait vus ce jour-là. Leur détresse le hantait, et aussi le désir de comprendre l'affection dont ils étaient atteints.

Il fut très vite saisi d'une grande compassion pour ces hommes, ces femmes, ces enfants qui souffraient et, souvent, mouraient. Émile supportait mal de les voir entassés dans d'immenses salles inhumaines, où l'on peut assister, heure par heure, à l'agonie de son voisin. Il parlera un jour, dans un poème intitulé *Les Lits d'hôpital*, de ces

« ... longues, longues salles
Avec deux rangs de lits chargés de rideaux blancs
Et leurs lampes de nuit sur les luisantes dalles
Jetant de loin en loin quelques rayons tremblants ».

Vers maladroits mais trahissant bien son émotion. Plus tard, il écrira :

> « Je ne connais pas de sentiment plus douloureux que celui qui saisit le cœur, quand à la lumière froide et inexorable de ces lois qui ont été découvertes, on prévoit à l'avance la destruction d'existences qui mériteraient d'être conservées. »

Et, dans la préface de *Médecine et Médecins,* on peut lire que la médecine

> « ... perpétuel témoin des souffrances et de la mort, inspire une profonde pitié pour la condition humaine ».

Et il est vrai que le médecin est placé à un poste d'observation irremplaçable pour méditer sur cette étrange mixture de miel et de ciguë qui est offerte aux hommes. Il n'est pas possible d'assister, jour après jour, à la douleur, à l'amertume, à l'impatience, à la lassitude, à la peine profonde (même si elle est cachée) de celui qui est aux prises avec la maladie, sans se sentir fouaillé par les questions fondamentales sur le sens de notre singulier destin. Émile Littré sera sans cesse, dans les années qui suivent, envahi par ces questions. Il lui faut une réponse. On verra comment il crut l'avoir trouvée.

L'admirable structure

Mais, dans le même temps, à mesure qu'il approfondit la connaissance du corps humain, tour à tour lisant et disséquant à l'amphithéâtre d'anatomie, Émile Littré s'émerveille. Ce chef-d'œuvre incomparable de finesse, de subtilité, d'intelligence que représente la structure d'un homme, cet étonnant mystère d'un

éternel renouvellement — vie et mort, vie et mort, vie et mort —,
cette manière de miracle par lequel les éléments chimiques
inanimés s'animent pour créer la vie, le plongent dans une
admiration qui le conduit à un lyrisme inhabituel :

> « C'est une contemplation profonde que celle qui s'arrête sur
> l'activité incessamment productive de la vie. Ces fourmilières
> d'êtres de toute forme et de toute taille, ce murmure perpétuel
> des générations qui arrivent et des générations qui s'en vont, cette
> flamme qu'on appelle la vie et que l'esprit voit errer, pâlir ou
> grandir sur la croûte du globe, est-il rien qui puisse étonner
> davantage ? Le vaisseau que le vent emporte dans la haute mer
> marche moins vite que nos jours ne s'écoulent ; le sillon fugitif
> qu'il trace au milieu des flots s'efface moins promptement que le
> sillon de notre existence dans l'océan sans bornes des existences et
> des choses. »

On trouve chez Littré maints échantillons de ce style. Il faut
dire que cette prose était écrite en pleine explosion romantique,
dans les années 1836-1837, alors que paraissaient le *Jocelyn* de
Lamartine, les *Nuits* de Musset et les *Voix intérieures* de Hugo.
Quand un homme qui manque d'aise et d'éloquence romantise à
son tour, on peut voir dans sa prose une touchante maladresse.
Mais l'enthousiasme est là. On pourrait, écrit Georges Canguilhem, composer « un florilège des formules admiratives ou
attendries par lesquelles Littré évoque souvent la condition du
vivant ». Et c'est dans l'intelligence des structures vivantes qu'il
croit voir, presque naïvement, la naissance de la beauté :

> « D'après Aristote, le beau, ou, plus particulièrement, pour me
> restreindre à mon sujet, le beau anatomique est la conformité à la
> fin pour laquelle l'organe existe. Le philosophe croyait la
> définition exacte et complète ; elle ne l'est pas. Un organe n'est
> pas seulement assujetti à être capable d'exécuter les opérations
> qui lui sont départies ; il est encore soumis à une condition plus
> haute et plus générale, c'est de se contenir dans le type du plan. Il
> faut donc, si l'on veut entrer dans le sens d'Aristote, ajouter à sa
> définition et dire : le beau est ce qui, répondant le mieux à la fin,
> représente le mieux la forme typique. Et je pense qu'il faut y

entrer ; non pas que là soient le point de départ et le premier linéament de la beauté plastique ; mais cette conception d'un office et d'un plan limités l'un par l'autre est un échelon dans la formation de la beauté intellectuelle, qui joue un si grand rôle dans notre idéal. »

Ces lignes datent aussi de 1836 et le style est encore maladroit. Mais le fondement est clair : les merveilles structurelles de l'être vivant éblouissent Littré et font naître en lui le sentiment de la beauté. Il en est ainsi des biologistes de tous les temps. Aujourd'hui, l'admiration est plus vive encore parce que la connaissance est plus fine. Sans doute n'est-il pas juste d'y chercher, comme dans le texte ci-dessus, une définition de la beauté. Plutôt, pourrait-on dire que l'ordonnance du vivant suscite, chez le biologiste, une émotion particulière, celle que l'homme a nommée le sentiment de la beauté. Mais la beauté n'est pas inscrite dans les formes du vivant, ces formes n'en sont que l'argument, la beauté n'est pas en elles mais bien dans l'âme de celui qui les contemple. Si l'observateur disparaissait, la beauté s'évanouirait avec lui. La confusion entre une empreinte subjective et la description objective des tissus et organes viole apparemment une distinction que Littré, plus tard, regardera comme essentielle. Au reste, ce ne sera pas, pour lui, l'unique occasion de méconnaître la césure qui sépare les faits et les passions qu'ils peuvent engendrer.

Littré n'est pas seulement un biologiste enthousiaste de la perfection anatomique. Il est un des premiers à comprendre que l'organe isolé ne signifie guère, que la merveille est dans l'harmonie de l'ensemble, qu'un homme est une association d'organes indissolublement interdépendants. L'idée, depuis, a fait son chemin, puisque le corps d'un homme nous apparaît comme une colonie indivisible de cinquante mille milliards de cellules, échangeant sans cesse entre elles signaux, informations et ordres d'action, société communautaire d'un nombre incommensurable d'êtres vivants minuscules, si étroitement liés entre eux que les uns ne peuvent exister sans les autres, et participant chacun à l'édifice par la spécialisation convenable qui leur est attribuée.

Métamorphose de la médecine

Cependant, malgré quelques échappées lyriques, Littré a constamment la hantise de la rigueur. L'étudiant en médecine médite sur le problème de la maladie avec le sang-froid d'un esprit scientifique. Il a le sentiment que la médecine est à un tournant de son histoire. D'une sorte de domaine réservé et mystérieux, elle s'évade pour se soumettre et s'unir à la science de la vie normale de l'individu sain : le mariage de la médecine et de la biologie est l'événement du jour. Il l'expliquera :

> « La médecine, au moment où j'en commençai l'étude, subissait dans sa doctrine un amendement considérable. Jusque-là, on avait considéré la pathologie comme un phénomène qui avait en soi sa raison d'être ; on entendait que la maladie, fièvre, inflammation, cancer, était quelque chose à existence indépendante et à lois propres. De la sorte, il n'existait aucune connexion entre l'état pathologique et l'état physiologique ; le premier était simplement superposé au second ; et l'on ne passait pas du second au premier [...]. Il fut établi qu'aucune loi nouvelle et particulière ne se manifeste dans la maladie ; que la pathologie n'est pas autre chose que de la physiologie dérangée. »

Cette nouvelle vision de la médecine qui annonce Claude Bernard et l'*Introduction à l'étude de la médecine expérimentale*, cette importance pour le médecin de connaître la physiologie normale pour comprendre ses dérangements, amènent Littré à regretter amèrement que la physiologie ne soit pas enseignée dans les facultés de médecine de ce temps-là. Ses idées se fortifient encore dans le service de Rayer, où il effectue sa troisième année d'internat et où il continuera à venir régulièrement après la fin de ses études, pendant au moins six ans. Pierre François Olive Rayer était alors, à l'hôpital de la Charité, un des grands patrons de la médecine. Il s'intéressait à toutes sortes de maladies, mais il avait étudié avec un soin particulier les maladies du rein et publié un magnifique volume de grand format, superbement illustré, pour décrire ce qu'il avait observé de ces maladies : bien que le mot ne fût pas encore en usage, c'était un néphrologue avant la lettre, et, comme tous les néphrologues de tous les temps, tenu à une rigueur particulière parce que le rein, plus que tout autre organe, se prête à une exploration quantitative de sa pathologie et de sa physiologie. C'est sans doute ce qui séduisit Littré. Il conserva toute sa vie avec Rayer des liens d'amitié.

Une médecine fondée sur la lente et patiente découverte des distorsions que la maladie imprime à l'état physiologique, voilà, pensait-il, et voilà seulement, ce qui donne au malade des chances réelles de guérir. Il faut comprendre avant d'agir. Il faut en finir avec les pratiques empiriques et aveugles qui ont envahi les mœurs médicales et, du même coup, il faut désabuser

> « ... ceux qui cherchent dans le surnaturel et le charlatanisme d'illusoires secours. La crédulité est une dupe qui s'offre d'elle-même, depuis l'humble village qui a son sorcier guérisseur jusqu'aux splendides demeures où le sorcier ne fait que changer d'allure et d'habit ».

Et, analysant un livre intitulé *De l'organicisme,* il écrira :

> « Je connais des gens d'esprit qui croient fermement s'être garantis du choléra avec une ceinture de soie cramoisie. J'en connais d'autres qui portent trois marrons dans leur poche pour se préserver de tous les maux [...]. M. N. ne croit pas à la médecine, mais il croit à la moutarde blanche. M. X., autre incrédule, croit à la médecine Leroy ; M. de M. croit à l'homéopathie. »

Contre cette naïveté, déclare Littré, il n'y a guère de remède, parce qu'elle est une des faiblesses naturelles du caractère humain. Et il laisse prévoir, non sans justesse, qu'elle durera toujours : près de deux siècles plus tard, malgré les progrès éclatants d'une médecine devenue efficace à force de sérieux scientifique, rien n'a changé quant au comportement de crédulité.

Cependant, si le progrès dans la méthode, dans la démarche, dans l'esprit de recherche, peut créer une médecine inattaquable et sûre, il ne peut la créer qu'avec lenteur. En attendant d'avoir maîtrisé totalement les maladies, il faut bien soigner les malades. Soigner avec le peu de connaissances sérieuses déjà obtenues. Soigner sans toujours posséder toutes les clés de ces soins. Alors la difficulté du choix, la responsabilité du médecin, deviennent immenses.

« J'ai éprouvé, pour ma part, combien la médecine peut causer d'angoisses, quand, dans un cas grave où il y va de la vie et de la mort, l'incertitude du diagnostic ou du traitement et la crainte de s'être trompé suscitent de cuisants regrets qui ressemblent à des remords. Il n'y a point de parité entre la responsabilité du médecin et son pouvoir ; l'une est grande et l'autre est petit ; et c'est justement à cause des limites où ce pouvoir est resserré, que,· bien qu'il soit trop facile d'en laisser perdre une parcelle, la moindre parcelle perdue cause une poignante anxiété. »

La crainte de s'être trompé : tout le caractère d'Émile Littré est là. Cet homme, plus érudit que bien d'autres, ne tire aucune certitude arrogante de son érudition. C'est le contraire. Il se demande toujours si l'opinion opposée n'est pas juste. Il refuse de faire pression sur son contradicteur. Il passe sa vie à chercher, lentement, prudemment, austèrement, ce qui lui semble approcher la vérité de plus près. Il ne demande pas aux autres d'être de son avis, mais seulement d'avoir, comme lui, l'esprit ouvert à l'analyse critique. A partir de sa timidité naturelle, il acquiert pour toujours la modestie de ses propres idées et la tolérance des idées des autres.

A vingt-six ans, interne des hôpitaux, il éprouve une immense douleur : son père, Michel-François Littré, meurt. Et voilà Émile plein de remords en même temps que de peine : il croit que son père ne serait pas mort s'il lui avait fait entendre raison dans une stupide affaire de chauffage. L'année précédente, l'administration des Droits-Réunis avait déménagé dans le nouveau ministère des Finances construit rue de Rivoli. Michel-François avait été installé dans un bureau sans cheminée. On y avait gelé tout l'hiver. L'administration avait proposé de placer un poêle dans la pièce. Michel-François avait refusé en haussant les épaules. Il en avait vu bien d'autres. Il n'était pas une femmelette et le froid ne lui faisait pas peur. Émile n'avait pas réussi à le faire changer d'avis. Maintenant, il était sûr que la maladie qui avait emporté son père venait de là. Il tomba dans un grand état d'abattement. Il n'avait plus le courage d'écrire ou de lire quoi que ce soit. En outre, la mort du père créait de difficiles problèmes financiers. Émile avait maintenant à sa charge sa mère et son frère Barthélemy. Il ne recevait, comme interne des hôpitaux, que quatre cents francs par an. Il fallait trouver de quoi gagner un supplément de ressources. Émile donna des leçons de grec et de latin pendant les heures de loisir que lui accordait l'hôpital. Mais l'avenir paraissait incertain.

Il continuait cependant son métier d'interne. Ses patrons laissaient apercevoir leur admiration pour son sérieux, son intelligence, son savoir. Tout indique que, de cette estime, il avait un perpétuel besoin. Ce n'était pas de l'orgueil ordinaire. C'était la crainte d'être insuffisant, le désir de se rassurer sans cesse sur la qualité de ce qu'il accomplissait, sentiments toujours prêts à s'emparer de lui dans chacune de ses entreprises, toute sa vie durant.

A ce même âge, monte en lui la tentation de l'écriture. Écrire, publier, communiquer par des textes que d'autres liront, c'est compenser toutes les timidités du monde, toutes les maladresses dans l'expression orale immédiate, tout l'enfermement d'une âme solitaire. Une revue médicale, le *Journal hebdomadaire de médecine*, vient de se créer à l'automne de 1828. Un des fondateurs, Gabriel Andral, patron d'internat de Littré, a tant d'estime pour cet étudiant de vingt-sept ans qu'il lui ouvre les pages de la nouvelle tribune. Dès novembre, Littré publie un remarquable article sur un cas d'éclipse cérébrale, avec perte momentanée de la parole. Dans le numéro du 10 janvier suivant, il commente un *Traité des maladies du nouveau-né*, qui vient de paraître, et en profite pour vanter avec force l'introduction des méthodes quantitatives en médecine : c'est la défense, vingt-cinq ans avant Claude Bernard, des bienfaits d'un esprit scientifique dans l'étude des maladies. Il est encore interne lorsqu'en 1830 les fondateurs du journal lui demandent de faire partie du comité de rédaction. En même temps, l'éditeur Baillière, qui avait le grand projet de publier une traduction des *Œuvres intégrales d'Hippocrate*, en parle à Andral, lequel à son tour pressent Littré : la tâche est considérable, mais le projet séduisant ; Andral et Littré finissent par accepter. On verra comment Andral, plus tard, se dérobera, pour en laisser à Littré toute la charge.

Chapitre III

JOURNALISTE AU NATIONAL

Cependant, au-dehors, l'agitation politique se développe. Le 16 mai 1830, la Chambre est dissoute par le Roi. De nouvelles élections ont lieu en juin, mais elles sont favorables à l'opposition. Le 25 juillet, Charles X publie des ordonnances supprimant la liberté de la presse et dissolvant la nouvelle Chambre, avant même qu'elle se soit réunie. Le 27, c'est l'insurrection dans Paris. Le sang coule rue Saint-Honoré. Le 28 à l'aube, les insurgés occupent l'Arsenal, la Cité et l'Hôtel de Ville. Littré, le non-violent, ne peut demeurer hors d'une affaire qui réveille son horreur des monarchies tyranniques.

« Je n'hésitai pas à me jeter dans l'insurrection. Grave décision. C'est que j'y avais songé longtemps à l'avance et avais pris fermement mon parti. »

Avec deux anciens condisciples de Louis-le-Grand, Louis Hachette et Georges Farcy, Littré quitte la rive gauche, demeurée calme, et franchit la Seine. Tous trois se mêlent à la bataille. Les insurgés mitraillent les Suisses qui s'enfuient. La révolution est en train de réussir.

Mais, le jeudi 29, alors que les jeunes gens sont dans la foule qui poursuit vers les Tuileries les derniers fuyards de la Garde royale, Georges Farcy est blessé mortellement d'une balle en pleine poitrine. On improvise une civière avec le volet d'une boutique de marchand de vin. Littré décide de ramener chez lui le corps de son ami et, avec Hachette, force le passage pour rejoindre la rue des Maçons-Sorbonne. Là, il reste figé devant le cadavre, dont le visage est encore celui de Georges, inchangé, comme prêt à s'éveiller. Émile ne supporte pas l'image de la mort imbécile, la mort par un de ces coups de feu que tirent des anonymes sur d'autres anonymes. Comme tous les médecins, il a sans cesse à l'esprit la confrontation dérisoire : des hommes se battent pour sauver des vies humaines et, dans le même temps, d'autres hommes détruisent d'autres vies dans d'autres combats.

Mais Charles X n'a pas encore abdiqué. Le vieux roi reste terré à Rambouillet. Le 3 août, Littré est parmi ceux qui s'y rendent en foule, les uns à pied, les autres en fiacre. Il racontera plus tard :

« La même impulsion me conduisit à Rambouillet. Quand on annonça qu'il fallait aller jusque-là pour tenter de déloger le rassemblement que Charles X y avait formé, je me jetai dans une des voitures que l'administration mettait à la disposition des volontaires (car nous allâmes pour la plupart en fiacre à Rambouillet), et je partis. Je campai dans un champ de blé où l'on venait de faire la moisson ; le bout des épis sciés était resté en terre ; et se coucher là-dessus était fort désagréable. Nous allâmes à la maraude (le gouvernement, je le dis pour acquitter ma conscience, indemnisa les paysans), et j'en rapportai une botte de foin qui rendit la situation plus supportable. J'avais à côté de moi un homme du peuple, ancien dragon ; et, quand nous lui exprimions nos craintes d'être attaqués en cette plaine nue par la cavalerie de Charles X, il nous disait que, tant que la nuit durerait, il n'y avait rien à craindre, mais qu'au jour il ne répondait de rien. Tout à coup un bruit de roues se fit entendre ; c'était la diligence qui venait de Rambouillet ; elle nous apprit que Charles X et ses troupes avaient quitté Rambouillet. De grands cris s'élevèrent, chacun courut à sa voiture ; ainsi finirent notre expédition et nos périls. »

Dans l'aventure, Littré se montre tout entier. Il n'est pas un homme d'action. L'initiative violente n'est pas son fait. Son goût de l'ordre et de la sagesse lui inspire la crainte des révolutions. Mais il s'agit de n'être pas en contradiction avec soi-même. Littré hait, de toute sa chair, le despotisme, il a souvent médité et proclamé sa haine. S'il demeurait hors du combat, comme une partie de lui-même l'y invite, il en garderait de la honte pour de longues années. Il est un de ces hommes qui agissent, non par impulsion spontanée, mais par une certaine fidélité, réfléchie, exigeante, à ce qu'ils croient juste.

Une étrange dérobade

Cette année-là, Littré achève son internat. Ses études médicales sont terminées. Seule manque la thèse pour qu'il soit reconnu médecin : presque une formalité pour un étudiant aussi doué. Alors se produit une sorte de coup de théâtre, au premier abord incompréhensible : Littré décide de ne pas passer cette épreuve finale ; il refuse de devenir médecin. L'explication qu'il en donnera plus tard n'est pas pleinement convaincante : être médecin, c'est s'engager dans de grands frais, c'est risquer de n'avoir au début qu'une maigre clientèle, c'est se lancer dans des dépenses à un moment où la mort du père a créé une situation financière difficile. En vain, Rayer, son patron d'élection, et aussi le toujours dévoué Louis Hachette, proposent-ils de lui avancer les sommes nécessaires à cette installation. Il décline leurs offres. Il déclare qu'il ne veut pas se mettre en dette vis-à-vis d'eux, même s'il est sûr qu'ils ne lui réclameront jamais aucun remboursement. Mais on peut interpréter bien différemment cette dérobade devant le dernier obstacle qui le sépare du titre de docteur en médecine. Devenir médecin, c'est s'enfermer dans une carrière. Une carrière qui, par l'application fervente qu'il lui consacrera comme il la consacre à tout ce qu'il fait, envahira le domaine entier de son attention. Tous les autres domaines d'activité et de réflexion qui le tentent seront exclus. Une carrière définie d'avance est un champ clos d'où les échappatoires sont, pour une âme consciencieuse, des sources de remords. Refuser d'être médecin, c'est choisir la liberté. Quand on sait tout ce que Littré fera de cette liberté, on ne peut que se réjouir. Mais, dans l'instant, ses amis sont consternés. Ils comprennent mal qu'un homme qui réussit si bien ce qu'il entreprend refuse d'aller au bout de ses entreprises. Déjà il avait reculé devant l'École polytechnique et devant l'École des chartes. Littré est de ces personnages merveilleusement doués, travailleurs, intelligents, qui ont tellement faim de tout ce que l'intelligence et le travail peuvent explorer qu'ils n'acceptent pas de suivre une voie unique. On pourrait croire que Littré est un dilettante. Mais il n'a rien d'un amateur, rien d'un touche-à-tout. Il poussera jusqu'à l'extrême limite de la recherche et de la perfection les disciplines multiples qu'il abordera.

L'incroyable décision de refuser l'épreuve de la thèse, de refuser de devenir médecin après sept ans d'études, mérite une autre réflexion. Les études de médecine, aujourd'hui comme au temps de Littré, instruisent mais ne forment pas. On entasse dans l'esprit de l'étudiant les connaissances du moment, on l'abreuve de savoir, on lui apprend les gestes du médecin, on l'entraîne à les répéter, on l'invite à mimer l'attitude de ses maîtres, mais on ne fait rien pour inoculer cette passion qui définit l'acte médical. On attend que cette passion naisse de soi. On ne plonge pas le futur praticien dans son futur métier. On ne lui dit pas ce que représente le tête-à-tête du médecin et du malade : une exigence, une mobilisation, un combat, une nécessité de vaincre. Un cœur aussi généreux que celui de Littré n'aurait pas renoncé s'il avait été déjà *engagé* en médecine par ceux qui l'instruisaient. Aujourd'hui comme hier, ce manque est le plus grave de l'éducation médicale.

Le National

Plus le temps passait, plus Littré prenait plaisir à la langue écrite. Choisir longuement le mot juste, jouer avec la phrase, se laisser parfois entraîner par elle, sans jamais en perdre la maîtrise, tâcher de faire coïncider au plus juste ce qu'on veut écrire et ce qu'on écrit : autant de jouissances. Mais autant de difficultés.

Dans ce combat avec la langue, Littré n'aura pas toujours le dessus : on verra qu'en maints écrits il a la plume trop rapide, trop lourde, trop asservie à l'efficacité immédiate. On verra qu'il voulut être poète et qu'il fit de mauvais vers. Cependant, malgré ces faiblesses, et sans qu'il le perçoive encore, Littré commence une affaire d'amour : il s'éprend peu à peu de la langue française, de sa souplesse et de sa rigueur, de son opulence, de son continuel renouvellement, de ses sources. Qu'a-t-elle donc, cette langue française, pour affoler d'attachement ses admirateurs ? Plus tard, Littré sera tellement épris des mots qu'il voudra pour chacun connaître son histoire.

Car il était clair que Littré regarderait désormais toutes choses avec un regard d'historien. Il avait continué à donner des articles au *Journal hebdomadaire de médecine* et ses articles portaient presque tous sur l'histoire de la médecine et sur les hommes dont les écrits avaient peu à peu formé la pensée médicale de ce début de siècle.

Il écrivait maintenant dans d'autres journaux. Beaucoup de revues nouvelles venaient de se créer. La *Revue des Deux-Mondes* était née en 1829, le *National* en 1830. Le *Journal des savants*, le *Journal des débats*, la *Revue républicaine* allaient également accueillir avec empressement les textes d'histoire ou de vulgarisation scientifique proposés par Littré. Il se sentit attiré par le métier de journaliste. Il y voyait la possibilité de semer des idées solitairement conçues. Apprenant cette attirance, son ami Barthélemy Saint-Hilaire le recommanda au directeur du *National*, Armand Carrel. Un ancien collègue d'internat, le docteur Campaignac, qui soignait la meilleure amie de Carrel, appuya cette recommandation.

Littré ne se vit proposer au *National* qu'un poste subalterne, mais il avait tant besoin d'argent qu'il accepta sans hésiter. Il y avait au journal un rédacteur chargé de relever dans la presse étrangère ce qui pouvait intéresser les lecteurs : Littré en devint l'assistant et eut à déchiffrer d'innombrables articles anglais ou allemands. Il voulait être journaliste, il était devenu simple traducteur. Et cela dura trois ans. Alors, alors seulement, on s'aperçut au *National* de ce médiocre emploi d'un grand talent. La circonstance en fut singulière. Louis-Philippe n'aimait guère les idées libérales et républicaines du *National,* ce qui valait à son directeur de fréquents séjours dans la prison de Sainte-Pélagie. Même en prison, Armand Carrel réussissait à lire tous les matins le journal qu'il dirigeait. Le 14 février 1835, ouvrant le *National* dans sa cellule, il découvre un article que Littré était parvenu à faire accepter dans la rubrique « Variétés ». C'était la présentation d'un discours de William Herschel, fils du célèbre astronome anglais. Le thème en était la « philosophie naturelle ». Avec brio, Littré avait évoqué tout le mouvement des sciences depuis Newton et dessiné à grands traits la révolution de la pensée logique qu'on pouvait en attendre. Carrel est saisi d'un grand enthousiasme. Il écrit aussitôt à la mère de Littré, qu'il avait rencontrée en plusieurs occasions, la lettre étonnante que voici :

« C'est à vous, Madame, que je veux faire compliment de l'admirable morceau qu'Émile nous a donné ce matin dans le *National.* Je sais que je ne peux lui faire de plus grand plaisir que de vous en faire à vous-même ; et les éloges que sa modestie ne recevrait pas de moi, il m'en saura peut-être un peu de gré, s'il sait qu'en passant par vous ils ont pu vous donner un moment de jouissance maternelle. Dites-lui, Madame, qu'il est notre maître à tous ; que je ne sais à Paris personne capable d'écrire son article sur Herschel, et que je rougis de m'être donné pendant trois ans comme le rédacteur en chef d'un journal dans lequel il se contentait d'une tâche si au-dessous de son savoir [...]. Je serais bien heureux, si, en vous donnant ici l'expression non exagérée mais très modérée, au contraire, du plaisir mêlé de surprise avec lequel j'ai lu l'article d'Émile, je contribue à vous consoler un peu de la peine avec laquelle vous voyez votre excellent fils braver la fatigue et les périls d'un travail de jour et de nuit. Quand on a tant d'amour pour la science et qu'on exprime si éloquemment cette noble passion, on est bien excusable de ne pas toujours obéir aux représentations d'une mère qui ne veut pas qu'on travaille trop, mais on devient aussi un être précieux à la science et à son temps. Quand donc, Madame, vous presserez Émile de se ménager, que ce ne soit plus seulement au nom de votre tendresse et de ses sentiments pour vous : dites-lui que d'autres que vous ont besoin de lui [...]. »

La lettre était de celles dont un homme comme Littré peut tirer tout ce qu'il faut pour rassurer ses perpétuelles inquiétudes. Elle devint pour lui une sorte de talisman. Il la garda près de quarante ans dans son portefeuille.

Dès sa libération, Carrel s'était précipité dans la grande salle de rédaction, où Littré, sur un coin de table, poursuivait ses travaux de traducteur auxiliaire. « Vous ne pouvez rester là, lui dit-il. Désormais vous serez l'un de nos rédacteurs et nous attendons beaucoup de vous. » Littré garda une grande reconnaissance à Carrel. Malheureusement, un événement dramatique interrompit, dès l'année suivante, leur amitié naissante. Émile de Girardin, qui dirigeait la *Presse,* concurrent du *National,* avait, pour l'emporter dans cette compétition, réduit outrageusement les prix d'abonnement. Suivit un article cinglant du *National* contre Girardin. La *Presse,* alors, se montra bien davantage insultante. En ce temps-là, ces joutes se réglaient par un duel, Carrel avait déjà été blessé à deux reprises dans de telles affaires. Cette fois, les deux adversaires allèrent se battre au Bois de Vincennes, Girardin reçut une balle dans la cuisse, Carrel dans le bas-ventre. Deux jours après, le directeur du *National* mourait de sa blessure. Littré en fut profondément affecté. Plus tard, à la demande de la veuve d'Armand Carrel, il se chargera de l'édition de ses *Œuvres complètes* et en écrira la préface.

Du choléra

Malgré ses occupations nouvelles, Littré continuait d'aller à l'hôpital. Le professeur Rayer le laissait venir régulièrement dans son laboratoire, comme s'il espérait le voir reconquis par la médecine. A la vérité, Littré n'abandonnera jamais ses liens avec la médecine. Elle était comme une vieille maîtresse, qu'on n'a pas voulu épouser, qu'on a fait mine de quitter, mais qui ne vous quittera jamais totalement. Il en est très souvent ainsi des apostats de la médecine : ils demeurent marqués pour toujours, quelque éloignée des choses médicales que soit leur nouvelle activité. Vivre, ne fût-ce qu'un temps, auprès de ceux qui souffrent et de ceux qui sont menacés de mort est une brûlure dont les traces ne s'effacent pas. « Quoi que la médecine m'ait coûté, écrit Littré, je ne voudrais pas qu'elle eût manqué à mon éducation. » « École sévère et rude, mais fortifiante » (ces épithètes sont de Littré), qui ne permet plus d'avoir le même regard sur la vie et ses petits problèmes quotidiens.

Et voilà que Littré, ce non-médecin, publie en 1832 un volume sur le choléra, suivi, deux ans plus tard, d'un long article dans le *National*. Il est vrai qu'on parle beaucoup du choléra : pour cette seule année 1832, en dix-huit jours, il a tué 8 000 Parisiens ; le président du Conseil, Casimir Périer, qui est allé rendre visite aux malades hospitalisés, est lui-même mort du choléra peu après. Ce fléau, qui a tué des centaines de milliers d'hommes en France et des centaines de millions dans le monde, est, écrit Littré, « un événement trop funeste pour ne pas sortir des limites de la médecine ». La lecture du texte de Littré réserve de grandes surprises à un médecin d'aujourd'hui : plusieurs faits et concepts qu'on dit modernes s'y trouvent bel et bien exposés. On croit d'ordinaire que c'est la médecine du xxᵉ siècle qui découvrit comment le choléra tue ses victimes : la perte massive de sels et d'eau, due à la diarrhée, entraîne une déshydratation mortelle, si elle n'est pas promptement compensée comme on sait le faire actuellement. Or Littré, ayant lu tout ce qu'on avait publié sur cette maladie (plus tard, dans l'article choléra du *Dictionnaire de médecine* d'Adelon, il fournit une bibliographie de six pages réunissant les publications récemment écrites en anglais, allemand, français, russe, hollandais et même latin), rapporte qu'il manque au sang des cholériques une partie des sels qui en assurent l'intégrité.

> « Ces recherches jettent du jour sur le mécanisme physiologique de la maladie et font tenter aux Anglais un nouveau moyen. Ils essayent de rendre au sang les sels qu'il a perdus, soit en donnant aux malades des boissons salines, soit en introduisant dans ses veines des injections de même nature : ces moyens ont eu plus d'une fois du succès. »

On ne dirait pas autrement de nos jours.

Mais l'article de Littré est plus étonnant encore par sa façon d'analyser les données concernant une épidémie récente de choléra. Il se fonde sur les chiffres rapportés par une commission chargée d'étudier cette épidémie, qui avait tué, deux ans auparavant, et dans la seule ville de Paris, 2,35 pour cent d'une population alors évaluée à 785 862 habitants. Cette analyse est un modèle avant la lettre de ce que l'on devait désigner bien plus tard sous le nom d'épidémiologie, c'est-à-dire l'étude des conditions géographiques, sociales, professionnelles, saisonnières, personnelles, capables de favoriser l'apparition et le développement d'une maladie. Une phrase de Littré pourrait figurer en tête d'un traité moderne d'épidémiologie :

« En connaissant bien les conditions de la propagation du mal, on peut espérer d'en pénétrer les causes. »

Et de donner les chiffres les plus précis et les plus divers sur cette épidémie parisienne de choléra : elle a duré cent quatre-vingt-neuf jours, a fait 13 901 morts dans une première invasion, 4 501 au cours d'une recrudescence, laquelle commença le 17 juin, en tout 18 402 victimes dont 9 170 de sexe masculin et 9 232 de sexe féminin, soit, si on retranche la garnison (*sic*), 21,61 pour mille hommes et 22,03 pour mille femmes ; la mort est survenue, en moyenne, 49 heures après les premiers symptômes chez les enfants de un à cinq ans, 42 heures de cinq à dix ans, 55 heures de dix à quinze ans, 64 heures de quinze à soixante ans, 60 heures au-delà de soixante ans. Et le texte continue de la même façon avec des dizaines d'observations d'une stupéfiante précision. L'influence de la misère et de la saleté est analysée en détail ; dans des quartiers riches tels que la Chaussée-d'Antin, les Tuileries, le Palais-Royal, etc., la mortalité n'a été que de 5 196 habitants sur un total de 383 390, tandis que dans les quartiers pauvres de Saint-Marceau, de Saint-Jacques, de la Cité, de l'Hôtel-Dieu, etc., elle a atteint 11 376 des 375 745 habitants. On voit naître l'intérêt que Littré portera toute sa vie à cette discipline qui, alors, n'avait pas encore de nom et qu'Auguste Comte proposera plus tard d'appeler *sociologie*.

Cette étude de Littré sur le choléra laisse néanmoins perplexe. Alors qu'entre les lignes, d'un bout à l'autre, le lecteur d'aujourd'hui aperçoit l'idée de contagion, il n'en est pas encore fait la moindre mention. Littré se demande « d'où peut provenir cette singulière maladie » et répond : « la médecine est muette sur ce point. » Il est vrai que le concept d'agent microbien n'apparaîtra qu'avec Pasteur. Et d'ailleurs, pour Littré, ce n'est que partie remise : il continuera dans les années suivantes à étudier les épidémies, à écrire sur elles de nombreux articles et pressentira avant Pasteur la vérité ; il écrira en 1858, à propos de la nature du choléra :

> « On suppose avec quelque vraisemblance [...] qu'elle est due à un principe animal ou végétal, comparable aux virus et aux effluves et qui comme eux agit avec une énergie fatale sur la substance vivante. »

Pauline Lacoste

Après la mort du père, les Littré avaient déménagé dans un logement plus petit et moins onéreux, situé au 19 de la même rue des Maçons-Sorbonne. Quand Émile rentrait le soir, après sa journée fatigante — l'hôpital le matin, le *National* l'après-midi —, il se mettait au travail jusqu'à des heures tardives de la soirée. Il lisait, prenait des notes, écrivait, traduisait, dévorait toutes sortes d'ouvrages dont les piles s'entassaient dans la pièce. Il était, à l'évidence, un de ces êtres envahis jusqu'à la moelle par le besoin de travail. « Le travail est mon narcotique », disait-il. C'était comme une drogue qui chassait tout autre désir. Ce que les autres aiment, la douce oisiveté, les plaisirs ludiques, les voyages, les activités futiles, tout cela lui était terre étrangère, et même hostile, puisque capable de mordre sur les heures précieuses. Chercher la société des femmes, les courtiser, faire l'amour, aurait pu le tenter, après tout il était fait comme un autre, mais la tentation de connaître, de comprendre et d'écrire était la plus forte. Le biographe a beau chercher, il ne trouve pas trace d'une quelconque vie amoureuse chez ce jeune homme, qui ne manquait pourtant ni de tendresse ni d'une sensibilité à fleur de peau. Il est vrai que, lorsqu'il se regardait dans un miroir, il se trouvait laid : son visage sévère, ses sourcils trop épais, son nez un peu fort, sa lèvre inférieure lippue lui déplaisaient. Il se croyait incapable d'attirer aucune femme. Il ne faisait d'ailleurs rien qui puisse le rendre séduisant. Il laissait ses cheveux noirs et embroussaillés descendre jusqu'au bas du cou et portait de petites lunettes cerclées d'acier qui lui donnaient l'air d'un austère professeur germanique.

Croire qu'on est affligé d'un physique ingrat est peut-être incitation secrète à se distinguer par les achèvements de son esprit. Il y a les savants et les artistes beaux et bien faits, mais d'autres, moins avantagés, semblent avoir été fouettés par ce désavantage, qu'ils se croient frappés par la disgrâce de leur corps, qu'ils fassent partie d'une minorité d'ethnie ou de pensée, qu'ils se jugent mal acceptés par les autres, qu'ils soient orphelins par désertion (la mère de Newton le délaisse dès sa naissance, d'Alembert est abandonné sur le porche d'une église) ou qu'ils soient simplement timides et maladroits en société. Est-ce parce qu'il n'aimait pas son image dans le miroir que Littré se jeta dans le travail avec un insatiable élan ? En tout cas, il travaillait énormément. Il écrivait, dans les revues du moment, des études sur la chaleur de la terre, les ossements fossiles, les grandes épidémies, l'électromagnétisme d'Ampère et les œuvres d'histoire naturelle de Goethe. Heureux temps où il était encore possible, pour un homme cultivé, de discuter sérieusement de thèmes aussi divers.

Cependant, la mère de Littré continue d'être inquiète. Émile travaille trop. Il néglige sa santé, qu'elle juge fragile. Le « vous presserez votre fils de se ménager » de la lettre de Carrel n'a fait qu'aviver son inquiétude. Comment calmer cette ardeur insensée ? Comment apporter quelque équilibre dans cette existence confisquée par le travail ? Un seul moyen : le mariage. Trouver pour son fils une compagne sage, pondérée, attentive, et pieuse comme elle l'est restée elle-même entre des parents, un mari et un fils incroyants. Avec l'aide du docteur Campaignac, qui avait déjà témoigné son amitié en aidant Émile à entrer au *National*, Madame Littré part à la recherche de l'épouse idéale. Elle aimerait pour son fils une femme qui possède ce qui donne un sens à sa propre existence : les mêmes réserves de tendresse, la même volonté de faire, pour son compagnon, la chasse aux tracas quotidiens, le plaisir discret de n'être rien qu'une présence tutélaire. Car Sophie Littré est tout cela. Sainte-Beuve écrit :

> « C'était une figure antique, habillée le plus souvent non comme une dame, mais comme une servante, en faisant l'office au logis, la femme de ménage parfaite, une mère aux entrailles ardentes, et avec cela douée d'une élévation d'âme et d'un sentiment de la justice qu'elle dut transmettre à ce fils, dont elle était fière et jalouse. Il tenait beaucoup d'elle, pour le moins autant que de son père. »

Mais l'idée du mariage ne plaît guère à Émile. C'est un travailleur solitaire et un ours. Il ne peut s'imaginer dans la peau d'un mari ou d'un père. Il est de ces hommes qui ont le goût du célibat comme ils ont le goût de la liberté. Toutefois il aime sa mère, il la respecte, il a horreur de lui résister et de la peiner. En outre, il craint de se singulariser, à une époque où le mariage est de rigueur. Et, le 26 octobre 1835, il prend pour femme une jeune fille de vingt ans, Pauline Lacoste. Tout, apparemment, les séparait : elle avait quatorze ans de moins que lui, elle était fort peu cultivée, elle appartenait à une famille royaliste, elle était catholique, croyante et pieuse. Ces ménages mal assortis sont parfois les plus heureux. Ainsi en sera-t-il de celui-là. Émile, toujours tolérant, acceptera que le mariage soit béni par un prêtre à l'église Saint-Étienne-du-Mont et s'interdira d'aborder jamais avec sa femme les questions religieuses.

Après le mariage, ils s'installeront dans un petit appartement, au 44 de la rue de l'Ouest (aujourd'hui rue d'Assas). Là, Pauline se montrera une épouse dévouée, effacée, bonne ménagère, silencieuse, aimante, toujours prompte à tenter d'amoindrir les soucis d'Émile, l'épouse modèle dont sa belle-mère avait rêvé, ombre légère dans le sillage d'un homme vivant à l'intérieur d'un autre monde.

Chapitre IV

HIPPOCRATE

Littré, sans tarder, s'est remis au travail. Quelque temps auparavant, l'éditeur Baillière était venu lui annoncer qu'Andral, surchargé d'occupations, renonçait à prendre sa part de la traduction d'Hippocrate. Littré n'est pas moins occupé, mais c'est un homme d'entreprise. Il traduira Hippocrate à lui seul.

Sans qu'il le laisse paraître, le projet l'exalte. Nul ne peut réussir aussi bien que lui. La langue grecque antique lui est familière, il est de longue date nostalgique du siècle de Périclès, passionné par l'idée de découvrir la pensée du plus illustre des médecins. La tâche sera considérable, mais il ne la croit pas impossible. Il ne se doute pas des difficultés immenses et imprévues qu'il va rencontrer.

La Collection hippocratique

A la Bibliothèque royale — l'actuelle Bibliothèque nationale —, il espère trouver tous les documents nécessaires. Le conservateur en chef le reçoit avec affabilité et demande à ses collaborateurs de se mettre sans tarder au service du projet Hippocrate. Littré sera même autorisé à emprunter les ouvrages, à les emporter chez lui, ce qui lui permettra de les étudier le soir après l'achèvement des tâches journalières. La Bibliothèque royale n'était pas alors, comme aujourd'hui la Bibliothèque nationale, simple conservatoire de livres et de manuscrits à consulter sur place après une longue attente.

A peine a-t-il commencé d'explorer les catalogues de la Bibliothèque qu'il aperçoit les embûches : des embûches au premier abord insurmontables. Il est clair que, ni à Paris ni ailleurs, ne se trouve un ensemble authentique des œuvres d'Hippocrate. Tous les originaux sont perdus. Ou du moins, si quelques textes sont peut-être d'Hippocrate lui-même, il est impossible de les identifier au milieu de textes de son école, de ses imitateurs, ou encore de copies établies plus de quinze siècles après l'original, infidèles, incomplètes, souvent traduites et mal traduites de grec en latin, reproduites par quelque scribe obscur peu soucieux de rigueur. Littré apprend bientôt à comprendre ce qu'on entend couramment par *Collection hippocratique*. Il y a là de tout, et pas seulement des œuvres d'Hippocrate. Il est probable que l'illustre médecin de Cos s'était formé une collection de manuscrits, établie souvent en un exemplaire unique et rassemblant, aux côtés de ses écrits personnels, ceux de son fils Thessalos, de son gendre Polybe, de ses disciples et peut-être même ceux de ses contradicteurs — car l'école de Cos était en concurrence avec d'autres écoles médicales, telles que l'école de Cnide, en Carie.

Encore était-ce miracle si toutes ces œuvres n'avaient pas disparu. Par chance, les Ptolémées, rois grecs d'Égypte, avaient pris l'habitude de lancer, à travers le monde, des commissionnaires dénicheurs de livres pour les apporter à Alexandrie. La *Collection hippocratique* s'y trouva réunie dans le plus grand désordre. Commentateurs, critiques, copistes s'efforcèrent en vain de la rétablir dans sa forme première. Depuis lors, de copies en copies et d'exégètes en exégètes, la situation avait empiré plutôt qu'elle ne s'était éclaircie.

A Paris, la Bibliothèque royale possédait plus d'une dizaine de manuscrits hippocratiques, en grec ou en latin, sans compter une soixantaine d'autres textes anciens commentant l'œuvre du grand homme. Littré constate dès les premières semaines que la comparaison (la *collation* comme disent les philologues) de ces divers textes laisse apparaître des différences flagrantes, des interprétations contradictoires, des omissions dans telle variante, des fautes probables de copie ou de traduction dans telle autre. Il apprend que le texte de base, sur lequel chacun travaillait jusqu'alors, est une *vulgate* (terme emprunté à la langue théologique, où elle désigne la traduction latine de la Bible par saint Jérôme, traduction fort contestée). La vulgate hippocratique est une édition en latin publiée en 1526 par la célèbre famille des Aldes, imprimeurs vénitiens des xve et xvie siècles, à partir d'un manuscrit considéré aujourd'hui comme rempli d'erreurs. Littré trouve aussi à la Bibliothèque royale l'édition établie à la fin du xvie siècle par un nommé Foes et il décide finalement de la prendre comme base de travail, bien qu'elle lui paraisse, elle aussi, fort peu fiable. Il lui faudra confronter tous ces textes et manuscrits (un philologue moderne, Jacques Jouanna, a calculé que Littré collationnera en définitive plus de sept mille pages mot à mot). Littré avait cru que la révision du texte avant traduction ne serait pas la partie difficile de sa tâche. Il voit maintenant combien il s'est trompé.

Et pourtant, révision et traduction ne sont pas ses seuls desseins. Il veut aussi, il veut surtout commenter et discuter les textes d'Hippocrate pour les rendre accessibles au médecin du xixe siècle. Quand s'écoulent près de deux mille cinq cents années, la langue n'est pas seule à changer. Les idées sur la maladie, le regard médical, les sous-entendus d'un même mot ne sont plus, du temps de Littré, ce qu'ils étaient du temps d'Hippocrate. On ne peut plus comprendre l'ancien langage, même s'il est correctement traduit. Il faut mettre à jour la pensée antique. Littré se demande maintenant si son entreprise pourra jamais être achevée et réussie dans le court laps de temps d'une vie d'homme. Pendant des soirées entières, il piétine et doute. Son angoisse naturelle, qu'il cache d'ordinaire si bien et qui mêle en lui, presque douloureusement, la crainte de ne pas aboutir et la volonté d'aboutir, l'accompagnera tout au long de ses premières années de cohabitation avec Hippocrate.

Un Hippocrate inconnu

Mais au bout de l'angoisse et de l'effort il y a la récompense : la découverte d'un Hippocrate bien différent de celui que la tradition enseignait. Il le dira lui-même, beaucoup plus tard : « Je ne laisse point Hippocrate tel que je l'ai trouvé. » Il éprouvait le sentiment exaltant du créateur qui, partant de documents lointains, incomplets, vagues, embrumés par le temps, déformés par des interprètes infidèles, ressuscite un être mort il y a plus de vingt siècles. Comme le sculpteur fixant pour l'avenir l'image d'un homme disparu, Littré recréait un nouveau visage du médecin de Cos. Il pénétrait peu à peu l'âme du mort, pour la faire revivre. Tel Pygmalion, il finissait par connaître sa créature autant qu'il se connaissait lui-même. Le romancier peut se griser de l'image de ses héros, qu'il a fabriqués de toutes pièces. Mais ranimer la statue morte de celui qui a vraiment vécu est d'une ivresse plus pleine. A certaines heures, lorsqu'il était demeuré longtemps plongé dans l'œuvre d'Hippocrate, Littré prenait sa place, il *devenait* Hippocrate.

Il faut dire que la légende avait fait d'Hippocrate une sorte de demi-dieu. Dans un de ses dialogues, Platon avait écrit que le médecin de Cos était issu de la grande lignée d'Asclépios, dieu de la médecine. Plus tard, on écrivit qu'il descendait aussi d'Hercule par sa mère. On lui prêtait des guérisons surnaturelles : il avait guéri Démocrite de sa folie, vaincu la peste d'Athènes en chassant les miasmes par de grands bûchers, découvert que la maladie de Perdiccas II, roi de Macédoine, était une maladie d'amour pour la maîtresse de son père. Sollicité par Artaxerxès pour organiser la médecine persane, il avait repoussé avec mépris les présents somptueux que ce roi mettait à ses pieds pour le convaincre. Le divin vieillard, armé du caducée où s'enroule le mystérieux serpent d'Épidaure, était auréolé d'une sorte de mythologie si étonnante et si hasardeuse qu'on finit par douter de son existence. En 1804, une thèse avait été présentée à la Faculté de médecine de Paris par un certain Boulet, soutenant que le prétendu Hippocrate n'était que le fruit de l'imagination des commentateurs.

Littré n'eut pas de peine à se convaincre que le médecin de Cos avait bel et bien existé, au siècle de Périclès et de Socrate. Hippocrate avait grande réputation dans toute la Grèce. C'est même ce renom, en un temps où les dieux se mêlaient communément sur la terre à la vie des hommes, qui en avait fait un demi-dieu, descendant de l'Olympe. Littré brisa la légende. « Littré nous a débarrassé de l'Hippocrate merveilleux, écrivait Georges Daremberg, il nous en a donné un bien vivant, réel, à l'esprit profond et plein de bon sens, que l'on ne sera plus obligé d'adorer de confiance, mais que l'on pourra admirer sur des textes authentiques. »

Ce qui séduit d'abord Littré, c'est qu'Hippocrate est le premier médecin à déclarer avec force que la médecine doit se libérer de l'emprise des prêtres. La maladie n'est pas un signe de la fureur céleste, elle n'a rien de divin, elle est l'affaire des hommes et non l'affaire des dieux. La médecine doit cesser d'être sacerdotale pour devenir un sacerdoce. Elle doit être étudiée comme n'importe quel autre phénomène naturel, qu'il s'agit de décrire, de comprendre et de maîtriser. Parmi d'autres descriptions, Littré admire celle de l'épilepsie, dans le livre qu'Hippocrate intitula *Du mal sacré* :

> « La maladie dite sacrée ne me paraît avoir rien de plus divin ni de plus sacré que les autres ; la nature et la source en sont les mêmes que pour les autres maladies. Ceux qui, les premiers, ont rapporté cette maladie aux dieux sont comparables, à mon avis, aux mages, aux expiateurs, aux charlatans, aux imposteurs, tous gens qui prennent des allures de piété et des airs de grands savants. »

Voilà, pense Littré, un langage plaisant.

Autre séduction : Hippocrate montre, tout au long de son œuvre, que l'expérience est le meilleur guide. Le raisonnement est précieux, il est nécessaire, mais il ne doit venir qu'après l'expérience, il doit s'appuyer sur les faits observés et ne pas vouloir soumettre ceux-ci aux idées préconçues. Dans *De la décence*, Littré découvre ces mots du maître de Cos :

« Toute opération de l'art dérive du raisonnement. Mais une opération non fondée, surtout en médecine, est un crime de la part de celui qui la professe, un danger pour le patient qui en fait les frais. Si, grisé par ses propres paroles, on prétend acquérir ainsi la science, on se leurre soi-même avec des illusions qui apparaîtront telles à l'épreuve, comme le faux or se reconnaît au feu. »

Et, dans la préface, Hippocrate écrit encore :

« Je dis que le raisonnement est louable, mais qu'il doit toujours être fondé au départ sur un phénomène naturel. »

Quelle attitude saine, simple, prudente, dans un monde grec où la pensée des plus grands s'envole souvent sans retenue vers les systèmes subjectifs et abstraits ! Littré s'émerveillait. Hippocrate n'a-t-il pas défini, par-delà les siècles, ce que sera la médecine scientifique, débarrassée des systèmes construits par la seule imagination humaine ? A vivre ainsi avec Hippocrate, Littré sentait se raffermir des idées qui lui étaient déjà chères : la méfiance envers toute théologie, la crainte des illusions subjectives, la suprématie de l'expérience, le goût de ne pas s'égarer dans les imaginations et de s'en tenir à ce qui est réel, visible, palpable.

Ce n'est pas tout. Hippocrate dote la médecine d'impératifs moraux qui n'ont pas vieilli ; il établit des règles de déontologie médicale qui restent plus nécessaires que jamais ; il exprime une sensibilité à la souffrance humaine qui éclate dans des phrases telles que celle-ci :

« Celui qui sait se montrer humain avec les hommes démontre dans quelle mesure il aime son art. »

Et puis les descriptions d'Hippocrate, en dépit de leur saveur désuète, n'en annoncent pas moins les observations cliniques modernes :

« La sœur d'Harpalidès étant vers le quatrième ou le cinquième mois de sa grossesse, un gonflement aqueux se forma aux pieds, le pourtour des yeux enfla, et toute la peau était soulevée comme chez les personnes phlegmatiques ; toux sèche, parfois orthopnée, dyspnée et suffocation, telles qu'elle restait assise dans son lit sans pouvoir se coucher ; et s'il y avait même quelque apparence de sommeil, c'est quand elle était assise. Du reste il n'y avait guère de fièvre ; le fœtus ne remuait plus depuis longtemps, comme s'il était mort, et tombait (suivant les mouvements de la femme). La dyspnée persista environ deux mois ; mais la malade faisant usage de fèves d'Égypte et buvant du cumin d'Éthiopie dans du vin, son état s'amenda ; puis elle rendit avec toux une expectoration abondante, cuite, pituiteuse, blanche, et la dyspnée cessa. Elle mit au monde un enfant femelle. »

Les joies et les peines

Cependant, la *Collection hippocratique*, si possessive soit-elle, n'empêchait pas cet homme infatigable, dévoreur de temps, comme pressé par l'image constante d'une vie qui passe trop vite, d'entreprendre d'autres travaux sans abandonner Hippocrate. On eût dit qu'il s'était juré de ne jamais refuser une tâche supplémentaire, pour peu qu'il s'y intéressât. En 1836, la *Revue des Deux-Mondes* le presse et il donne un fameux article sur les épidémies, qui fit grand bruit dans le monde savant, chacun en parlait.

En 1837, Littré reçoit la visite d'un conservateur de la bibliothèque de la Faculté de médecine, Jean Eugène Dezeimeris, qu'il avait rencontré à plusieurs reprises au cours de ses recherches bibliographiques. Dezeimeris s'était distingué par d'excellents travaux d'histoire de la médecine. Il avait consacré quelques études à la doctrine hippocratique et surtout publié un important *Dictionnaire historique de médecine ancienne et moderne* en quatre volumes. Littré avait toujours aimé les dictionnaires et ceux qui les font. Dezeimeris veut créer un nouveau journal médical. Certes, il y en a déjà plus d'un. Mais ceux qui existent ne sont guère marqués par l'esprit de la science, ils avancent souvent des théories fumeuses, sorties toutes casquées de l'imagination de l'auteur. Nul mieux que Littré, déclare Dezeimeris, ne l'a compris. Le temps est venu où une affirmation médicale ou biologique n'est acceptable qu'appuyée par les résultats de l'expérience — une expérience dûment contrôlée, critiquée, rigoureuse. Il faut faire pénétrer cette idée nouvelle dans les mœurs médicales. Et, comme on démontre la marche en marchant, le mieux est de démontrer la valeur de la démarche expérimentale dans une revue qui n'acceptera que des travaux fondés sur l'expérience. Dezeimeris a déjà choisi le titre du nouveau journal : on l'appellera *L'Expérience*. Mais l'entreprise ne peut réussir que si Littré, avec ses convictions, sa clarté d'esprit, son érudition, accepte de s'associer à lui. Littré avait toutes les raisons de refuser : le temps lui manquait déjà pour les tâches en cours. Il accepta. L'idée lui semblait opportune. Le 5 novembre 1837 paraissait le premier numéro, avec un texte de Littré à la gloire de l'hygiène. Il publia encore dans *L'Expérience* divers articles, dont une belle et longue réflexion sur « La maladie en général ». Puis, à partir du 20 septembre 1838, le nom de Littré disparaît de l'en-tête du journal, seul celui de Dezeimeris demeure : peut-être Littré avait-il enfin compris que ce travail amputait trop d'heures précieuses. Deux ans plus tard, Dezeimeris, que démangeait la tentation politique et qui préparait une élection à la Chambre des députés, abandonnera à son tour, et finalement le journal lui-même disparaîtra, après sept ans d'une vie honorable.

L'année même où naquit *L'Expérience*, Pauline fut enceinte et, le 18 février 1838, les Littré eurent une petite fille. Émile voulut qu'elle se prénommât Sophie en hommage à sa mère. Il donna son plein accord au baptême de l'enfant. Il n'aurait pour rien au monde voulu chagriner sa femme. Entre le mécréant qu'il était, non baptisé, non convaincu par des affirmations révélées, persuadé que l'ère théologique n'était qu'un moment éphémère dans l'histoire de l'humanité, et, à l'opposé, son épouse rayonnant d'une foi ardente et tranquille, la tolérance lui commandait de respecter cette foi comme il respectait toujours les croyances d'autrui. Certains de ses biographes écrivent qu'il y avait aussi dans ce respect un peu du désir d'avoir la paix chez soi. C'est, me semble-t-il, allégation méchante et gratuite. Littré était assurément le plus profondément tolérant des agnostiques. Il permit, en tout cas, que sa fille ait une éducation religieuse, se disant qu'elle aurait bien le temps plus tard de la retenir ou de l'oublier. Il ignorait qu'en refusant son baptême, son père avait raisonné de la même façon et déclaré en bougonnant que, devenu grand, l'enfant saurait bien faire son choix.

Malgré l'excès de travail, ou peut-être à cause de lui, Émile, à cette époque de la vie, était un homme heureux. Toute angoisse, tout sentiment dépressif s'étaient évanouis. Les difficultés financières s'éloignaient. Il n'y avait aucune raison pour que ce bonheur rassurant, cette apparente pérennité immobile du temps qui passe, fussent interrompus par quelque drame. Mais la vie n'est jamais immobile, la sécurité toujours illusoire. La même année, tout ce bonheur tranquille allait s'écrouler d'un coup.

Le jeune frère d'Émile, Barthélemy, avait suivi son père dans l'Administration des finances. A son tour, il était entré rue de Rivoli au service des Droits-Réunis. Mais il enviait les études médicales de l'aîné. Ils en parlaient souvent et Barthélemy avait fini par se voir accorder le droit de hanter, durant ses moments de loisir, un laboratoire d'anatomie. Les structures du corps humain le fascinaient autant qu'elles avaient fasciné son frère. On raconte qu'au cours d'une séance d'autopsie il aurait contracté une fièvre maligne, dont il est bien difficile rétrospectivement de déterminer l'origine. Émile le persuada de venir s'installer chez lui pour qu'il puisse mieux le surveiller et le soigner. Mais la situation empira. Il s'agissait sans doute d'une septicémie qu'on sait guérir aujourd'hui avec des doses suffisantes d'antibiotiques, mais qui était à l'époque sans recours. Barthélemy mourut de sa curiosité médicale.

La mort de son frère foudroya Émile. Du jour au lendemain, il devint méconnaissable. Il tomba dans un état de stupeur, prostré pendant des heures, la tête basse, ne parlant plus, le geste rare. Le voilà de nouveau en proie à ce que les psychiatres désignent sous le nom de dépression mélancolique. Sa mère, ses amis s'alarment. Ils le jugent au bord de la folie ou du suicide. Il ne travaille plus.

L'éditeur Baillière a le plus grand mal à lui arracher les épreuves du tome premier de la traduction d'Hippocrate, dont la parution est prévue dans les semaines qui suivent, au début de l'année 1839.

Le jour où Baillière apporte le premier exemplaire à Émile, celui-ci, enfin, semble s'éveiller du cauchemar. Ce premier tome se présente bien. C'est un in-octavo de 637 pages, sur la couverture duquel on lit :

Œuvres complètes d'Hippocrate,
Traduction nouvelle avec le texte grec en regard,
collationné sur les manuscrits et toutes les éditions ;
accompagnée d'une introduction, de commentaires médicaux,
de variantes et de notes philologiques ;
suivie d'une table générale des matières
par É. LITTRÉ.

L'ouvrage est dédicacé :

« A la mémoire de mon père Michel-François Littré.

Malgré les occupations les plus diverses d'une vie traversée, il ne cessa de se livrer à l'étude des lettres et des sciences, et il forma ses enfants sur son modèle. Préparé par ses leçons et par son exemple, j'ai été soutenu dans mon long travail par son souvenir toujours présent. J'ai voulu inscrire son nom sur la première page de ce livre, auquel du fond de la tombe il a eu tant de part, afin que le travail du père ne fût pas oublié dans le travail du fils, et qu'une pieuse et juste reconnaissance rattachât l'œuvre du vivant à l'héritage du mort. »

En épigraphe, Littré a inscrit, en grec, une phrase de Galien qui recommande la lecture des Anciens.

Littré feuillette l'ouvrage, le referme, regarde Baillière, lui sourit. Qui devinera jamais la somme d'efforts qui se cache derrière cet accomplissement ? Tenir maintenant ce livre entre ses mains, humer cette odeur d'encre fraîche, sentir l'appel impératif des neuf autres volumes qui compléteront l'œuvre, voilà le remède le plus efficace pour atténuer le goût amer des heures de dépression. Comme il arrivera plus d'une fois dans la vie d'Émile, c'est le travail, ses achèvements et ses promesses qui le tireront du désespoir.

La parution du premier tome des œuvres d'Hippocrate eut un assez grand retentissement. Elle provoqua des échos flatteurs dans le monde scientifique. Littré avait maintenant le renom d'un grand érudit. Un complot se trama parmi ses amis, pour tenter de le sortir tout à fait de la crise dépressive qui avait suivi la mort de son frère. Son Hippocrate, ajouté aux nombreux articles médicaux et scientifiques qu'il avait publiés dans le *National*, la *Gazette médicale*, la *Revue des Deux-Mondes*, *La Science*, *L'Expérience*, paraissait propice à une candidature à l'Académie des Inscriptions et Belles-Lettres, où une vacance venait d'être déclarée après le décès de l'écrivain Laurent Pouqueville. Eugène Burnouf, fidèle ami d'enfance d'Émile et membre de cette Académie, se montrait optimiste sur l'issue de cette candidature. Il suffisait que, selon la tradition, Émile acceptât de rendre visite aux membres de la Compagnie pour se présenter à eux.

Mais, quand on lui parla de ce projet, Littré refusa net. Il fallut des semaines pour le convaincre. Il fallut que ses amis se fâchent et l'entraînent presque de force pour qu'il consente à écrire sa lettre de candidature et à faire quelques visites. Barthélemy Saint-Hilaire, qui venait de se voir confier la chaire de philosophie grecque et latine au Collège de France et qui s'était fait connaître par une traduction des œuvres d'Aristote, faisait du succès de son ami une affaire personnelle. Il arrangeait les rendez-vous et accompagnait Émile sans le lâcher d'une semelle. Lors de ses visites, on le prenait parfois pour le candidat, mais il se hâtait de dire : « Non, ce n'est pas Aristote qui vient vous voir, c'est Hippocrate. » L'affaire paraissait bien engagée. Alors surgirent des difficultés que ni Burnouf ni Barthélemy Saint-Hilaire n'avaient prévues.

C'est que Littré avait préparé, entre-temps, une édition française de la *Vie de Jésus* du théologien allemand David Friedrich Strauss. Il avait appris que le livre faisait scandale en Allemagne. Il l'avait lu avec délectation et décidé de le traduire.

Ce professeur au séminaire de Tübingen voulait réconcilier science et philosophie. Jusque-là, rien de choquant. Mais quand il se mêlait de déclarer que le prix de cette réconciliation n'était rien moins que regarder le Nouveau Testament comme une légende, illustration poétique et romancée de l'idée de Dieu, la hiérarchie s'était fâchée et il avait été aussitôt révoqué de son poste d'enseignement. Un beau sujet de dispute dans les foyers d'outre-Rhin. Or ce que Strauss a écrit, Littré l'a plus d'une fois pensé sans jamais avoir osé l'écrire. Un traducteur n'est pas responsable de ce qu'il traduit et la parution d'une édition française du livre de Strauss est un bon moyen de porter la discussion sur la place publique. Comme pour affirmer sa neutralité, Littré prend garde de ne faire aucun commentaire personnel dans son introduction. C'était mal connaître l'opinion française bien-pensante. Quelques membres des Inscriptions et Belles-Lettres parviennent à obtenir un jeu d'épreuves de l'ouvrage, qui est sous presse, et le font circuler. Cette *Vie de Jésus*, disent-ils, est une ignoble entreprise de démolition de la foi chrétienne, elle déshonorera l'Institut. Ce Littré est un esprit subversif, capable de saper les plus hautes valeurs morales. Un archéologue de la Compagnie, Jean-Antoine Letronne, qui faisait campagne pour Littré, lui demanda quel était cet ouvrage qui scandalisait. Littré lui résuma le livre et ajouta que, si l'œuvre de Strauss gênait le moins du monde l'Académie, le plus simple était qu'il se retire. On le pria de n'en rien faire et il fut finalement élu le 22 février 1839, à une juste majorité. Il venait d'avoir trente-huit ans.

L'Académie des Inscriptions et Belles-Lettres était ce que la Révolution avait appelé la « classe d'histoire et de littérature ancienne », ou « troisième classe », de l'Institut de France. Elle avait retrouvé son nom depuis la Restauration, mais elle restait une assemblée d'historiens et de spécialistes des lettres anciennes où Littré se trouva vite fort à l'aise. Les membres, dont le nombre venait d'être porté de trente à quarante en 1828, étaient tous d'éminents érudits. L'atmosphère de travail rappelait un peu celle des bénédictins de la congrégation de Saint-Maur, qui avaient réalisé aux xviie et xviiie siècles tant d'études monumentales d'histoire et d'analyse critique. L'Académie, au reste, avait repris, pour les continuer, un certain nombre des travaux commencés par les bénédictins.

Les honneurs appellent les honneurs et, peu après, Littré apprend qu'un ministre de Louis-Philippe veut le proposer au Roi pour le grade de Chevalier de la Légion d'honneur. Mais être décoré par un roi, dans un ordre créé par Bonaparte, c'est plus qu'il n'en peut accepter. Il refuse.

Les grandes interrogations

Littré aurait pu se sentir comblé et, comme tant d'autres, se laisser aller au confort d'une existence et d'un travail bien réglés. Cependant, au moment où la quarantaine approche, les hommes de sa trempe ont plus que jamais le désir de se détacher de leur existence quotidienne et de s'interroger sur le sens de la singulière aventure humaine : question obsédante, qui l'avait hanté depuis sa jeunesse et que les visions de mort de ses malades, de sa sœur, de son père, de son frère, n'avaient fait que réveiller. Pour répondre à cette exigence il lui fallait une philosophie.

Ce dont il était sûr, c'est que l'homme ne représente que bien peu de chose dans l'immense univers. Voilà une idée banale, mais il la ressentait avec force et l'écrivait avec exaltation :

> « Il y a dans la petitesse de l'homme, dans la petitesse de sa terre, dans la brièveté de sa vie, quelque chose qui contraste singulièrement avec les énormes distances qu'il soupçonne et les vastes intervalles de temps qu'il suppute et qu'il retrouve dans les ombres du passé. »

Et il est assurément vain, pense-t-il, de chercher notre raison d'être dans cette immensité. Les dieux qu'on nous propose et toutes ces belles histoires qu'on nous raconte pour satisfaire notre besoin de comprendre sont trop semblables à ces mythes innombrables imaginés par l'homme dès son apparition sur la terre. Ils ne font que trahir de sa part une imagination débordante, une tendance naturelle aux croyances superstitieuses, une absence de tout esprit critique, la métamorphose d'inventions subjectives en images qu'on croit vraies et indépendantes du cerveau humain qui les a conçues. A celui qui demande quel est alors le sens de la vie, ou encore si Dieu existe, il répond, et Littré tout entier est dans cette réponse : « Je ne sais pas ; pourquoi tenter de connaître ce qui est à l'évidence inconnaissable ? » Un jour, peu de temps après la naissance de Sophie, Jean-Barthélemy Hauréau, avec qui il travaille, lui pose la question : « Croyez-vous que l'âme est immortelle ? » Et Littré lui déclare sèchement qu'il ne discute jamais des choses qu'il ignore.

Ce qu'il sait c'est que, pour approcher la vérité, il faut d'abord une méthode, un souci de rigueur, un refus de l'explication facile, une mise à mort de toute superstition. Il croit que l'humanité est en marche, lente mais sûre, vers une ère de meilleure clarté logique. Il y a certes encore bien des esprits confus, crédules, et même des esprits hallucinés, que son éducation de médecin lui a appris à bien connaître. Mais ces faiblesses humaines n'échappent plus aux observateurs sagaces. A une longue période où l'on ne construisait que des interprétations théologiques est en passe de succéder un temps où les progrès de la science apporteront à l'homme un guide nouveau, dans sa quête de connaissance.

Car le désir de connaissance est le propre de l'homme, son mobile profond et l'honneur de sa condition. Connaître pour connaître, et non pas seulement pour faire de cette connaissance un outil. Littré défend avec vigueur l'idée que la recherche scientifique n'a pas à être utilitaire :

> « Des esprits dédaigneux des hautes spéculations dont l'application n'est pas évidente, ni l'utilité immédiatement palpable, demandent parfois à quoi bon consumer tant d'efforts à éclairer le passé ou l'espace, et ils voudraient voir chaque découverte de la science produire une machine nouvelle ou une commodité de plus. Disons-le hardiment ici, tel n'est pas le but de la science. Ce qu'elle poursuit, c'est le *vrai* ; l'*utile*, elle n'y arrive que par voie indirecte et en quelque sorte d'une manière fortuite [...]. Dans l'ordre intellectuel, il faut partout reléguer l'utile à la seconde place, comme dans l'ordre moral le devoir passe avant le soin de l'intérêt personnel. »

Et la récompense de cette recherche du vrai, c'est la découverte de la beauté. Car le vrai est beau. La science, en cela, rejoint la poésie.

> « Les travaux des Newton, des Cuvier, des Laplace, ont une magnificence manifeste et une véritable poésie. »

Et aussi :

> « [la science] est comparable en cela aux lettres et aux arts, pour qui l'*utile* n'est qu'un objet secondaire, et dont le *beau* forme le domaine. »

Ou encore :

> « A ceux qui aiment à trouver partout la pensée sous la matière, le beau sous l'utile et les magnificences de la vérité à côté des intérêts de la vie, je dirai que la science a, comme la poésie, sa splendeur qui ravit les intelligences, et que, lorsqu'on arrive à pénétrer quelques-unes des lois si simples et si grandes qui régissent les corps, à percevoir en esprit les rapides mouvements des globes célestes, à suivre les éternelles transformations de la matière, océan dont tout sort et où tout rentre, enfin à considérer d'un œil calme et sérieux.
>   *Ce train toujours égal dont marche l'univers*
> suivant l'expression de La Fontaine, on éprouve quelqu'un de ces indéfinissables sentiments qui viennent assaillir l'âme de celui qui, assis au bord de la mer, demeure absorbé dans la contemplation de l'immense et mobile scène déroulée à ses pieds. »

Toujours un romantisme un peu guindé. Mais dans toutes ses envolées lyriques, on sent Littré saisi par la splendeur de la démarche scientifique et l'essor qu'elle connaît :

> « Une certaine lueur a commencé à poindre. La science est le flambeau qui vient éclairer un lieu obscur ; et, tout entraîné qu'on est par le tourbillon de la terre et de la vie, c'est quelque chose que de pouvoir jeter un grave et long regard sur ces ténèbres et cet abîme. »

Emporté par cet enthousiasme, Littré va plus loin. Il est convaincu que la connaissance scientifique finira par former le meilleur antidote contre les habitudes guerrières des hommes du passé. Ceux-ci

> « ... étaient trop faibles et trop ignorants pour s'attaquer à la nature, ils s'attaquèrent à leurs semblables ; mais dès aujourd'hui on peut, ce me semble, prévoir le temps où l'on ne distinguera plus les siècles par les victoires des conquérants et par la chute des empires, mais où l'homme mettra toute sa gloire à pénétrer les secrets des phénomènes et à dompter une terre rebelle ».

Et ailleurs :

> « Les chefs-d'œuvre des arts et des lettres dans la Grèce et à Rome n'ont pas préservé la civilisation d'une grande ruine ; mais, autant qu'on peut le prévoir, les sciences mettent désormais à l'abri de pareilles catastrophes. »

Voilà les premiers signes de l'extraordinaire optimisme de Littré, de sa confiance dans la science, capable, à l'avenir, de construire un monde humain meilleur.

Cependant, manquait encore à Littré une clé pour l'ensemble, une méthode générale, bref un système de pensée bien bâti, douillet, conforme à l'esprit de géométric et de classification, un de ces systèmes d'allure cartésienne dont rêve plus d'un esprit scientifique des pays d'Occident. Cet admirateur des sciences avait des admirations séparées, pour l'astronomie, la mathématique, la physique, la chimie, la paléontologie, la physiologie, la médecine. Il n'apercevait pas clairement le lien entre ces divers modes d'exploration du monde et, sans qu'il en eût conscience, cette dispersion entravait la pleine jouissance de son désir secret d'unité. Ce désir d'unité existe pour chacun, mais brûle davantage dans les esprits qui, comme Littré, sont épris de logique et d'organisation.

**
*

Il y a, dans la vie, des temps de vide, de malaise, d'incomplétude. Les âmes faibles n'en tirent rien. Elles se laissent glisser vers le dégoût ou l'indifférence. Mais, pour celles qui ont plus de vigueur, ce ne sont que des temps d'attente. Tout peut alors survenir pour remplir soudain cette vacance. Et la circonstance est propice pour un coup de foudre. Une femme, un art, une foi, quelque chose enfin dont on dira plus tard : je l'attendais. Pour Littré ce ne fut pas, ce ne pouvait être une femme. Mais ce fut quand même une histoire d'amour. Un amour entier, définitif, tourmenté, douloureux, querelleur, infidèle. Un amour qui changea les couleurs de la vie.

Cela survint en l'année 1840.

Chapitre V

AUGUSTE COMTE

Un homme encore peu connu, ancien élève et répétiteur à l'École polytechnique, cherchait d'introuvables élèves pour leur enseigner le système philosophique qu'il avait échafaudé. Il n'avait aucune chaire publique. Il décida de donner des cours privés chez lui et parvint à réunir quelques auditeurs de qualité, trop peu nombreux à son gré. Aussi prit-il le parti de publier son cours. Cet homme se nommait Auguste Comte.

La révélation

Lorsque quatre des six volumes qui devaient constituer le *Cours de philosophie positive* furent parus, un ami les prêta à Littré. Comte l'apprit. Il tenait l'Institut de France pour une citadelle propre à diffuser ses idées et, sachant que Littré était maintenant aux Inscriptions et Belles-Lettres, il s'empressa de lui envoyer un exemplaire signé de sa main. Littré — le mot est de lui — fut aussitôt subjugué. Il écrira plus tard, avec sa modestie coutumière :

> « Incapable de trouver par moi-même la solution du grand problème philosophique, j'étais capable de la reconnaître dès qu'elle me fut montrée. »

Il crut avoir découvert dans la philosophie positive la cohérence qui manquait à ses inclinations diverses, et même un peu plus que cela.

Cette séduction instantanée peut se concevoir. D'un côté, le *Cours* d'Auguste Comte exposait et ordonnait l'image que Littré possédait déjà, latente, de la prise de pouvoir des sciences dans l'exploration du monde : un livre-reflet de ses propres idées est toujours envoûtant. Mais ce n'est pas tout. Comte proposait que cette nouvelle vision du monde n'était pas seulement contemplative : elle ouvrait selon lui les portes d'une politique humaine, elle annexait l'histoire des hommes et leur avenir dans le sillage du mouvement scientifique, elle intégrait dans une philosophie apparemment homogène la connaissance et l'action. Littré, aussi sensible au désordre de la société des hommes que passionné de sciences, lisait pour la première fois que tout cela était de la même farine et qu'une vision positive du monde permettrait de comprendre et de maîtriser les problèmes sociaux et politiques aussi bien que les problèmes d'astronomie ou de biologie. Si cela se vérifiait, c'était une révolution. Une révolution qui apporterait enfin aux hommes une vue claire de leur aventure, et par là même une harmonie jusqu'alors impossible. Une révolution qui devait être connue de tous. Comte était un génie. Il fallait devenir son disciple. Il fallait consacrer sa vie à l'étude de la philosophie positive. Une vie jusqu'à présent erratique, disparate, dispersée, pourrait enfin trouver sa raison d'être, une force, un sens.

Quand on relit, cent cinquante ans plus tard, le texte qui provoquait pareil enfièvrement, on ne manque pas d'être surpris. Sans doute l'enthousiasme de Littré pour le *Cours de philosophie positive*, la vénération qu'il allait porter à son auteur, s'expliquent-ils par une nature ardente, généreuse et candide à la fois. Il y avait, certes, dans ce cours, beaucoup de passages intelligents et perspicaces. Mais Comte y laissait percer une confiance illimitée et naïve dans les pouvoirs de la science. Il présentait une vue étonnamment simplificatrice de l'histoire de l'humanité. L'esprit de rigueur de Littré aurait dû éveiller sa défiance. On l'imagine pris d'un tel émerveillement pour la doctrine nouvelle que, comme tout être passionné, il demeurait aveugle aux faiblesses de sa nouvelle passion.

Littré avait tâté de bien des domaines scientifiques : non seulement la médecine et la physiologie, mais la géologie, l'astronomie, la physique, la chimie, les mathématiques. Il n'avait jamais songé à chercher un lien entre ces sciences particulières. C'était pour lui des parcelles du savoir universel. Il n'avait guère réfléchi à l'esprit de ces sciences, à leur philosophie. Et voilà que, dès les premiers volumes du *Cours,* on lui parle d'un système fondé sur une étude méthodique de la philosophie de chacune des grandes disciplines scientifiques et de la *philosophie générale* du savoir humain qui en peut résulter. C'est même la seule philosophie possible : que mettre de sérieux dans une philosophie qui ne soit d'abord sérieusement, c'est-à-dire scientifiquement, démontré ?

Tout cela lui plaît. D'abord parce qu'il est affirmé que l'approche scientifique du monde est la seule qui vaille. Il y a longtemps que Littré a la plus grande méfiance pour les prétendues connaissances révélées par la voie religieuse. La métaphysique, *terra incognita,* le met mal à l'aise, chemin de l'esprit sans fondement expérimental, donc glissant comme des sables mouvants. Il n'a lu qu'un petit nombre de philosophes et, à côté de textes admirables, il n'a rencontré que des affirmations obscures ou fantaisistes. Il se souvient qu'Auguste Comte avait écrit dans le *National :*

> « Il existe à Paris quatre chaires consacrées à l'histoire de ce qu'on appelle officiellement la *philosophie,* c'est-à-dire exclusivement destinées à l'étude minutieuse des rêveries et des aberrations de l'homme pendant la suite des siècles. »

Littré n'aurait peut-être pas osé une si violente attaque contre l'enseignement traditionnel de la philosophie, mais il l'approuve secrètement : juste réplique au fiel de certains philosophes contre la science. Il faudra bien qu'ils comprennent que la seule vraie philosophie ne peut aujourd'hui se fonder que sur les connaissances dûment acquises, celles qu'apporte, innombrables, la science.

Et Auguste Comte va plus loin. Il ne se contente pas de réunir en une philosophie générale du savoir l'ensemble des sciences, il établit, de celles-ci, une classification logique. Littré, là-dessus, le croit sur parole ; il connaît mal les dizaines de classifications diverses qui furent élaborées dans le passé, avant Auguste Comte. Ce dernier propose une filiation, une hiérarchie, entre les sciences : leur mère est la mathématique, puis vient l'astronomie, la physique, laquelle est nécessaire pour fonder la chimie, et celle-ci pour aborder les recherches sur les êtres vivants. Ce classement enthousiasma Littré. Il ne nous apparaît pourtant pas aujourd'hui comme une grande découverte. Il y a quelque naïveté dans les soixante pages fuligineuses de la deuxième leçon de Comte, traitant de la « hiérarchie des sciences positives », mais elles se terminent par une affirmation lapidaire qui emporta sans doute l'adhésion de Littré :

> « Telle est la formule encyclopédique qui, parmi le très grand nombre de classifications que comportent les six sciences fondamentales, est seule logiquement conforme à la hiérarchie naturelle et invariable des phénomènes. »

La formule est magique. Le classement est donné comme une découverte importante. Il est accompagné d'un joli tableau synoptique. Il convainc Littré.

Une science nouvelle, la sociologie

Plus encore que par ce système cohérent du savoir scientifique, Littré se laisse séduire par une science nouvelle que Comte propose d'ajouter à la liste et qu'il nomme, dans le tableau synoptique, physique sociale ou *sociologie*. Voilà, se dit Littré, un trait de génie. Il s'agit d'appliquer à l'étude des sociétés la rigueur scientifique, la recherche sans *a priori*, bref l'esprit positif. Il s'agit de mettre à jour les secrets du déroulement des événements et des idées. Il s'agit de jeter un regard tout à fait neuf sur l'histoire des hommes : jusqu'à présent, on racontait l'histoire, il s'agit maintenant d'en découvrir les lois. Il faut décrypter les règles profondes auxquelles obéit l'évolution de la communauté humaine. C'est le seul fondement possible d'une politique éclairée. Connaître les secrets de l'histoire, c'est devenir capable de prévoir l'avenir et, peut-être, de le maîtriser. Après tout, pourquoi les phénomènes sociaux seraient-ils les seuls phénomènes naturels échappant à des mécanismes immanents ?

Mais n'est-il pas utopique de croire que l'évolution des sociétés humaines obéit à des lois ? Nullement, répond Auguste Comte. Dès maintenant, on peut formuler quelques-unes de ces lois. Ainsi une règle permanente régit la fécondité des populations : les sociétés primitives et misérables ont beaucoup d'enfants ; les sociétés avancées et riches sont beaucoup moins prolifiques, et c'est sans doute ce qui explique leur déclin. De même, l'expérience montre qu'il ne suffit pas d'instruire un peuple pour lui inculquer les merveilles de la civilisation : l'éducation, lorsqu'elle s'adresse à des régions arriérées du globe, ne porte pas ses fruits dans l'immédiat, il y faut des siècles. Autre loi, le nombre de crimes dans une société donnée ne varie guère, rien ne peut le changer.

Comment Littré, le rigoureux, le méthodique, l'exigeant Littré, accepta-t-il à cette époque sans discussion des affirmations aussi discutables ? Et surtout, comment se contenta-t-il de quelques exemples épars, presque anecdotiques, pour assumer cette conclusion générale exorbitante que tout, dans l'histoire des sociétés humaines, est soumis à des lois permanentes, et, partant, que les hommes et les peuples qui crurent *faire* l'histoire n'étaient que des pantins agités par ces lois ?

Littré pensa même que l'analyse objective des événements (on était en 1840) permettait de prédire que l'essor de l'industrie tendrait à écarter le risque de guerre !

« Qui ne voit, écrit-il dans *De la philosophie positive,* la tendance des sociétés modernes vers la paix se manifester avec force au milieu de perturbations qui, dans un temps moins pacifique, auraient inévitablement suscité des luttes sanglantes ? Aujourd'hui, pour les populations éclairées, conquérir est, pour ainsi dire, un mot vide de sens. A quoi servirait, par exemple, à la France de conquérir l'Allemagne, à l'Allemagne de conquérir la France, puisque, en définitive, entre peuples d'un développement égal, la condition du vainqueur ne peut pas être autre que celle du vaincu ? »

Ces mots n'étaient que l'exégèse de la pensée de Comte, distillant dans son cours la certitude que la marche des hommes se déroule vers un inéluctable progrès. Le modèle comtien était, écrit Annie Petit, « celui de l'unification pacifiante des connaissances, des hommes, des nations ». Littré est encore sous l'emprise totale de la pensée de Comte. Quand il commencera à s'en dégager, on le verra apporter bien des retouches à cet optimisme aveuglé.

Dans les perspectives historiques que développait le *Cours* d'Auguste Comte, une affirmation enchanta Littré, toujours épris de schémas simples et clairs : c'est la *loi des trois états*. Elle énonce que l'humanité a connu trois stades, qui se sont succédés selon une implacable filiation. Il y eut d'abord l'état *théologique*, où, pour expliquer les mystères du monde, le ciel fut d'abord empli par les hommes de dieux innombrables, puis d'un Dieu unique, créateur et annonciateur d'espérance et de civilisation. Ensuite ce fut, toujours à la recherche de l'absolu, l'état *métaphysique*, qui substituait aux puissances divines des forces impersonnelles et abstraites. Enfin, est en train de naître l'état scientifique ou *positif*, parce qu'il devient clair que la quête est vaine de causes premières et de fins dernières, qu'il ne sert de rien de poser des questions auxquelles nul ne peut répondre, que l'homme doit donc limiter ses prétentions à la connaissance des seuls faits observables, accessibles aux sciences.

Une religion sans Dieu

A ce moment de sa vie, Littré se sent, de Comte, le disciple passionnément soumis. Nulle ombre, nulle réserve, dans la lune de miel. La loi des trois états le satisfait. Il est prêt à croire au déclin du terrain trouble et subjectif de la métaphysique. Quant à l'état « théologique », que Comte repousse plus loin encore dans le passé, Littré veut bien admettre qu'il s'affaiblit, mais il n'est pas sûr de son extinction ; la foi en un Dieu créateur semble encore bien vivace dans le cœur des hommes. Cette croyance, il est vrai, lui a toujours été étrangère. En cela, il suit la tradition paternelle. La piété de sa mère et de sa femme ne le heurte point. Elle se range dans les comportements humains irrationnels, respectables, inspirés par le désir de donner à tout prix un sens à l'aventure humaine, mais n'ayant aucun fondement sérieux. Depuis qu'il a traduit la *Vie de Jésus* de Strauss, il est plus étonné encore de voir tant d'hommes et de femmes croire aveuglément à toutes les affirmations, historiquement si fragiles, de la révélation chrétienne. Et puis, pourquoi ce dogme-là plutôt que ceux « de l'Allah des musulmans, des dieux multiples de l'Inde ou du Jéhovah de la Judée », auxquels d'autres millions d'hommes adhèrent avec une égale ferveur ?

Et pourtant, dans un mouvement apparemment paradoxal, Littré refusait qu'on le dise athée. Être athée, c'est nier Dieu. Il ne niait pas, il n'affirmait pas, il disait simplement qu'il n'avait pas le moyen de savoir. Dire « je ne sais pas » n'était pas pour lui une défaite, c'était une victoire sur la tentation d'affirmer ou de nier sans preuve. Bien plus, il refusait de confondre théologie et religion. Une vie sans religion est une vie désséchée. Une âme religieuse a-t-elle besoin de s'inventer des dieux ? Dans l'esprit de Littré, religion signifiait élan vers tout ce qui peut sublimer une existence quotidienne, terre à terre, égoïste. La religion de l'humanité, proposait Comte. L'amour des autres, la conscience de faire partie de la grande chaîne des hommes qui nous ont précédés et de ceux qui nous suivront, la foi dans un progrès possible de cette humanité, et aussi le sentiment de la beauté, l'exaltante contemplation du ciel et de la terre, l'admiration pour les phénomènes de la vie, les magnificences de l'art, toutes ces ardeurs montraient chez Littré un exigeant besoin de transcendance. Sous ses dehors retenus et même distants, il cachait l'âme la plus chaleureuse et avide de transports.

Le sens du sacré, cette passion si profondément inscrite en tout homme et capable de survivre à l'impiété la plus soutenue, avait implanté chez lui des racines pénétrantes.

Mais toutes ces passions, il voulait les inclure dans le système rationnel et scientifique du positivisme. Il dit lui-même que son esprit réclame l'homogénéité à tout prix. Il ne veut qu'un chemin, celui que la science a tracé. On ne peut tricher avec l'état positif. La merveille que Comte lui apporte, c'est une méthode, un regard universel là où il n'avait vu jusqu'alors que des îlots de connaissance. Abandonner l'exigence positive en cours de route serait perdre la pureté de ce grand dessein. La religion de l'humanité, l'amour, la beauté, entrent dans le nouveau chapitre créé par Comte : la science sociale. Ils ne représentent rien que des tendances de l'esprit humain, on peut les soumettre à l'analyse scientifique comme le reste.

Les illusions anthropomorphes

Il me semble que Littré tombait là dans un piège très commun. Croire que notre pensée n'a qu'un chemin et ne dispose que d'une méthode est une idée fort répandue, et Littré n'en a pas l'apanage. Le risque qu'engendre ce besoin impérieux, quasi maladif, d'unité intérieure a été perçu de tout temps par bien des philosophes. J'ai tenté, dans *La Raison et la Passion*, de reprendre ce problème à la lumière des données scientifiques récentes. Tout part de la question, qui depuis l'Antiquité agite les philosophes, des rapports entre la réalité et l'esprit humain. Les objets que nous apercevons, que nous étudions, ont-ils une existence en soi, indépendante de nous ? Ou n'existent-ils qu'en tant qu'images perçues par le cerveau ? (« Être, c'est être perçu », résumait Sartre.) Déjà Platon, dans son allégorie de la caverne, enchaîne les prisonniers en un lieu où, du monde, ils ne voient que les ombres projetées par un feu allumé derrière eux :

> « Voilà, dit-il, un étrange tableau et d'étranges prisonniers.
> — Ils nous ressemblent, répondis-je. Et d'abord penses-tu que dans cette situation ils aient vu d'eux-mêmes et de leurs voisins

autre chose que les ombres projetées par le feu sur la partie de la caverne qui leur fait face ? [...]

— Sans contredit.

— Dès lors, s'ils pouvaient s'entretenir entre eux, ne penses-tu pas qu'ils croiraient nommer les objets réels, en nommant les ombres qu'ils verraient ? »

George Berkeley, évêque irlandais qui enseignait la théologie à Dublin, avait imaginé en 1712 les *Dialogues entre Hylas et Philonoüs*, le premier déclarant que les choses existent en soi et le second lui démontrant qu'elles n'existent qu'en nous. Puis était venu Kant, mort quand Littré avait trois ans : il avait cherché le juste compromis entre un idéalisme forcené (rien n'existe que la représentation que nous avons en nous) et un chosisme naïf (l'objet existe bien en soi, nous n'en sommes que des spectateurs). Kant avait établi que la réalité du monde physique dépend de l'esprit, mais qu'il serait absurde de penser « qu'il puisse y avoir un phénomène sans rien qui apparaisse » et, par conséquent, que la « chose » existe bel et bien si elle est inconnaissable en soi. Nombreux sont les philosophes qui glosèrent là-dessus.

Ce débat, coloré du charme un peu désuet des jeux traditionnels de la philosophie, s'est brusquement cristallisé autour d'observations expérimentales précises — bien après le temps de Littré, il est vrai. L'aventure de la microphysique fut décisive, découvrant que, dans l'exploration des particules élémentaires, il peut arriver que *l'observateur change l'objet*. L'exemple le plus banal et le plus simple est celui de la lumière, dont la nature n'est pas la même selon la méthode qu'emploie l'observateur : elle est onde si on étudie sa propagation ; elle est corpuscules si on étudie ses interactions avec la matière. L'histoire de la lumière et quelques autres (auxquelles j'ai tenté d'ajouter une série d'exemples biologiques) établissent catégoriquement qu'on ne peut dissocier le couple observateur-objet observé, ou plutôt méthode d'observation et objet. Un même observateur peut explorer le même objet avec des chemins divers, et, selon le chemin, n'aboutit pas forcément à la même image. C'est une révolution de la pensée scientifique.

Si on sort du champ de la science, le fait n'est pas moins évident. Empruntant à la poésie le terme de *césure* pour désigner ce qui sépare les deux images d'un même objet sur lequel l'homme porte deux regards différents, j'ai montré ailleurs que, de ce phénomène, on pouvait fournir des exemples nombreux, tel ce marbre de Venise qui est à la fois, sur le chemin de la chimie, du carbonate de calcium et, sur la route de l'art, Hercule chargeant un cerf dans un style original, aucune de ces deux vérités n'étant plus vraie que l'autre. Elles sont simplement séparées par une césure, liée à une approche différente. Il faut de même, me semble-t-il, distinguer le domaine de la raison et de la science, d'une part, et le domaine des passions, passion de beauté, passion d'amour, passion morale, d'autre part. La grande illusion de Littré fut d'accepter de les confondre dans un regard unique. La beauté des choses tire sa source d'une émotion humaine et nullement d'une démarche scientifique. Les splendeurs de Mozart transcendent les données rationnelles. Le sentiment d'amour ne peut se démontrer par la biologie sans une terrible réduction. C'est merveille, et non frustration, que voir la pensée humaine ouverte à des chemins multiples. Et l'aveuglement du Littré des années 1840 est d'autant plus regrettable qu'il a remarquablement pressenti les limites du champ de la connaissance scientifique, c'est-à-dire de la cage d'où seul le mode passionnel permet de sortir.

Sur les limites auxquelles se heurte, par essence, la connaissance scientifique, Littré a des pensées proprement admirables. Admirables, parce que prémonitoires de ce qu'enseignera, beaucoup plus tard, l'expérience des scientifiques du xxᵉ siècle. Certes, d'autres avant lui avaient déclaré que le savoir humain a des bornes. D'autres avaient montré que l'homme ne peut espérer sortir de lui-même, pour regarder le monde avec d'autres yeux que les siens. Le contentieux ne date pas d'hier. D'un côté, il y a l'immense cohorte de ceux qui ne désespèrent pas de dépasser les frontières de l'expérience proprement scientifique, pour atteindre le savoir *absolu*. De l'autre, ceux qui, de Protagoras à David Hume, Condorcet, Comte et bien d'autres, tiennent que la connaissance se fonde exclusivement sur les faits constatés par les hommes, que le savoir humain est *relatif*, qu'il est esclave des limites de l'observation et de l'expérience, que l'espoir est vain de s'en évader, et qu'atteindre l'absolu est pure utopie.

Littré se range évidemment, dans ce débat, aux côtés d'Auguste Comte. Mais il énonce le problème en des formules qui peuvent éblouir, par leur clairvoyance, les scientifiques d'aujourd'hui.

> « Nos conceptions, écrit-il, nos doctrines, nos systèmes, ne sont jamais vrais que pour l'humanité. Notre orgueil est vain et puéril s'il croit avoir atteint quelque universalité définitive et absolue. »

Et ailleurs :

> « Je ne saurai trop le répéter, ce qui est concevable ou inconcevable n'a d'application que dans nos propres limites. Là, ces termes ont vérité, certitude, sûreté ; mais, quand nous essayons de les porter au-delà, nous n'avons plus d'assurance qu'ils aient une signification quelconque, et ils retombent sur nous comme une arme vainement lancée dans l'espace. »

On ne peut mieux définir le *péché d'extrapolation*, cette faute que la recherche dénonce chaque jour comme sournoise et dangereuse. Extrapoler, c'est continuer d'appliquer les règles du jeu établies en tel lieu et à tel instant, alors qu'on a changé de lieu et d'instant. Quand on passe, par exemple, de notre échelle de tous les jours à l'échelle atomique, notre logique quotidienne se trouve gravement prise en défaut : les corpuscules de la microphysique sont soumis à des règles aléatoires, tout à fait choquantes pour nos habitudes ; on ne peut pas raisonner sur ces corpuscules comme on raisonne sur des boules de billard. De même, la cosmologie moderne suggère que nos représentations usuelles de l'espace sont inadaptées aux échelles astronomiques.

Or, il apparaît clairement que, dans nos habitudes de raisonnement, nous ne cessons d'extrapoler sans vergogne. Nous usons, pour des échelles bien différentes de la nôtre, de modes logiques dont nous savons seulement qu'ils sont acceptables à notre échelle quotidienne. Rien ne nous prouve qu'ils demeurent efficaces, légitimes, à d'autres échelles. Et le doute doit naître sur la valeur de nos manières mentales habituelles lorsque nous en usons en dehors de notre petit monde de tous les jours.

Ces pressentiments de Littré ont donc été pleinement confirmés par l'expérience scientifique récente. Mais il me semble qu'ils conduisent beaucoup plus loin. Ils suscitent aujourd'hui des questions déchirantes.

De ce déchirement, on peut donner plusieurs exemples.

L'inquiétude logique

A notre échelle, tout événement a une assise chronologique. Toute création humaine peut être datée. La Première République, proclamée en septembre 1792, cessa d'exister en mai 1804. On a peine à imaginer que le concept de début et de fin puisse être mis en défaut. Or, de même que nos images coutumières d'espace deviennent impropres à l'échelle cosmique, de même rien ne prouve que nos raisonnements sur le temps soient extrapolables à des échelles infiniment différentes de la nôtre. Déjà les physiciens ont troublé notre regard instinctif sur le temps, le jour où ils nous ont demandé d'accepter l'image d'un univers où le temps ne coule plus d'uniforme façon ; où la simultanéité devient suspecte lorsque deux événements sont regardés par deux observateurs éloignés ; où le temps et l'espace sont si intimement liés qu'on est conduit à introduire le concept d' « espace-temps » dans l'architecture de l'univers. On viole encore davantage nos représentations intuitives quand on nous propose des configurations du cosmos qu'on pourrait dire non figuratives pour notre sens commun. Les spécialistes de l'espace nous parlent, soit d'un univers fini et pourtant sans frontière (Poincaré écrivait : « On n'en trouvera jamais le bout, mais on pourra en faire le tour ») ; soit d'un univers hyperbolique, en quelque sorte une sphère qui ne se referme pas sur elle-même, espace ouvert et infini. Dans les deux cas, notre imagination est mise au supplice. Le miracle est que toutes ces « courbures » sont à la fois très abstraites pour nous et pourtant, au moins partiellement, explicatives d'événements astronomiques que nos concepts concrets et immédiats d'espace et de temps n'expliquent pas. Ce miracle pourrait conduire à de longues méditations sur les rapports de la pensée humaine et du monde où vit l'homme, mais Littré, qui en était resté au monde de Newton et, comme tous à l'époque, le croyait irrévocable, ne pouvait pas imaginer de tels développements.

Il faut avouer que toutes ces démarches sont fondées sur la création mathématique. A l'évidence, un immense pan de la « réalité » ne peut être exploré que par un grand détour mathématique, abstrait, enlevant à cette réalité ses attributs intuitifs ordinaires. Les nombres et la géométrie, disait déjà Platon, sont l'essence des choses. Or, qu'y a-t-il de plus subjectif que les nombres et la géométrie ? Ils ne sont pas le monde ; ils sont une sorte de « rêve efficace », qui exprime une des magies les plus inouïes de la pensée humaine. Et, pour en revenir au temps et à l'espace, voici que cette démarche magique conclut par une interdiction d'appliquer à des dimensions infiniment grandes le discours familier qui nous habite. Si donc on veut obéir avec rigueur à cette injonction, il est clair que l'idée d'un *commencement* du monde peut n'être rien d'autre qu'une extrapolation douteuse. Quand certains astrophysiciens évoquent un univers fini, et pourtant sans frontière, on nous demande de tenir pour impropre la question : « Qu'y a-t-il derrière la finitude du monde ? » parce que ce genre de question devient illusoire, elle n'est que l'extrapolation d'une question efficace à notre échelle, et rien qu'à notre échelle (Qu'y a-t-il derrière ce mur ?). Si l'image intuitive de l'infini spatial est illusoire, pourquoi n'y aurait-il pas le même poids d'illusion dans notre image de l'infini temporel ? La question du commencement des choses pourrait fort bien, à des échelles infinies, être, elle aussi, une question impropre.

Autre exemple non moins dérangeant pour notre discours quotidien : la question de la *signification* du monde. Encore une question posée dans les propos d'un homme comme Littré, même s'il renonce à y répondre sans se préoccuper de sa légitimité. Le propre de l'homme est de vouloir que le monde et la vie humaine aient un sens humainement intelligible. C'est une tentation profondément ancrée en nous. Elle est même une des sources de l'angoisse humaine. Les « Pourquoi la vie ? », « Pourquoi ma vie ? », « Pourquoi le monde ? », réclament pour chacun de nous une réponse urgente. Les âmes religieuses peuvent sans doute éviter ce malaise. Mais elles sont les premières à savoir combien il est difficile d'atteindre la sérénité sans répondre à ces interrogations. Or les limites des concepts de causalité et de déterminisme, mises en lumière par les aventures récentes de la physique et l'astronomie, et même de la biologie, jettent un doute sur la validité de ces « Pourquoi ? ». Nos attitudes questionneuses usuelles, si fructueuses à notre échelle de tous les jours, risquent d'être totalement irréelles à des échelles cosmiques. La grande révolution scientifique actuelle est de nous avoir fait comprendre que notre vision du monde extérieur est le résultat d'un dialogue entre le monde et l'observateur, et que celui-ci compte au moins autant que celui-là. L'idée d'une signification absolue du monde, autonome, indépendante de l'homme, est probablement une illusion, une faiblesse de nos habitudes quotidiennes de raisonnement. L'idée était déjà suggérée dans l'opposition kantienne entre noumène et phénomène. Le fait inédit est que l'exploration du *phénomène* laisse apparaître de nouvelles limites dans la nature de notre connaissance. Le regard que nous portons sur le phénomène apparaît sans cesse entaché d'anthropomorphisme. Croire que le monde a en soi une signification, c'est supposer que, si les hommes disparaissaient, le concept de signification aurait encore un sens. La question « Pourquoi le monde ? » est sans doute l'exemple des fausses questions, oublieuses du rôle essentiel de l'observateur dans le dialogue qu'il entretient avec la réalité. Si l'on accepte ces doutes, on parvient à une conclusion bien différente de celle de Littré. Lui posait la question, mais se déclarait incapable de répondre. Pour moi, c'est poser la question qui est une imprudence logique : l'extrapolation qu'elle suppose dans l'usage du concept de signification risque d'en faire une fausse question.

Le biologiste peut émettre une hypothèse sur tous ces pièges de notre raisonnement quotidien, que commençait à soupçonner Littré. Notre logique est peut-être un fait naturel d'*évolution*.

Dans la formation de la logique humaine, la pression de sélection n'avait à répondre qu'aux seules nécessités d'une adaptation à notre activité ordinaire. Le cerveau humain devait s'adapter aux concepts et aux gestes immédiatement nécessaires. Cette adaptation se faisait à l'échelle humaine. Elle n'avait, si j'ose dire, aucune raison de prévoir que les progrès ultérieurs de notre longue marche scientifique nous conduiraient vers des échelles différentes, celles de l'infiniment petit et de l'infiniment grand.

Les frontières de la causalité

Littré s'attaque aussi, dans le sillage de Comte, à l'idée de *causalité*, cette idée si profondément ancrée dans notre sens commun : tout a une cause. A l'époque, on ne parlait guère de déterminisme — ce cousin germain de la causalité. Le mot venait à peine d'être introduit en France. L'idée que le déterminisme pouvait avoir ses limites, la naissance du concept d' « aléatoire », n'allaient faire leur apparition dans les sciences que plusieurs années après, avec la mécanique statistique de Gibbs, la thermo-dynamique probabiliste de Boltzmann et surtout l'aventure atomique. Du temps de Littré, la causalité était bien installée dans les esprits. Kant avait écrit qu'elle formait une catégorie de l'entendement. Depuis l'Antiquité, elle était associée à l'image de la volonté, du pouvoir d'agir : l'objet est immobile, je veux qu'il bouge, je le déplace, ma volonté est *cause* de son déplacement. Ainsi chacun de mes gestes entretient en moi le concept de causalité. Et c'est avec ce fondement anthropomorphe que l'idée de cause avait été utilisée pour démontrer l'existence de Dieu. Aristote avait déjà dit que l'origine du mouvement pouvait seulement s'expliquer à partir de Dieu. Et Leibniz avait déclaré que, si toute chose a une cause, il faut bien supposer une cause première. Une telle dialectique ne pouvait que déplaire à Comte et à Littré, peu soucieux de ce retour à Dieu. Le premier décida simplement que la science avait à chercher des lois, et non des causes. Littré fut plus subtil et débusqua l'anthropomorphisme de ces raisonnements traditionnels ; il y avait confusion entre volonté et causalité ; quand on rapportait un phénomène naturel à une cause, on le rapportait inconsciemment à un esprit qui l'avait conçu, à une *volonté*.

> « Quand nous cherchons expérimentalement la volonté, nous ne la trouvons, hors de nous, que chez des animaux qui ont avec nous de grandes analogies de structure. Passé cela, nous ne rencontrons plus que des propriétés et des mouvements ; or, des propriétés et des mouvements, conclure à une volonté est une conclusion où aucun lien ne se montre entre la prémisse et la conséquence. Bien loin de là, la seule chose qu'il serait possible d'arguer du spectacle qui est sous nos yeux, serait que la volonté, comme d'ailleurs l'intelligence, va toujours en diminuant à mesure qu'on descend l'échelle organique, s'éteint dans la plante, et va se perdre avec la vie dans le sein de la masse où règnent les propriétés chimiques et physiques. Aussi, au lieu de descendre l'échelle, les hommes ont-il essayé de la remonter, concevant des génies, des anges, des démons, intelligences de plus en plus supérieures jusqu'à une intelligence unique. Mais il est bien évident que l'expérience, telle que les modernes la conduisent, n'a pas confirmé ces conceptions ; il n'y a que les légendes où l'on voit les anges et les démons aller et venir du ciel à la terre. »

C'était certes une façon archaïque de chercher les frontières de la causalité. Mais ce n'en était pas moins les débuts d'une grande révolution de la pensée, dans laquelle le déterminisme allait, non pas perdre de sa force et de son efficacité, mais bien rencontrer ses limites et laisser en chemin un peu de son exclusivité dans l'interprétation des phénomènes naturels.

La raison et la passion

Ainsi le monde de Littré est-il à la fois un système qui prétend tout englober sous la bannière scientifique et un système qui se donne le luxe d'apercevoir ses limites.

> « Les astronomes et les physiciens ne doutent pas que le soleil soit une masse enflammée qui s'est allumée il y a des millions de

siècles, et qui s'éteindra dans des millions de siècles ; car chaque jour il verse dans le froid des espaces une chaleur qu'il ne répare jamais. D'un coin de l'imperceptible planète qui nous porte, la pensée entrevoit le matin et le soir de nos soleils, et s'arrête impuissante et ignorante devant la nuit qui précéda et la nuit qui suivra en ce coin d'univers. Ce coin est notre immensité. »

Et il est vrai que la seule connaissance scientifique du monde est une immensité. Même si les informations qu'elle apporte ne nous donnent pas le monde, mais seulement son ombre, son reflet, aménagé par les formes de notre pensée, borné par les capacités de notre cerveau, même si la science ne nous donne ainsi que des informations de nature relative et limitée, elle ne connaît pas de limites dans l'étendue de ces informations. La quête scientifique ne sera jamais close.

Mais cette quête ne résume pas le chemin des hommes. Sinon ils seraient condamnés à l'enfermement dans une recherche scientifique incapable de répondre à toutes leurs aspirations. Littré lui-même reconnaîtra plus tard combien ce serait frustrant :

« Il est pénible sans doute d'être ainsi enfermé dans le domaine du relatif. »

L'erreur de Littré, comme du positivisme tout entier, fut d'inclure l'univers intérieur des passions humaines dans le domaine de la science, ne laissant rien en dehors. Or, c'était folie que vouloir infliger aux mouvements passionnels de l'esprit l'étiquette de « connaissance relative » qui convient à la science. La soif d'unité des positivistes les conduisait à confondre dans le même ensemble ce qui dépend de la raison et ce qui ressort de la passion. Ils ne séparaient pas de la connaissance rationnelle ces autres modes de relation avec l'univers que sont le sentiment de la beauté, le sentiment d'amour, le sentiment de la justice, la foi religieuse pour ceux qui en sont touchés, d'autres passions encore, où les rigueurs limitantes de la science n'ont pas leur place. Ils se laissaient châtrer d'une autre immensité, capable de donner à la vie un sens, que la seule intelligence des mécanismes du monde ne suffit pas à procurer.

La rencontre

Dans son enthousiasme, Littré voulut faire la connaissance d'Auguste Comte. Celui-ci venait d'emménager au 10 de la rue Monsieur-le-Prince, dans un appartement qui occupait tout le deuxième étage. Il ouvrit lui-même la porte à son visiteur et le conduisit, à travers deux salons en enfilade, petits mais de belle allure, dans la pièce qui lui servait de bureau. Le mobilier d'acajou, le parquet marqueté aux dessins géométriques, le papier peint décoré qui recouvrait les murs, les rideaux de voile blanc brodé, les grands miroirs aux cadres dorés au-dessus des cheminées de marbre noir étaient d'un intérieur bourgeois assez raffiné auquel Littré ne s'attendait pas. Comte lui apparut de petite taille, un peu replet, le front haut dégarni sur les tempes, vêtu d'un habit noir irréprochable, gilet sombre et cravate blanche.

Il pria Littré de s'asseoir et se déclara enchanté de la rencontre. Ce fut un grand moment. Comte se sentait, à cette époque, l'âme d'un novateur incompris et méconnu. Il était sûr d'avoir créé un système philosophique d'importance majeure, un système capable d'ouvrir les yeux aux aveuglés de la métaphysique, un système qui éclairait le sens de l'histoire et pourrait guider à l'avenir toute l'activité humaine. Il ne se consolait pas du maigre retentissement de cette révolution de la pensée. La parution du *Cours de philosophie positive* n'avait pas eu le moindre écho dans la presse. Bien plus, Comte se voyait entouré d'ennemis et d'étouffeurs de sa doctrine. Il avait espéré qu'on créerait pour lui, au Collège de France, une chaire d'histoire générale des sciences, et le ministre Guizot s'y était formellement opposé. Répétiteur et examinateur à l'École polytechnique, il avait brigué un poste de professeur, mais *on* avait intrigué pour lui barrer la route. Il croyait qu'Arago, professeur à l'École et secrétaire perpétuel de l'Académie des Sciences, était à la tête du complot. Il avait écrit ce qu'il en pensait dans la préface du sixième volume de son *Cours* :

« Les dispositions irrationnelles et oppressives adoptées depuis dix ans à l'École polytechnique émanent surtout de la désastreuse influence exercée par M. Arago, fidèle organe spontané des passions et des aberrations propres à la classe qu'il domine si déplorablement aujourd'hui. »

Il avait dû intenter procès à son éditeur, qui avait osé désavouer la phrase accusatrice dans une note en tête du livre. *On* avait été jusqu'à lui retirer son poste d'examinateur à l'École. Il était clair que ses ennemis voulaient sa perte.

Peut-être le vent allait-il tourner. L'adhésion de Littré était de bon augure. La défense du positivisme par un érudit éminent, journaliste influent au *National*, traducteur d'Hippocrate, membre de l'Institut, laissait enfin espérer une reconnaissance officielle. Littré disait son accord total et son admiration. Il se déclarait fervent disciple. Il se voulait au service de Comte. Il serait son propagandiste zélé.

Une étrange liaison commençait entre ces deux hommes si différents l'un de l'autre. Comte arrogant, sûr de lui, dominateur, éternel persécuté ; Littré réservé, modeste, heureux d'avoir trouvé son maître à penser. L'un prétendant à des chaires qu'on lui refusait. L'autre refusant des chaires qu'on lui proposait. Car, en 1840, Victor Cousin, ministre de l'Instruction publique, propose à Littré une chaire d'histoire de la médecine à la Faculté. Littré répond qu'un autre candidat que lui serait bien plus digne d'un tel poste. Et il suggère le nom de son ami le docteur Dezeimeris, auteur d'un *Dictionnaire historique de la médecine ancienne et moderne*.

Sans doute, en se dérobant à pareilles invitations, voulait-il, une fois de plus, préserver son entière liberté de méditer et d'écrire. Au contact de ses confrères de l'Académie des Inscriptions et Belles-Lettres, l'attrait qu'exerçait sur lui l'histoire de la langue française était plus fort que jamais. Il avait rencontré une série de problèmes étymologiques qui le passionnaient et il songeait à consacrer un dictionnaire entier à ces problèmes, comme l'avait fait Ménage deux cents ans plus tôt. En 1841, il avait proposé ce projet à son ami Louis Hachette, devenu grand éditeur. Ce serait le *Nouveau Dictionnaire étymologique de la langue française.* Hachette s'était montré enthousiaste. Il avait pressé Littré de signer sans attendre un contrat et lui avait fait une avance de quatre mille francs. Il ne se doutait pas que ce projet-là ne pourrait jamais aboutir, mais serait le germe d'une entreprise autrement audacieuse et importante.

Cependant, envahi par la révélation positiviste, Littré continuait de réfléchir à la meilleure façon d'en devenir un exégète efficace. Le sixième et dernier tome du *Cours* d'Auguste Comte avait été publié en 1842. Le texte du fondateur du positivisme était pesant et parfois confus. Il s'agissait d'en extraire l'essentiel, pour le mettre à la portée du public. Littré devait d'abord écrire quelques articles clairs et décisifs pour commenter le *Cours.* Il se souvenait de ses jeunes années, du temps où il découvrait les magies persuasives de la langue française en composant à Louis-le-Grand les prétendus discours de Constantin Paléologue ou autres personnages, dont il était censé redécouvrir la pensée. Quand il aurait rédigé ces articles éclairant la pensée de Comte, le *National* serait sans doute une excellente tribune pour diffuser la doctrine nouvelle. En attendant, il tâchait de se pénétrer de la substance du *Cours.* Dans le même temps, il poursuivait la traduction d'Hippocrate. Il travaillait beaucoup, parfois jusqu'aux premières lueurs de l'aube. Il en était heureux, car l'oisiveté lui était une ennemie mortelle et le travail une nécessité. C'est dans le travail qu'il trouvait son équilibre. Mais, en cette année 1842, cet équilibre fut brusquement et dramatiquement rompu.

Mélancolie

Sa mère devint gravement malade. Rapidement les craintes les plus vives se firent jour. Et, dans la nuit du 5 décembre, elle mourut. Ce fut, pour cet homme tellement plus fragile qu'il n'y paraissait, un drame insoutenable. Plus encore qu'après la mort de son frère, un état d'abattement l'anéantit. Il n'avait plus le courage de lire, ni d'écrire. Il restait des heures à ne rien faire. Il avait perdu le sommeil. En vain, ses amis tentaient de le secourir. Il fallut de longues semaines pour qu'enfin le démon du travail le pénètre à nouveau et le sauve, une fois de plus, de sa dépression mélancolique. Il l'a raconté lui-même.

« Quand ma mère mourut, je fus frappé au cœur. Pendant six mois, mon état fut véritablement alarmant ; je m'en aperçus moi-même ; je sentis que j'étais sur le point de perdre la raison si cela continuait. Ce qui rendait la chose menaçante, c'était la privation de sommeil. Et voici comment cette privation était assurée : je saisissais par un point quelconque la grandeur de la perte que j'avais faite, puis, je remontais de point en point dans toute mon existence ; et, quand je m'étais une fois engagé dans cette voie, j'étais perdu. Les jours et les semaines se passaient alors sans sommeil à repasser à cette filière qui aboutissait à la catastrophe. Finalement, l'accablement me donnait un peu de repos. Mais c'était pour retomber bientôt après dans les souvenirs et dans l'insomnie. Apercevant le danger et désireux instinctivement de me sauver, je m'appliquai à rompre la chaîne des souvenirs. Dès qu'un se présentait à mon esprit, je le chassais comme un ennemi dangereux. Je finis peu à peu par triompher de l'obsession. En même temps, comme moyen auxiliaire, je m'engageai à l'égard de tiers en de grands travaux, qui, par parenthèse, après m'avoir servi, pèsent maintenant sur moi et m'enlèvent tout mon temps. »

Il est clair que Littré était prédisposé à ces accès de mélancolie. Il en fut frappé après la mort de sa sœur, de son frère, de sa mère ; lorsque son père mourut, il éprouva aussi, on l'a vu, un sentiment de culpabilité. Les psychiatres défendent depuis longtemps l'idée qu'un certain type de personnalité se trouve, plus que d'autres, exposé à de telles faiblesses. Dans son grand traité *La Mélancolie*, Hubertus Tellenbach, professeur à l'université de Heidelberg, étudiant plus de cent sujets mélancoliques *en dehors* de toute crise, décrit quelques traits de caractère permanents et inattendus : un attachement extrême à l'ordre, un acharnement au travail, une auto-exigence, le désir de minutie, la conscience du devoir, la culpabilité facile, la sollicitude pour autrui. Dans la préface de l'édition française de ce traité, Yves Pélicier écrit :

> « Il s'agit avant tout d'une personnalité attachée à l'ordre. Sa vie est tissée d'application et de conscience du devoir. Jamais le type mélancolique n'est en retard d'un accomplissement. Sa vie est celle du dévouement ; elle est perçue comme telle par les autres. Elle se présente comme hypernormale, l'hypertrophie du devoir ne donnant lieu qu'à éloges et admiration. »

On dirait un portrait de Littré.

Aristote, déjà, dans le trentième livre des *Problemata,* posait la question :

> « Pourquoi les hommes exceptionnels en philosophie, en politique, en poésie ou dans les arts sont-ils manifestement des mélancoliques ? »

Les quatre articles du National

Comme il l'annonçait lui-même, c'est en se jetant dans le travail que Littré sortit peu à peu de sa période dépressive. Il donna des articles à *L'Expérience,* à *La Science,* à la *Gazette médicale,* à la *Revue des Deux-Mondes.* Et surtout il entreprit la préparation des articles qu'il voulait consacrer, dans le *National,* à la diffusion des idées d'Auguste Comte. Il en écrivit quatre. Il intitula le premier : « De la question philosophique telle qu'elle peut être posée de notre temps. » Les deux idées maîtresses de Comte y étaient exposées : faire de l'histoire une science ; réunir les sciences particulières en une science générale qui, représentant toutes les connaissances humaines, formerait à elle seule toute la philosophie. Dans le deuxième article, « De la science sociale ou science de l'histoire », Littré expliquait la « loi des trois états », trois états successifs de l'humanité, théologique, métaphysique, positif. Il écrivait :

> « Dans l'état positif, l'homme comprend que l'ensemble des phénomènes est déterminé par les propriétés des objets, d'où

résultent des lois immuables. Ainsi l'astronomie, où figurèrent jadis Apollon et son char, et où pénétrèrent les idées pythagoriciennes sur les nombres, les harmonies et tant d'autres conceptions métaphysiques, est désormais irrévocablement acquise à la loi de la gravitation, à la géométrie et à la dynamique. Ainsi, la physique, où la foudre, par exemple, a été si longtemps expliquée par l'intervention de Jupiter, où la métaphysique avait introduit l'horreur du vide, est devenue l'étude régulière de la pesanteur, de l'électricité, de la lumière, du son et de la chaleur. Ainsi, la biologie ou étude des corps vivants, passant, elle aussi, par toutes les phases susdites, et tantôt livrée à l'intervention des démons, aux possessions, aux actions magiques, tantôt soumise aux explications métaphysiques, a repoussé cet alliage et s'est, pour ainsi dire sous nos yeux, rattachée au système général des connaissances. Enfin la science sociale, dont la place a été tenue, aussi loin que pénètre l'histoire, par les systèmes théologiques, puis par les idées métaphysiques, est amenée à ce point où, de toutes parts, surgissent les tentatives pour la constituer, et où la constitution en est effectivement imminente. »

Littré revenait dans un troisième article, « Comparaison des religions et des métaphysiques avec les notions positives », sur l'idée qui l'avait tant séduit : puisque l'absolu n'est pas à la portée de l'homme, toute philosophie en quête d'absolu est vaine.

« Quand l'homme, au début de la carrière scientifique, se lança dans les recherches sans limites de l'absolu, il n'avait que cette voie ouverte devant lui. Aujourd'hui, une autre voie s'est faite, celle de l'expérience et de la déduction ; elle ne peut conduire aux notions absolues, et, quand on les demande à la raison, on lui demande plus qu'elle n'a. Ni l'édifice n'est plus solide que le fondement, a dit Bossuet, ni l'accident attaché à l'être plus réel que l'être même. L'esprit de l'homme n'est ni absolu ni infini, et essayer d'obtenir de lui des solutions qui aient ce caractère, c'est sortir des conditions immuables de la nature humaine. De quelque façon qu'on varie les hypothèses, ce seront toujours des hypothèses d'une vérification impossible ; et ce qui ne peut pas être connu ne doit pas être cherché. »

Enfin le quatrième et dernier article, « De la philosophie positive », résumait le système.

> « La philosophie est dans l'ensemble des sciences qui donnent la connaissance de l'ensemble des choses. »

Tous ces textes parurent dans le *National* en 1844. Comte était radieux. Des milliers d'hommes et de femmes allaient enfin découvrir son message. Il avait trouvé le héraut qui avait manqué jusque-là à sa philosophie. Littré avait parfaitement compris la grandeur de son œuvre. Il n'avait pas de meilleur disciple.

Mais les lunes de miel ne sont pas éternelles. Des ombres allaient bientôt surgir. En rédigeant ses articles, Littré avait déjà ressenti quelques hésitations. Il avait détesté certains passages obscurs ou imprécis de l'œuvre de Comte. Mais, avec sa droiture coutumière, il n'avait dit mot de ces réserves. Sa tâche était de faire connaître la philosophie positive, rien ne devait entraver l'adhésion des lecteurs. Plus tard seulement, la même honnêteté intellectuelle allait le contraindre à prendre ses distances.

Chapitre VI

LA FIN DE LA LUNE DE MIEL

Cette même année 1844, l'Académie des Inscriptions et Belles-Lettres élut Littré à la commission chargée de publier l'*Histoire littéraire de la France*. C'était une entreprise de longue haleine, commencée autrefois par les bénédictins de Saint-Maur. On atteignait le vingt et unième volume. Cette fonction nouvelle ajoutait deux mille quatre cents francs par an aux mille deux cents francs déjà perçus comme membre de l'Institut, et Littré, toujours en proie à des difficultés d'argent, n'en fut pas mécontent. Mais c'était un surcroît de travail. Il s'agissait de rédiger régulièrement de longs articles sur les œuvres du Moyen Âge. Littré fut chargé d'études sur la médecine médiévale, les chansons de geste, la poésie des troubadours. Bientôt il se passionnera pour une époque et une langue dont il n'avait pas imaginé la richesse. Il allait désormais porter à ces siècles anciens un intérêt philologique qui ne se démentira jamais. On verra comment, dans les années à venir, sa conception d'un dictionnaire de la langue française s'en trouva profondément influencée.

Caroline Comte

Il revoyait souvent Auguste Comte et le personnage lui devenait plus familier. Il avait aussi fait la connaissance de sa femme

Caroline, bien que celle-ci fût séparée de son mari depuis 1842. Le ménage Comte avait été agité de disputes incessantes. Comte avait connu sa future femme dès 1817 et les mauvaises langues disaient que la rencontre avait eu lieu sous les galeries du Palais-Royal où, en ce temps-là, les femmes de plaisir faisaient les cent pas en attendant l'amateur. Caroline Comte raconta cependant à Littré qu'elle était libraire et, comme pour effacer toute autre supposition, Littré précisera plus tard, dans sa biographie d'Auguste Comte, que le brevet de libraire avait été accordé à la jeune femme le 2 octobre 1822 et qu'elle avait prêté serment (car, en ce temps-là, les libraires prêtaient serment) le 9 octobre. Ainsi, même s'il y avait eu quelques égarements de jeunesse, elle avait rejoint, depuis sa liaison avec Comte, le droit chemin. Le 19 février 1825, elle était devenue Madame Comte devant l'officier d'état civil, Comte n'avait pas voulu de mariage religieux. Mais les deux époux n'avaient cessé de se quereller. Des séparations et des retrouvailles successives avaient précédé la rupture définitive. Elle, cependant, gardait des sentiments éblouis d'admiration pour le grand homme dont elle était toujours la femme au regard de la loi. Lorsque Littré la vit pour la première fois, elle était encore belle et il fut vite séduit. Elle voulait qu'il l'aidât dans la défense de l'œuvre de son mari, qui restait sa grande affaire malgré l'éloignement. Elle voulait, dans sa bataille, avoir Littré à ses côtés, et elle l'eut.

Elle lui raconta la grave maladie mentale qui avait saisi Comte en 1826, peu après leur mariage. Il s'était mis à délirer. Il se disait persécuté. Il s'agitait en phrases et en gestes violents. On avait dû l'interner dans le service du docteur Esquirol, le grand psychiatre de l'époque. Il y était resté d'avril à décembre, mais ni les douches, ni les bains, ni les saignées, ni les calmants, ne furent efficaces. Un incident peu ordinaire survint pendant l'internement. Les parents d'Auguste Comte, qui n'avaient jamais accepté que leur fils n'ait pas été marié religieusement, obtinrent de l'archevêché un ordre enjoignant à un prêtre de célébrer le mariage dans la chambre où était enfermé Auguste Comte. Celui-ci se laissa faire, fit mine d'approuver l'acte et le signa *Brutus Bonaparte*. Son état ne s'améliorait pas. Madame Comte dit à

Littré comment elle avait osé le ramener chez lui et comment, à force de soins affectueux, elle avait vu son mari se calmer et guérir lentement de son accès délirant. Mais, peu à peu, les scènes de ménage avaient repris, la séparation était devenue inévitable.

En même temps qu'il commençait à mieux connaître la personne d'Auguste Comte, Littré s'apercevait que la philosophie positive avait des précédents. Caroline Comte lui avait appris que son mari avait été l'élève, et même l'élève favori, de Henri de Saint-Simon à partir de 1818. Saint-Simon n'était pas seulement le théoricien d'un socialisme planificateur, il plaidait pour une religion nouvelle, qui serait celle de la science, et usait déjà du terme de *philosophie positive*. Les deux hommes avaient bruyamment rompu leurs relations en 1824. Comte reprochait amèrement à Saint-Simon d'avoir confisqué à son profit la gloire de sa publication originale, où il était question pour la première fois de lois sociologiques. D'autres prémices de la philosophie positive existaient aussi dans les œuvres de Kant, Condorcet, Burdin. Cela ne diminuait en rien, pensait Littré, le mérite d'Auguste Comte, véritable créateur d'un système dont n'existaient, jusqu'à lui, que des pièces et morceaux. Littré restait, de Comte, le disciple inconditionnel.

Premières déceptions

C'est vers 1845 que le disciple commença d'être déçu par le maître. Il y eut d'abord des divergences sur certains points de la doctrine. Pourquoi Comte avait-il oublié, et même apparemment méprisé, l'économie politique, parmi les sciences sociales ? Pourquoi prétendait-il que la logique et la mathématique se confondent et sont une seule chose ? Pourquoi s'appuyait-il sur les théories douteuses du médecin allemand Franz Joseph Gall, le créateur de la *phrénologie*, l'art de deviner, d'après la forme extérieure du crâne, les fonctions du cerveau ? Comment pouvait-il croire la physiologie du cerveau assez avancée pour songer à lui asservir l'univers subjectif de l'homme ? Fallait-il suivre Comte quand il faisait de la morale une science, la septième de sa classification ?

Le système était d'ailleurs attaqué par d'éminentes personnalités étrangères, qui méritaient considération. L'Anglais Herbert Spencer n'avait pas hésité à déclarer inepte la classification des sciences proposée par Comte. Avec sa loyauté habituelle, Littré s'était donné beaucoup de peine pour trouver les arguments de la défense. Mais le malaise augmentait.

Dans le même temps, Littré voyait Comte changer d'humeur. Comte lui-même ne cachait pas qu'il était en proie à des désordres nerveux : il disait souffrir d'une « mélancolie douce, mais intense » et d'une « oppression profonde, mêlée d'une extrême faiblesse ». Il s'était épris d'une jeune femme phtisique, Clotilde de Vaux, qui devait mourir deux ans plus tard. Cette passion éperdue l'avait jeté hors de lui-même. Elle avait été le début d'une sorte de mysticisme adorateur du sexe féminin, qui devait amener le philosophe à proposer, quelques années plus tard, l' « hypothèse hardie de la vierge-mère », selon laquelle les femmes pourraient un jour faire des enfants seules, sans le secours du sexe masculin. Mais Littré doute que l'on puisse jamais se passer des hommes :

> « La physiologie me suffit ; M. Comte a oublié l'exemple du mulâtre, né d'un blanc et d'une noire ou d'un noir et d'une blanche, qui prouve suffisamment que l'action du père ne peut être remplacée. »

Les bizarreries du comportement et de la pensée d'Auguste Comte n'étaient pas les seules préoccupations de Littré.

Louis Hachette

Près de cinq ans s'étaient écoulés depuis le jour où il avait conclu avec l'éditeur Louis Hachette, son ami de longue date, un contrat pour la préparation d'un *Dictionnaire étymologique de la langue française*. Le temps avait passé si vite, le travail avait été si dévoreur de temps, que l'ouvrage n'était pas encore commencé. L'écrirait-il jamais ? La tâche était immense et la vie s'avançait, à la fois dense et brève. Il avait quarante-huit ans maintenant. Ni sa sœur ni son frère n'avaient atteint cet âge. Combien d'années lui restaient encore à vivre ? La sagesse était sans doute de renoncer. Il rembourserait l'avance de quatre mille francs qu'il avait reçue à la signature du contrat. Il expliquerait qu'il ne se sentait plus le cœur à se lancer dans une telle entreprise. Une convention peut être dénoncée lorsqu'elle apparaît irréalisable. Il fallait qu'il revît Hachette.

L'entretien fut long et la discussion animée. Louis Hachette exerçait toujours un certain ascendant sur Littré. Aux yeux de celui-ci, il représentait l'homme solide, de décisions sans détours ni hésitations, de relations humaines faciles, tout ce dont Littré se savait dépourvu et qu'il enviait. L'éditeur publiait maintenant la plupart des ouvrages commandés par le ministère de l'Instruction publique. Sa firme était prospère et sa réputation grandissante.

Hachette rappela que l'idée du dictionnaire venait de Littré. Sa parution serait un événement. Il demandait à Littré de s'y attaquer sans plus tarder, en laissant au besoin tout le reste en sommeil. Tout le reste pouvait attendre. La réalisation du dictionnaire était le plus urgent. Et celui-ci ne devait pas seulement raconter l'histoire des mots. Il fallait qu'on y trouve aussi toutes les informations possibles sur leur usage contemporain. Avec les exemples désirables. On ne pouvait abandonner un projet de si grande portée. De ce projet naîtrait le dictionnaire le plus complet, le plus éclairé, le plus digne d'une langue à laquelle Littré était si fort attaché.

Littré hésitait. C'est avant tout l'étymologie qui l'avait séduit au début. Elle était cousine de l'histoire et il avait envie d'écrire une histoire de la langue. En cette matière comme ailleurs, il avait besoin d'un regard historique pour comprendre le temps présent. Il en avait besoin pour tout événement, tout concept, toute expression. Littré ne les entendait que mis en place dans la longue chaîne d'événements, de concepts ou d'expressions qui les avaient précédés. L'idée maîtresse était la filiation. User d'un mot sans connaître ses origines, c'était user d'un outil sans savoir ni l'occasion de sa naissance ni les avatars de son évolution, donc en user sans intelligence. C'était oublier que les arbres ont des racines qui, pour être invisibles, n'en sont pas moins nécessaires. C'était définir la rose sans parler du rosier. Mais quel formidable travail pour une langue d'au moins vingt-cinq mille ou trente mille mots ! Et l'affaire était encore aggravée par les nouveaux désirs qu'exprimait Hachette, parlant d'un dictionnaire total, avec définitions, acceptions, règles de prononciation, analyses critiques, exemples présents et passés ! La vie d'un homme suffit-elle pour mener à bien un travail aussi gigantesque ? Il en doutait. Il avait des dizaines d'objections à présenter à son ami. C'était folie que d'accepter.

Il accepta.

Dès cette semaine-là, il se mit au travail. Il décida de prendre pour point de départ le dictionnaire de l'Académie. Mais ce vénérable instrument rejetait presque tous les termes de métier, de technique, de science : omission inadmissible en ce siècle de progrès, précisément envahi par un tel vocabulaire. En outre, le dictionnaire de l'Académie refusait toute citation. Déjà Voltaire s'en était plaint, dans une lettre à Duclos : « Un dictionnaire sans citation, écrivait-il, n'est qu'un squelette. » Littré est sûr que nos meilleurs auteurs doivent être appelés à l'aide, ceux-là même qui illustrèrent notre langue et révélèrent le bon usage du mot. Il lui faudra lire, relire et relire encore, la plume à la main. Relire Corneille, Pascal, Bossuet, Voltaire, Montesquieu, sans oublier les contemporains qui font briller d'un si vif éclat la prose et la poésie de ce XIXe siècle. Mais la lecture ne pourra s'arrêter là. Il faudra voir encore comment écrivirent, dans les siècles plus reculés, Montaigne, Amyot, Comines et Froissart, Oresme et Joinville, Jean de Meung, Guillaume de Lorris, Villehardouin, le sire de Coucy, le traducteur du Livre des Psaumes et Turold, l'auteur de la *Chanson de Roland*. Ce sont eux qui mettront en lumière la façon dont naquit et prospéra la langue d'aujourd'hui. Le dictionnaire de l'Académie n'apporte pas le moindre commentaire étymologique. Le mot y est nu, privé de ses racines. Or, le vrai, le plein contenu d'un mot reste caché si l'on n'en connaît pas les aventures passées. Le bon ou le mauvais usage d'une langue est illustré par l'histoire.

Et cette histoire est aussi extraordinaire, inattendue, mouvementée, burlesque parfois, que l'histoire de France. Comme celle-ci, elle s'enchaîne logiquement. Et pour rendre cette évolution intelligible, il faudra placer les divers sens du mot dans l'ordre où ils apparurent dans la langue. Il faudra dire que le mot *croissant*, qui vient du verbe croître, désigna d'abord la croissance progressive du disque lunaire :

> « Prenons le substantif *croissant ;* l'Académie le définit par son acception la plus usuelle : *la figure de la nouvelle lune jusqu'à son premier quartier.* Mais il est certain que *croissant* n'est pas autre chose que le participe présent du verbe *croître* pris substantivement. Comment donc a-t-on eu l'idée d'exprimer par ce participe une des figures de la lune ? Le voici : il y a une acception peu usuelle, que même le dictionnaire de l'Académie ne donne pas, qui se trouve pourtant dans certains auteurs, et qui est *l'accroissement de la lune ;* par exemple, le cinquième jour du croissant de la lune. Voilà le sens primitif très positivement rattaché au participe *croissant.* Puis, comme la lune, étant dans son croissant, a la forme circulaire échancrée qu'on lui connaît, cette forme à son tour a été dite *croissant.* De là enfin les instruments en forme de croissant de lune ; si bien qu'un *croissant,* instrument à tailler les arbres, se trouve de la façon la plus naturelle et la plus incontestable un dérivé du verbe *croître.* »

Ainsi parle Littré dans sa préface. Et on trouvera dans le dictionnaire, au mot *croissant,* en premier lieu le sens d'accroissement lunaire, puis le sens usuel du croissant de lune, enfin tous ses dérivés en forme de croissant, jusques et y compris les formes pâtissières et l'expression aujourd'hui disparue « être logé au croissant », être de la confrérie des maris à qui leur femme fait porter des cornes. Les mots vivent à travers les âges et ne deviennent tout à fait familiers qu'à la lumière de leur vie antérieure. Ce sont ces ombres du passé, et non pas seulement leur figure actuelle, qui donnent aux mots charme et substance. Et le plaisir est grand de retrouver ces cheminements. Littré en jouissait chaque fois avec gourmandise.

L'étymologie est certes une discipline difficile et même aléatoire. Mais sa rigueur s'affermit peu à peu en ce milieu de siècle.
Elle a conquis ses règles, hors desquelles on ne peut qu'errer. Elle
exige qu'on s'appuie sur l'étude des textes anciens et successifs, et
non sur le seul raisonnement. Et, si pour certains mots elle est
obscure, mieux vaut avouer cette obscurité que d'énoncer de
hasardeuses hypothèses. Prudemment maniée, la recherche étymologique remplira pour la langue le rôle que jouent aujourd'hui
les observations expérimentales dans les sciences naturelles. La
rigueur d'une éducation scientifique, loin d'être inutile, préparera
à la rigueur nécessaire d'une analyse étymologique positive. Et
Littré sait que, s'il réussit, il aura créé le premier dictionnaire
français éclairant les mots à la lumière de leur histoire.

C'était une chance assez rare que Littré eût appris très tôt de
multiples langues. Sa connaissance du latin, du grec, de l'anglais,
de l'italien, de l'espagnol et, plus encore, de l'allemand, sa
curiosité pour le provençal et certains patois, allaient lui être de
grand secours pour sa nouvelle carrière philologique. Il avait
même découvert très jeune les rudiments du sanscrit, ancêtre de
toutes les langues indo-européennes. Par quel heureux hasard son
père, marin de retour des Indes, possédait-il dans sa bibliothèque
des livres de sanscrit ? Littré se souvenait que son ami Burnouf,
fils de philologue et futur spécialiste des langues orientales, les
consultait avec émerveillement. Le sanscrit était devenu sujet de
conversation familier rue des Maçons-Sorbonne. Aujourd'hui,
cette initiation de jeunesse allait faire de Littré l'homme le mieux
armé pour composer le dictionnaire dont il rêvait.

La comtesse Marie d'Agoult

En janvier 1847, Littré fut invité par la comtesse d'Agoult,
dans son salon de la rue Plumet. Marie d'Agoult écrivait sous le
nom de Daniel Stern. Son salon était déjà célèbre. On y
rencontrait les plus grands noms de la littérature et de la
politique, Lamartine, Sainte-Beuve, Émile de Girardin, Victor
Hugo, Balzac, Lamennais et bien d'autres. Depuis la rupture de

sa liaison orageuse et passionnée avec Franz Liszt, elle tentait de se consoler en faisant de son salon un des hauts lieux du monde des lettres et de la pensée républicaine.

Littré se reprochait parfois de se tenir à l'écart du mouvement littéraire de l'époque. Il s'en voulait de s'intéresser moins à la florissante littérature française de son siècle qu'à celle des temps anciens. Peut-être, en cette matière, passait-t-il son siècle sans le voir. A vingt ans, il n'avait pas lu un seul roman contemporain qui le séduisît. Le grand mouvement romantique lui était resté étranger, si même il n'y avait pas vu secrètement une marchandise de camelote. Le théâtre de Victor Hugo ou d'Alexandre Dumas sonnait faux à ses oreilles : ces morceaux truqués d'histoire qui formaient la trame de *Cromwell* ou de *Marion de Lorme*; cet *Hernani* extravagant qui ne valait pas une bataille ; ces dramaturges qui se défendaient d'aimer le mélodrame et ne cessaient d'en emprunter les ficelles ; ce Dumas poussant ses personnages au crime, Antony qui tue son Adèle, la femme de Saverny qui fait assassiner son époux, Richard Darlington qui jette sa femme par la fenêtre, rien de tout cela ne l'attirait. Mais, aujourd'hui, ces excès se calmaient. Stendhal qui venait de mourir, l'inépuisable Balzac dont au moins six ou sept œuvres nouvelles étaient parues dans les deux dernières années, l'arrière-petite-fille du maréchal de Saxe qui avait écrit de si jolis romans sous le pseudonyme de George Sand, Prosper Mérimée qui venait de publier sa *Carmen*, Théophile Gautier dont *Jean et Jeannette* sortait en librairie, d'autres encore, avaient assurément retrouvé le grand équilibre français. Rencontrer quelques-uns de ces écrivains, rencontrer aussi des hommes politiques qui partageaient ses opinions républicaines, voilà sans doute ce que le salon de la comtesse d'Agoult pouvait lui offrir.

Cependant Littré n'avait guère de goût pour la vie mondaine. Il était sûr de ne pas s'y trouver à l'aise. Il en avait presque peur. Il n'était heureux qu'enfermé chez lui.

D'un autre côté, il avait envie de connaître cette Marie d'Agoult, qui avait écrit de bons articles sur l'Allemagne contemporaine et dont l'*Essai sur la liberté* venait de paraître. On la disait assez proche des thèses philosophiques et sociales du positivisme.

On disait aussi qu'elle avait beaucoup apprécié la *Vie de Jésus* de Strauss. Finalement, la curiosité l'emporta. Littré se rendit rue Plumet.

Dès l'abord, il fut charmé par la maîtresse de maison : la quarantaine n'avait pas entamé sa beauté. Grande, mince, le visage allongé en un ovale pur, le front haut, les pommettes un peu saillantes, le nez droit, des lèvres souriantes, une robe d'une rare et sobre élégance, Marie d'Agoult était digne de sa réputation de séductrice.

Beaucoup de monde se pressait dans le grand salon. Marie d'Agoult dit à Littré sa joie de le recevoir. Elle le tenait pour un des esprits les plus éminents de ce temps. Elle souhaitait discuter avec lui de nombreux sujets philosophiques et religieux. Il faudrait qu'ils se voient souvent. Elle lui présenta Jules Grévy et Hippolyte Carnot. Les trois hommes parlèrent politique. Grévy et Carnot demandèrent à Littré ce qu'il pensait des événements récents, qu'ils jugeaient inquiétants. Ni Louis-Philippe ni Guizot ne semblaient comprendre que leur entêtement à refuser toute réforme conduisait la France à sa perte. Le peuple commençait à manifester son impatience. Les finances publiques allaient à vau-l'eau, les paysans étaient furieux d'une récolte désastreuse, le prix du pain avait augmenté d'inacceptable façon. Jamais un roi vieillissant n'avait mieux préparé les troubles qui ne manqueraient pas de l'abattre. On assura Littré que tous, dans ce salon, étaient républicains. On le pressa de devenir un habitué de la rue Plumet. Il lui fallait entendre des hommes comme Émile de Girardin, directeur de *La Presse*, ou Alphonse de Lamartine, qui se préparait à publier une *Histoire des Girondins* très attendue. La comtesse insista, elle aussi, pour que Littré revienne. Il en fit la promesse et la tint.

Il alla même dîner plusieurs fois chez elle. Le 1er juin de cette même année 1847, la table réunissait, autour de Marie d'Agoult, Littré, Lamartine, Pascal Duprat, rédacteur en chef de *La Revue indépendante*, Anselme Petétin et Eugène Pelletan, collaborateur de Girardin à *La Presse*. Tous étaient très émus des scandales récents. Un mois plus tôt, le journal *Le Droit* avait publié des extraits de la correspondance d'un ancien ministre, le général

Cubières, révélant qu'il avait trempé dans une affaire de concussion dont le principal bénéficiaire était Jean-Baptiste Teste, pair de France, président de chambre à la Cour de cassation. Alors qu'il était ministre des Travaux publics, Teste avait reçu quatre vingt quatorze mille francs pour céder les mines de sel de Gouhenans en Haute-Saône. Après les politiques, les hommes d'Église : un frère des Écoles chrétiennes était probablement l'assassin et le violeur de la jeune apprentie brocheuse de moins de quinze ans trouvée morte à Toulouse six semaines plus tôt. La monarchie louis-philipparde pourrissait lentement. On félicita Lamartine de la publication opportune de son *Histoire des Girondins;* il avait eu raison de vouloir « donner au peuple une leçon de moralité révolutionnaire ». A l'issue du repas, on jeta les premières bases d'un « Centre républicain ».

Un autre dîner est raconté par Juliette Adam dans ses mémoires. Elle avait été invitée par Marie d'Agoult avec Littré, Hippolyte Carnot, Dupont-White, Tribert et Ronchaud.

« Manquer un tel dîner, non! Littré m'inspirait une sorte de culte ; il disait avoir pour moi de l'affection [...]. Il aimait beaucoup Mme d'Agoult, la netteté de son esprit, sa haute compréhension des idées les plus abstraites [...].
Dupont-White, très lié avec Stuart Mill qu'il glorifiait en toute occasion, ne cessait à chaque rencontre d'attaquer le matérialisme de Littré, et c'étaient des discussions sans fin [...].
— Si j'avais trouvé mieux que le positivisme, me dit Littré avec sa douceur habituelle, en si grand contraste avec la dureté de ses traits, si je connaissais une autre doctrine ayant cette tenue philosophique, historique et scientifique avec moins de lacunes, je l'adopterais. Allons, Madame, exposez votre système si vous en avez un.
— Je le cherche, répondis-je, mais si je le trouve, monsieur Littré, ce n'est pas vous que j'essaierai de convertir. Nous ne nous rencontrerons jamais là où je m'efforce de monter au-dessus de l'humanité, au pays des dieux.
— Ce qu'on a le plus à vous reprocher, mon cher Littré, ajouta Dupont-White, c'est que vous raisonnez sur la science comme si elle était à tout jamais fixée : est-ce que demain la découverte de

la parcelle d'une étincelle impalpable ne peut pas culbuter de fond en comble toutes vos classifications ?

— Que vous avez raison, Dupont-White, dit alors Tribert. J'ai, moi, tant de curiosité d'esprit que j'aime à douter de la science acquise et à ne pas laisser mes espérances à la porte des laboratoires.

— Vous avez tous besoin de fantaisie, d'instabilité, d'inconnu, de rêve, d'infini : moi, pas du tout, dit Littré. J'ai un esprit positif et rangé.

— C'est pour cela que Taine déjà vous dépasse et vous enfouira, mon cher Littré, dit moitié sérieux Dupont-White [...].

— J'admire Taine, dit Littré [...].

— En tout cas, il ne vous permettra pas d'ankyloser la science, car vous êtes un ankyloseur. Seulement, je le reconnais, toutes vos infériorités se compensent par une qualité supérieure : votre conscience. Quand une preuve vous est donnée, même si elle renverse toutes vos idées, vous l'admettez. Taine vous en fera pleuvoir, des preuves.

Littré riait de son rire sincère [...]. »

Un peu plus tard, Mme Adam s'enflamme :

« — Vous peuplez l'univers de mathématiques, je le peuple de divin. Je vous suis supérieure au point de vue du beau, en tout cas.

— J'en conviens, dit galamment Littré.

— Votre positivisme ne vaut rien pour les idées, qu'il fige, pour l'art, dont il brise les images, pour le progrès social, qu'il immobilise, pour le progrès moral, qu'il inutilise ! Voilà. »

Tout ce petit monde du salon de Marie d'Agoult avait fêté comme il se doit la chute de Louis-Philippe et la révolution de février 1848. Mais la république, que Littré avait toujours souhaitée et qu'apportait la révolution de février, ne provoquait en lui qu'une joie mitigée. Certes, il n'avait jamais eu de grande sympathie pour la monarchie de Louis-Philippe. Le *National*, qui avait d'abord fait campagne pour le « roi des barricades », par fureur contre les ordonnances de Charles X, était ensuite devenu ouvertement l'organe des républicains. Mais Littré haïssait tellement la violence que la nouvelle république, née dans le sang et grandissant dans la confusion, le heurtait. Il rêvait d'une société républicaine établie dans l'ordre et la paix. Le suffrage universel lui-même, grande conquête de la Deuxième République, était loin de lui paraître sans défaut. Les événements du premier jour, qu'il avait vécus heure par heure au *National* où les nouvelles arrivaient ininterrompues, la troupe tuant trente-six insurgés en quelques secondes, leurs corps promenés en charrette dans tout Paris, les barricades barrant dès le lendemain toutes les rues de la capitale, ces images lui donnaient des haut-le-cœur. Il ne put refuser de devenir membre du Conseil municipal. Mais, quand on lui proposa le poste de ministre de l'Instruction publique, il se déroba. Pendant les journées de juin, cette révolution qui ressemblait à une guerre civile, tout ce sang répandu, l'avaient écœuré. Son ami Darnès, journaliste comme lui au *National*, âme noble s'il en fut, avait voulu s'interposer entre soldats et insurgés, et on l'avait tué. Décidément, les révolutions, les insurrections sanglantes lui paraissaient détestables. Il se croyait pour toujours détourné de l'action politique. Ce n'était que partie remise.

Chapitre VII

LA RUPTURE

Pour des êtres comme Littré, la marge qui sépare les moments d'exaltation et de travail intense des moments de découragement et d'abattement est étroite comme l'arête d'une montagne, entre l'ombre de l'ubac et l'ensoleillement de l'adret. Maintenant, il était dans l'adret. Il se jetait dans le travail comme un toxicomane s'enferme dans la solitude de la drogue. Il accumulait notes et fiches, travaillant chaque jour au dictionnaire jusqu'à des heures avancées de la nuit. Et, par un cumul incroyable, il continuait dans le même temps la traduction d'Hippocrate. Il donnait à la *Revue des Deux-Mondes* une version du premier chant de l'*Iliade* en vers français du xiiie siècle. Il révisait une édition française de l'*Histoire naturelle* de Pline l'Ancien, cet écrivain universel du premier siècle de notre ère, qui devait avoir la même curiosité que Littré, puisqu'il écrivit sept volumineux ouvrages sur des sujets divers, et la même ardeur au travail, puisqu'au dire des mémorialistes, il continuait de travailler pendant les repas et jusque dans son bain.

Auguste, *Émile et Caroline*

C'est à la même période, en 1848, que commença de se dérouler une tragi-comédie, qui, avant d'aboutir quatre ans plus tard à son dénouement, allait agiter de soubresauts trois personnages frôlant sans cesse le drame, la farce et la folie. Les trois protagonistes sont Littré, Auguste et Caroline Comte. Littré va se trouver pris, comme dans un piège, entre son amitié pour Comte et son affection compatissante pour Caroline. Tandis que les deux époux se déchirent, on verra Littré, jouant le rôle d'intercesseur, se débattre comme une mouche dans une toile d'araignée, en un combat désespéré et dérisoire.

Séparé de Caroline, Auguste Comte s'est mis à la haïr. Il la tient pour une épouse méprisable et indigne qui a, dit-il, rendu sa vie insupportable. Il oublie les temps lointains où il vantait son attachement, son dévouement de cœur et sa douceur de caractère « que peut lui inspirer le sentiment de la supériorité morale de son époux ». Il ne se souvient que de la prostituée qu'il a tirée du ruisseau ; de l'enfant d'une affreuse comédienne de province, « totalement dépravée » ; de la vie d'enfer qu'il a menée auprès de cette épouse acariâtre et dépourvue de la tendresse dont il avait tant besoin ; de l'entrave que sa grande œuvre a subie par la faute de cette femme coupable. Non seulement il ne veut plus la voir, mais il lui renvoie ses lettres sans les ouvrir. Il lui verse, plus ou moins régulièrement, une pension trimestrielle de cinq cents francs, et c'est Littré qui doit recevoir l'argent, tenir la comptabilité et renvoyer à Comte les reçus de sa femme.

Bien qu'il soit agacé par ce rôle d'intermédiaire, Littré essaie encore d'aider Comte par tous les moyens. Ses lettres en font foi. Comte cherche un imprimeur qui lui fasse crédit ? Littré tente de résoudre ce problème impossible. Comte cherche une salle pour donner ses cours ? Littré s'en occupe. Comte est menacé de perdre sa place d'examinateur à Polytechnique ? Littré s'en soucie.

Samedi
(27 mai 1848)

Mon cher monsieur Comte,

[...] Je me doutais bien qu'un imprimeur refuserait de faire crédit. Avant d'en venir à la cotisation, j'ai une autre proposition à vous faire. Je connais une dame fort riche (si elle est encore riche) qui a suivi quelques-unes de vos leçons, qui vous apprécie et qui, sans être acquise à vos idées, n'y est pas non plus contraire. Je lui demanderai sans aucun scrupule de venir à notre aide. La démarche vaudra ce qu'elle vaudra. Toutefois, je ne ferai rien sans votre autorisation expresse.

Avez-vous reçu une réponse de M. Marrast pour une salle? Dans la négative, voulez-vous que je lui écrive en mon nom? Mais ici encore je ne ferai rien sans votre aveu.

Autre chose : je vous prie de me faire dire très exactement quand vous serez proposé pour la place d'examinateur, et quand cette proposition sera portée au ministère de la Guerre. Il ne serait pas impossible que je pusse vous être de quelque secours.

Mille amitiés.

É. Littré

Au lendemain de la révolution de février 1848 qui avait rétabli la république, Comte, plein d'enthousiasme, avait fondé la Société positiviste. C'était une « Association pour l'instruction positive du peuple dans l'Occident européen », avec pour devise : ORDRE ET PROGRÈS. Littré accepta aussitôt d'en faire partie. Les réunions se tenaient tous les mercredis au domicile d'Auguste Comte, 10 rue Monsieur-le-Prince. Pour les quelque quarante membres, la Société se nommait familièrement le « club ». Elle se proposait d'établir une série de rapports sur les grands problèmes de l'heure, examinés sous le regard positiviste. Littré consentit à rédiger l'un de ces rapports : il s'agissait de définir le meilleur mode possible de gouvernement. Thème difficile! Il regrettera bientôt d'avoir accepté. Mais il tenait à se mettre au service de Comte et du positivisme.

La correspondance de Comte et de Littré est très abondante, à ce moment. Heureuse époque où le téléphone n'a pas encore tué la lettre. Littré ne manquait jamais une réunion de la Société positiviste sans envoyer un mot d'excuses :

Mardi
(25 juillet 1848)

Mon cher monsieur Comte,

Je ne pourrai, malgré mon désir, me trouver à la réunion de demain. On m'a nommé membre du Conseil municipal de Paris,

fonction toute gratuite et pure corvée pour moi, ce qui m'a
empêché de la refuser. J'ai séance ce soir et demain soir. Je vous
serai obligé de m'informer par un petit mot si vous avez reçu
quelque réponse du ministère de la Guerre, et s'il y a eu dans le
club quelque discussion importante.

Mille amitiés.

É. Littré

Comte, qui a lu l'avant-projet du rapport demandé à Littré, ne
le trouve pas à son goût. Il suggère d'importantes modifications.
Il veut une France gouvernée par un triumvirat élu par la seule
population parisienne et choisi parmi les « prolétaires » (*sic*), le
remplacement de ce triumvirat chaque fois que quelques dizaines
de citoyens en feraient par écrit la demande, enfin une Chambre
des députés élue au suffrage universel mais n'ayant pour tâche
que le vote des impôts et le contrôle du budget. Littré manifeste
de l'humeur, mais se laisse faire, pour l'essentiel. Dans le même
temps, le rôle d'intermédiaire entre Caroline et Auguste lui pèse
de plus en plus.

Samedi
(5 août 1848)

Mon cher monsieur Comte,

J'ai remis jeudi votre volume à Mme Comte ; elle me l'a rendu
samedi en me priant de vous le rapporter. Je regrette que vous
m'ayez chargé d'une commission qui ne pouvait avoir d'autre
résultat.

Je ferai au *rapport* la plupart des modifications que vous me
demandez : la suppression de l'article des lois sur la presse relatif
à la vie privée, la publicité du vote.

Vos raisons pour la non-intervention des clubs me paraissent
péremptoires. Mercredi prochain je vous proposerai un autre
expédient. Puis d'ailleurs il est possible que quelqu'un de ces
messieurs en apporte un qui nous satisfasse.

Quant à l'Algérie, la Commission n'a pas partagé votre avis.
Pour moi, je persiste à ne pas le partager. [...]

Tout à vous.

É. Littré

Plus le temps passe, plus Comte prend des airs de monarque offensé dès qu'on lui tient tête. Littré sait que Comte se fait ainsi le plus grand tort. Il tente de le modérer, sans heurter sa susceptibilité naturelle.

Jeudi
(21 septembre 1848)

Mon cher monsieur Comte,

M. de Ribbentrop est venu me voir et m'a raconté qu'il y avait eu entre vous et lui une altercation qui le mettait dans une position pénible. Avant d'aller plus loin et d'en venir à ce qui fait l'objet de cette lettre, j'avais déjà remarqué, je vous le dirai avec franchise, qu'aux observations de M. de Ribbentrop vous répondiez avec une impatience imparfaitement contenue ; et je n'ai pas été tout à fait surpris d'apprendre qu'il y avait eu, tant de votre part que de la sienne, des paroles plus agressives. Sans entrer dans le détail, je vous rappelerai seulement qu'il a été vivement peiné de l'accusation que vous avez portée contre lui : de venir au club non pour profiter, mais pour mettre des bâtons dans les roues. Cette accusation, qu'il déclare souverainement injuste et mal fondée, l'a provoqué à des réparties qui sans doute vous ont aussi provoqué et irrité.

Dans de pareilles affaires, où il s'agit non de constater un fait particulier, mais d'apprécier une conduite générale et des impressions, mon habitude est de conseiller aux parties intéressées de décider si l'hostilité est insurmontable et alors de rompre ; sinon, de mettre le passé dans le plus complet oubli, de laisser tomber des paroles arrachées d'ordinaire par des piqûres momentanées, et d'employer à la présence d'une aigreur entretenue par des souvenirs toute la fermeté d'un homme qui sait ce qu'il fait. A mon avis, vous êtes placés, vous et M. de Ribbentrop, dans la seconde alternative. M. de Ribbentrop désire beaucoup conserver ses relations avec vous et profiter auprès de vous du progrès et des développements d'une philosophie qu'il a embrassée. Avec des sentiments pareils, toute mésintelligence permanente me paraîtrait une erreur. M. de Ribbentrop est spontanément disposé à ne pas la commettre ; je serais heureux que cette lettre vous trouvât dans la même situation d'esprit.

Dans cette espérance (car ce n'est qu'une espérance et mon intervention toute amicale n'a pas d'autre caractère), permettez-moi d'aller plus loin. La situation, telle qu'elle est, a quelque embarras. M. de Ribbentrop ne peut plus se présenter chez vous sans être sûr d'être bien reçu. Voulez-vous m'écrire une lettre où, sans entrer dans aucune explication, vous me chargerez d'inviter en votre nom M. de Ribbentrop à revenir chez vous comme par le passé ? Vous, dire cela, et M. de Ribbentrop, aller ensuite au club, c'est clore l'affaire sans récrimination ni explication. Je vous indique ce moyen comme très simple, mais celui que vous préférerez, si, comme je l'espère, vous ne voulez pas écarter de vous un homme qui souhaite ne pas se séparer de votre enseignement, sera certainement le meilleur.

Je communique cette lettre à M. de Ribbentrop.

Tout à vous.

É. Littré

Malgré la diplomatie de la lettre de Littré, Comte ne peut contenir une grande irritation. Il refuse de laisser ce M. de Ribbentrop revenir à son cours du dimanche et n'accepte pas d'écrire la lettre que Littré réclame. Toutefois, le club a besoin de membres, il ne faut pas que celui-là déserte.

Paris, vendredi 22 septembre 1848

Mon cher monsieur Littré,

La juste déférence que j'ai coutume d'éprouver pour votre digne intervention m'a d'abord poussé à satisfaire vos désirs conciliatoires. Mais j'ai bientôt reconnu que cette entière condescendance deviendrait finalement plus nuisible qu'utile dans le cas actuel, qui paraît vous avoir été infidèlement rapporté.

Tous les assistants ont jugé fort inconvenantes les attaques personnelles que M. de Ribbentrop s'est permises, ces deux derniers dimanches, au sujet de mes plus intimes affections. Je crois que tous trouveraient étrange la prétention actuelle d'obtenir, en supprimant votre médiation, une sorte de réparation indirecte, que je devrais bien plutôt attendre, quoique je n'y compte pas. Les reproches généraux que je lui ai adressés sont d'ailleurs trop mérités pour comporter aucune autre modification que celle de la forme.

Tant que mon cours public a duré, cette influence hebdomadaire contenait assez la nature essentiellement critique de M. de

Ribbentrop, ses habitudes métaphysiques et ses tendances aristocratiques, pour laisser fructifier son désir, alors sincère, de régénération philosophique. Mais, depuis quelques mois, son esprit indisciplinable et son caractère brouillon ont graduellement repris leur ascendant spontané, surtout dans nos libres causeries du dimanche, où il est déjà devenu à charge aux plus patients. On y sent trop qu'il n'y vient plus pour s'éclairer, ni même pour éclairer les autres, mais surtout pour contenter sa vanité, en exerçant sa loquacité. En un mot, il ne remplit plus assez les conditions naturelles de confiante intimité mutuelle qu'exige une telle réunion privée. Cette conviction a pu involontairement m'inspirer la sévérité spéciale que vous avez remarquée sans en connaître la source.

Néanmoins, je regretterais beaucoup que désormais M. de Ribbentrop s'abstînt aussi du club. Quoiqu'il y forme seul une vraie disparate avec les dispositions, mentales et morales, qui y dominent habituellement, le caractère public de nos séances peut assez tempérer ses défauts naturels pour n'y susciter aucune grave perturbation, surtout d'après la modification involontaire du conflit actuel. Je tiens à éviter tout démembrement, même apparent, dans notre association naissante, et je serai toujours disposé aux concessions raisonnables qui pourront le prévenir. Veuillez donc témoigner, en mon nom, à votre confrère, que j'espère bien qu'aucun dissentiment privé ne l'empêchera de revenir au club positiviste, où, en effet, je comptais le voir avant-hier.

Tout à vous.

Auguste Comte

La souscription

En octobre de cette même année 1848, Auguste Comte vint trouver Littré. Il ne fut pas question de philosophie. Comte venait mendier une aide financière. Il raconta ses difficultés. Il avait perdu son poste d'examinateur à l'École polytechnique. Les seuls appointements qui lui restaient provenaient de ses fonctions de répétiteur (2 000 francs) et d'enseignant dans une pension privée, la pension de M. Laville (3 000 francs), ce qui ne suffisait pas à

une vie décente. Il avait d'abord fait appel à ses amis britanni
ques, en particulier au toujours dévoué Stuart Mill. Celui-ci avait
pressenti trois Anglais généreux, qui firent parvenir une somme
de 6 000 francs en 1844. Mais ce don n'avait pas été renouvelé.
Comte, très affecté, écrivit une longue lettre à Stuart Mill pour
dire son amertume : comment les peuples des nations européennes pouvaient-ils laisser sans ressources un grand philosophe,
qui leur apportait une doctrine d'importance décisive pour leur
avenir ? Stuart Mill, qui s'était donné beaucoup de peine pour
obtenir le premier subside, trouva la réclamation de fort mauvais
goût ; l'amitié entre les deux hommes prit fin. Mais Comte reçut
le coup de grâce en 1848, lorsque la pension Laville lui signifia
son congé. En désespoir de cause, il lança un *Appel au public
occidental*, dans une circulaire où il racontait la persécution dont il
était victime :

> « Cet ignoble concours de puissantes antipathies contre une seule
> existence, écrivait-il, peut être aisément déjoué par le public
> impartial, quand cet appel aura dignement révélé à tout l'Occi-
> dent l'imminence de ma situation personnelle. »

Hélas les peuples sont sans cœur et il ne reçut aucune réponse.
Il était aux abois. Il voyait en même temps s'effondrer le projet de
créer une revue nouvelle, qu'un riche Hollandais, M. Grote, avait
proposé de financer. Au dernier moment, le Hollandais s'était
dérobé.
Littré suggéra d'ouvrir une souscription annuelle, et non plus
temporaire. Il promit de s'en charger. Ce n'est pas parce que
certains différents se dessinaient entre son maître et lui qu'il fallait
hésiter à le secourir.

Vendredi
(20 octobre 1848)

Mon cher monsieur Comte,
   J'apprends avec peine la détermination de M. Grote : car s'il
avait voulu donner son concours pécuniaire, la Revue avait des
chances pour se fonder. Maintenant, laissant de côté cette

fondation, qui devient problématique, permettez-moi de causer avec vous de votre situation matérielle. Vous savez parfaitement quelles sont en cela mes intentions, et, quand même mes conseils ne vous agréeraient pas, vous ne m'accuserez point, je le sais, d'indiscrétion. Le dernier coup qui vient de vous frapper vous met à l'extrémité de vos ressources, car, payant 2 000 F de pension à Mme Comte, il ne vous reste plus rien, et tout est à trouver à ce point. Il me semble que vous feriez bien de réduire vos dépenses autant qu'il vous sera possible [...]. Sans connaître votre genre de vie, il est une économie que je puis vous indiquer ; c'est celle de votre logis. Vous pouvez, de ce côté, réduire vos dépenses d'un millier de francs. Pour 5 ou 600 F vous trouverez un logement suffisant. Je reviens encore à M. Laville. Vous savez exactement comment les choses se sont passées entre vous ; par conséquent vous savez jusqu'à quel point il vous est possible de renouer vos relations. Si cela se peut honorablement, je vous engage soit à lui écrire, soit à le voir, afin de vous assurer, l'année prochaine du moins, une position dans cette maison.

Vous garderez, je l'espère du moins, votre place à l'École polytechnique avec les 2 000 F qu'elle vous donne. Si vous pouviez trouver 5 000 F, votre existence, vos principaux besoins, seraient assurés. Ces 5 000 F ne peuvent-ils pas être recueillis par une souscription ? Vos amis de Hollande ne viendront-ils pas à votre secours, si la Revue ne se fonde pas ? Ceux de Paris ne feront-ils rien ? Pour ce qui me regarde, je m'engage à fournir, pour ma quote-part, 300 F cette année-ci. M. Sédillot, M. Robin, M. Segond et peut-être quelques autres de ces messieurs pourraient contribuer. Avec la Hollande on arriverait, je pense, très près de 5 000 francs. Donner des leçons à votre âge de manière à combler le déficit survenu me paraît trop pénible, indépendamment de la difficulté qu'il y a en ce moment à trouver des élèves. Une souscription de vos amis, sans les gêner, vous procurerait le loisir de travailler ; d'ailleurs cela n'empêcherait pas de donner, si vous les rencontriez, quelques leçons bien payées soit particulières soit collectives, mais cela vous exempterait d'un labeur excessif. Voyez ma proposition. Si vous l'agréez, faites-en part à ces messieurs ; ou, si vous l'aimez mieux, indiquez-moi ceux à qui vous pensez qu'on peut s'adresser. Je prendrai l'initiative et je leur écrirai. Plus j'y réfléchis, plus je trouve que, si la Revue ne se fait pas, un secours collectif de vos amis est ce qui convient le mieux à vous et à eux.

Mille amitiés.

É. Littré

Comte se montra reconnaissant d'une générosité aussi attentive. Il demeurait convaincu que les positivistes du monde entier avaient le devoir de lui fournir l'argent qui lui était nécessaire pour vivre et travailler. Après tout, il était leur maître à tous.

Paris, le 21 octobre 1848

Mon cher monsieur Littré,

[...] Je suis convaincu, en effet, que l'ensemble de mes services mérite déjà que le public me défraye, même quand ma détresse actuelle ne proviendrait pas d'une injuste spoliation. Aussi n'ai-je point hésité récemment à terminer un post-scriptum occidental, en déclarant que ce devoir concerne tous les vrais adhérents de la vraie philosophie, tant que son existence officielle ne sera point assurée ; c'est pourquoi je serai toujours prêt à accepter sans scrupule et même avec orgueil, toute souscription collective qui tendrait à faciliter le reste de ma grande élaboration, en m'épargnant de graves déperditions de temps et de vigueur. Dès le début de 1845, vous savez que je déclarai franchement cette disposition motivée à tous nos adhérents anglais, dans la personne de M. Mill.

Le meilleur mode me semblerait consister dans votre pleine initiative, formulée par une circulaire, au besoin lithographiable. Sous l'impulsion de votre éminente recommandation, confirmée par votre généreux exemple, le succès me paraîtrait certain, au degré que vous avez jugé nécessaire. Il serait désirable que vous restassiez chargé de recevoir les souscriptions et de m'en transmettre le produit total. Votre circulaire initiale se trouverait ensuite complétée par celle où j'adresserais finalement à tous les souscripteurs de dignes remerciements philosophiques et personnels. En donnant à l'ensemble de cette opération la publicité convenable, nous augmenterions ainsi son utilité par une solennelle manifestation des véritables mœurs républicaines, que le positivisme peut seul diriger activement aujourd'hui. A ce titre, la souscription pourrait se propager jusque chez le milieu polytechnique resté encore étranger à mon influence philosophique mais sincèrement choqué des iniquités commises envers moi.

Vous voyez combien je préfère cette manière d'assurer mon existence matérielle, sans consacrer mon temps et mes forces à des corvées qui, quoique honorables, altéreraient beaucoup les résultats de la douzaine d'années de pleine vigueur cérébrale que je puis encore consacrer au service fondamental de l'humanité ; mais je crois qu'il ne faut pas commencer cette importante tentative avant d'avoir reçu des nouvelles de Hollande sur la fondation de la Revue. Si ces messieurs m'y annonçaient, de leur côté, une équivalente initiative, elle pourrait appuyer la vôtre, dès lors adressée surtout aux Français et aux Anglais. Au cas où ils n'y exprimeraient encore aucune semblable résolution, votre circulaire initiale s'appliquerait indistinctement à tout l'Occident, comme ma gratitude finale.

En tout cas, quel que soit l'avenir de cette mesure, et quand même des succès maintenant invraisemblables nous en dispenseraient pleinement, mon inaltérable reconnaissance vous est déjà acquise pour la générosité et la spontanéité d'une telle inspiration.

Littré alla trouver les quelques disciples parisiens qu'il connaissait et leur fit signer un appel à l'aide qu'il envoya à tous ceux que Comte et lui pensaient pouvoir être touchés. La requête suggérait qu'on réunît 5 000 francs chaque année :

> « C'est donc cette somme que nous demandons par contribution aux amis de la science, aux ennemis de l'injustice, et à laquelle, bien entendu, nous contribuons des premiers pour notre part. »

Suivaient onze signatures, en plus de celle de Littré : deux professeurs de mathématiques, deux médecins (dont le fidèle Charles Robin), trois étudiants, le premier en médecine, le deuxième en philosophie et le troisième en droit, un bottier, un mécanicien, un menuisier et un horloger. La somme fut réunie et renouvelée chaque année jusqu'à la mort de Comte, bien que celui-ci, fidèle à son ingratitude, ait pris prétexte d'événements que nous rapporterons plus loin pour retirer brusquement à Littré, en 1852, la responsabilité de cette souscription.

La révolution de 1848

Littré comprenait d'autant mieux les soucis d'Auguste Comte qu'il connaissait, lui aussi, comme beaucoup de Français en cette année 1848, des difficultés financières. Il ne s'en était ouvert à personne. Mais son modeste capital avait été à peu près anéanti après les récents événements : la rente française de 3 pour cent avait perdu près des deux tiers de sa valeur, les banques fermaient leurs guichets, d'innombrables épargnants se trouvaient ruinés du jour au lendemain. Et Littré avait vu fondre son pécule en quelques semaines. Ces embarras d'argent étaient d'autant plus mal venus que le moment approchait d'acquitter le prix d'une petite maison de campagne, achetée l'année précédente grâce au modique héritage que sa mère lui avait laissé en mourant. C'était la réalisation d'un vieux rêve : posséder hors de Paris une retraite protégée des agitations de la capitale, un lieu propre à la solitude, à la méditation et à l'écriture. La maison était située en Seine-et-Oise, à Mesnil-le-Roi. Elle n'était pas grande, mais entourée d'un jardin d'un tiers d'hectare. Il avait aménagé, au second étage, une chambre qui pouvait aussi lui servir de cabinet de travail. Il comptait s'y réfugier le plus souvent possible. Et maintenant il ne disposait plus des 7 000 francs nécessaires pour l'échéance du 8 mars qui devait lui en assurer la propriété. Heureusement, ses amis médecins, Campaignac, Michon, Rayer et quelques autres lui prêtèrent l'argent dont il avait besoin. Il fut touché par cette générosité, mais secrètement furieux d'avoir contracté des dettes.

Cependant les suites de la révolution de 1848 agitaient l'esprit de Littré. Dans les mois qui suivirent, il se sentit de plus en plus préoccupé par la marche des événements. Il s'était rangé aux côtés des hommes du *National* pour défendre la candidature de Cavaignac à la présidence de la nouvelle république. Mais le prince Louis Napoléon Bonaparte, neveu de Napoléon, l'avait emporté, par plus de cinq millions de votants contre moins d'un million et demi à Cavaignac. Littré était amer. Avoir détrôné un Louis-Philippe pour mettre un Bonaparte à la tête de l'État, c'était monter d'un degré dans l'échelle de l'autocratie. Il détestait l'image des Bonaparte. En même temps, il avait vu la nouvelle assemblée, élue le 28 mai 1849, dominée par les antirépublicains, conservateurs et monarchistes. Le mois suivant, celui qu'on appelait désormais le Prince-Président envoyait les troupes françaises envahir l'Italie et bombarder Rome pour y rétablir le pape dans son autorité. Ledru-Rollin étant descendu dans la rue avec quelques autres pour protester, le prétexte avait paru excellent pour arrêter bon nombre de républicains. Puis s'étaient succédées des lois que Littré ne pouvait approuver. On plaçait les instituteurs sous l'autorité des préfets, on favorisait la mainmise du clergé sur l'enseignement, on excluait du corps électoral ceux qui, comme maints ouvriers, ne restaient pas plus de trois ans au même domicile. Littré avait démissionné de son poste de conseiller municipal. De mois en mois, il percevait mieux les menaces qui pesaient contre la jeune république. On en trouve le reflet dans la lettre qu'il envoie à Comte, le 20 juin 1849 :

Mesnil-le-Roi, mercredi

Mon cher monsieur Comte,

Je suis bien satisfait d'apprendre que votre leçon de dimanche s'est faite sans empêchement ; et j'espère que, la violence diminuant non pas dans le gouvernement mais dans une portion du public, les autres leçons ne seront pas non plus entravées. Vous avez en effet un privilège philosophique qui vous a protégé sous tous les régimes, et dont je vous en ai souvent témoigné mon admiration. Je vous en renouvelle ici l'expression pour la hardiesse avec laquelle vous avez flétri le pape et son souteneur notre gouvernement, bien plus coupable encore que le pape. Mais je ne voudrais pas vous exciter ; si vous me permettez un conseil vers lequel je sais que vous inclinez par votre propre réflexion, c'est d'être aussi modéré dans la forme que vous êtes ferme et inexorable dans le fond. Le temps réactionnaire où nous sommes exige un surcroît de précautions.

A votre bonne nouvelle je répondrai par une autre.

J'ai reçu une lettre de M. Van Limburg Stirum. Elle m'annonce la seconde moitié de la souscription de M. Van Hasselt, 25 florins ; de la première moitié de la souscription de M. Worbert de Wassenaer Starrenburg, 25 florins, et d'une nouvelle contribution de lui, M. de Limburg Stirum, 25 florins : soit 155 F, 27c. Lui et ses amis ont reçu les exemplaires des deux dernières publications de la Société positiviste (l'école positive et le calendrier positiviste). Ils les ont fait passer entre les mains de ceux qu'ils croient les plus préparés à goûter la doctrine. Il termine en me chargeant de présenter ses hommages à l'illustre fondateur de l'école positive.

Tout à vous.

É. Littré

Mais bientôt Comte reçoit l'ordre d'interrompre ses cours. Caroline, toujours prête à défendre son mari malgré leur séparation et la haine qu'il lui témoigne, intervient auprès de M. Bineau, ministre des Travaux publics, qu'elle connaît un peu. Le ministre promet d'appuyer sa demande. Elle obtient satisfaction et Comte peut reprendre son enseignement. Il va jusqu'à lui adresser un mot de remerciement :

« [...] Je vous remercie de votre démarche spontanée auprès du ministre Bineau, et je vous félicite des heureuses citations que vous a fournies votre judicieuse mémoire pour caractériser auprès de lui l'esprit de mon cours de l'an dernier. [...] »

et Littré écrit à Comte :

Mercredi
(10 avril 1850)

Mon cher monsieur Comte,

C'est avec une vive satisfaction, mais, je l'avoue, avec une non moins grande surprise que j'apprends la réouverture de votre cours. Je n'y comptais plus. Il faut certainement attribuer ce succès inespéré aux dernières démarches de Mme Comte auprès de M. Bineau, venant après l'intervention de M. Vieillard. Si on n'avait pas agi directement sur M. Bineau, il est à craindre que M. Vieillard n'eût rien obtenu. Mme Comte m'a envoyé votre lettre de remerciement [...].

Je n'ai encore fait aucune démarche auprès des éditeurs que j'ai en vue; maintenant je ne le regrette pas. Car, probablement, votre cours rendra toute négociation un peu moins difficile. Tout à vous.

É. Littré

Comte, sans doute séduit par ce gouvernement qui lui a permis de reprendre ses cours, amorce un changement d'orientation politique : après tout, ce Bonaparte n'est peut-être pas si mauvais pour la France. Littré a vent de cette virevolte. Il en est consterné. Il apprend que Comte attaque maintenant avec violence ceux que les bonapartistes appellent les « rouges » et il essaie de modérer son ardeur. Il se sent encore une âme de protecteur : il faut défendre le maître du positivisme contre ses imprudences, ses maladresses et ses foucades.

Dimanche
(14 avril 1850)

Mon cher monsieur Comte,

M. Segond, que j'ai vu vendredi, m'a dit que votre intention était dans votre première leçon de proposer le drapeau occidental et d'attaquer ce qu'on appelle les rouges. Comme c'est un sujet délicat en ce moment, permettez-moi, ainsi que vous me l'avez permis quelquefois, d'anticiper par un conseil sur ce que vous comptez faire. Je n'ai rien à dire sur le fond même de la chose ; le positivisme étant complètement distinct des incohérentes idées qui constituent le bagage des révolutionnaires actuels, il importe de l'en séparer profondément. Mais je désirerais que la forme fût extrêmement ménagée. Quelque confus que soit l'état mental des rouges, c'est cependant parmi eux que le positivisme, au moins pour le présent, recrute et recrutera des adhérents ; ils adoptent la grande révolution de la fin du dernier siècle, sans savoir il est vrai la prolonger, et encore moins la terminer ; mais, cela manquant à leurs adversaires, il en résulte une véritable avance pour les rouges pour le positivisme. Au reste, je n'ai ici qu'à vous proposer ce que vous avez fait vous-même dans le *Discours sur le positivisme ;* vous avez combattu les communistes sans aucun ménagement dans le fond, mais avec tous les ménagements nécessaires dans la forme. Dans mon opinion, il faudrait traiter les *rouges* de même.

Voilà un des écueils, celui de blesser des gens parmi lesquels nous trouverons peu à peu des sympathies actives ; l'autre est de provoquer les susceptibilités du gouvernement. Il importe à la doctrine positive et par conséquent à la France, à l'Europe, que votre cours se fasse. Il faut donc que vous preniez toutes les précautions qui dépendent de vous pour qu'il ne soit pas brutalement interrompu par l'arbitraire du gouvernement. Cela est encore une affaire de forme. Je sais par ceux qui vous ont entendu que vous traitez les sujets les plus scabreux avec la plus parfaite mesure ; c'est cette mesure qu'il faut, à mon avis, que vous ayez continuellement devant les yeux, étant continuellement aussi sous le coup d'une suspension. Vous serez surveillé comme l'année dernière, plus encore ; vous serez dénoncé, et, au moindre prétexte, frappé. Ceci, je le sais, sera un stimulant pour vous ; mais que ce ne devienne jamais une tentation. Plus vous serez modéré dans la forme, plus vous serez inexorable dans le fond ; là-dessus, du reste, je m'en rapporte pleinement à votre admirable fermeté philosophique ; ce n'est pas ce côté que je veux fortifier ; c'est l'autre.

Mille amitiés.

É. Littré

Déjà navré du revirement politique de Comte, Littré n'est pas moins préoccupé de la hâte avec laquelle le chef du positivisme commence à organiser celui-ci comme une Église, comme une secte. Comte a maintenant établi les rites du « mariage positiviste », et aussi du « parrainage positiviste ».

Mesnil, dimanche
(14 juillet 1850)

Mon cher monsieur Comte,

M. Segond, que j'ai vu hier, m'a annoncé son mariage positiviste pour jeudi. Mais il n'a pu me dire l'heure. N'étant assistant que comme les autres, je n'ai rien de plus à vous demander là-dessus. Mais il n'en est pas de même du *parrainage* pour l'enfant de M. Francelle. M. Segond m'a dit que sa femme serait la marraine. Dès lors je vais bientôt être appelé à servir de parrain ainsi que je l'ai promis. Je désire, comme vous savez, tenir mes engagements ; mais aussi je désire les connaître complètement avant de les contracter ; et comme il n'y a point eu encore de *parrainage* positif, je vous prie de me dire comment vous comptez procéder et quels sont les points sur lesquels mes engagements porteront. Je m'y prends ainsi à l'avance afin de pouvoir discuter avec vous si mon assentiment n'était pas complet à ce que vous proposerez et prendre mon parti avec réflexion et maturité.

Madame Comte m'a demandé si elle pouvait assister au mariage et au *parrainage*. Je ne vous transmettrais pas cette demande si le local était public comme l'est celui de votre cours. Je ne vous la transmettrais pas non plus si ces deux cérémonies avaient un caractère purement privé.

Tout à vous.

É. Littré

On sent déjà percer chez Littré un certain agacement. Dans la lettre suivante, il est plus encore sur ses gardes.

Mardi
(3 décembre 1850)

Mon cher monsieur Comte,

Quand je me suis engagé à être le parrain positiviste de l'enfant de M. Francelle, il a toujours été convenu avec moi-même que c'était un acte public. Par conséquent vous pouvez lui donner toute la publicité que vous jugerez convenable. De ce côté je n'ai aucune réserve à faire. La seule chose que je vous demande, c'est que votre Discours, que je n'ai pas entendu, ne m'engage pas au-delà des engagements que j'ai avec mon for intérieur. Je m'explique : je suis d'accord avec vous qu'il faut un idéal aux sociétés [...] De là résulte tout un ensemble d'idées et d'institutions que vous avez essayé de systématiser. Dans cet ensemble je comprends déjà que le mariage et la naissance peuvent être consacrés par notre petite communauté au nom du nouvel idéal. Quant au reste, mon jugement est tout à fait suspendu ; et, en attendant, je suis venu à croire que les principales questions de ce genre ne pouvaient être résolues que quand notre communauté serait assez nombreuse pour former de véritables conciles et décider, comme au temps du christianisme, comment elle satisferait le mieux à ces besoins moraux. C'est dans ce sens que je désirerais n'être pas engagé par votre discours.

Tout à vous

É. Littré

Rupture

Il est clair que les initiatives de Comte, avide de créer une Église positiviste dont les dogmes et le protocole ne le céderaient en rien à ceux des Églises traditionnelles, font peur à Émile Littré. Celui-ci reste désireux de ne pas rompre avec son maître à penser d'autrefois. Mais le fossé se creuse visiblement entre les deux hommes. La rupture n'est pas loin. Elle éclatera dans les années 1851 et 1852, d'abord feutrée, puis violente, déchirante, définitive. Tirées de la nombreuse correspondance inédite, qui était soigneusement conservée dans la maison d'Auguste Comte, je me permettrai de citer presque *in extenso* les longues lettres qui racontent, mieux que quiconque pourrait le faire, le progrès, dramatique et cocasse à la fois, de cette rupture. Au centre du divorce entre Littré et Comte on trouvera Caroline. Et le prétexte de la lettre qui suit est un incident grave survenu à la réunion de la Société positiviste le mercredi 16 avril 1851.

Ce jour-là, Auguste Comte évoque publiquement les épisodes de sa vie. Il pense qu'elle ne peut être séparée de la naissance, des avatars et de l'épanouissement de la doctrine qu'il a créée. Il dit qu'une femme a illuminé son existence et, bien que morte aujourd'hui, elle a été — et son souvenir est encore — la source vive du nouvel élan qu'il entend imprimer au positivisme depuis quelques années. Cette femme, sa véritable épouse, est Clotilde de Vaux. L'autre, celle à qui, par une fatale erreur de jeunesse, il a donné son nom, n'a fait qu'entraver son travail par les tortures morales que son inconduite n'a cessé de lui infliger. L'auditoire, décontenancé par l'étalage de ces faits intimes, est resté silencieux. Le mercredi suivant, Comte reprend le même thème. Littré n'assistait pas à ces séances. Mais on s'était empressé de l'informer. Caroline sut bientôt qu'elle avait été traînée dans la boue devant tous les membres du club.

Mesnil, le 27 avril 1851

Mon cher monsieur Comte,

Vous trouverez ci-joint le reçu de Mme Comte. Il y a eu samedi huit jours, elle me dit qu'elle voulait vous écrire et qu'elle vous l'enverrait elle-même. Un pareil mode de transmission ayant déjà été employé, je ne fis aucune objection. Vous n'avez pas ouvert l'enveloppe qui refermait le reçu; et Mme Comte me l'a remis afin que je vous l'adresse.

Ce n'est pas sans peine que j'ai obtenu ce reçu. Mme Comte, informée du sujet des deux dernières séances de la Société positiviste, voulait à toute force refuser l'argent que je lui avais remis de votre part. Elle a plutôt cédé à mes pressantes sollicitations qu'à sa conviction, et elle m'a sommé de mettre à sa disposition toute ma bonne volonté et toute mon influence auprès de mes amis, pour lui faire obtenir, le cas échéant, une place dans un hospice. Je n'ai pas besoin de vous dire sous quelle impression pénible je suis resté.

Aussi, malgré mon extrême répugnance, me suis-je décidé à vous écrire là-dessus. Je sais que le sujet vous est très sensible. Aussi me ferais-je les plus vifs reproches si je ne l'abordais avec la pleine conscience d'être animé envers vous des meilleurs sentiments. J'ai pour vous une juste reconnaissance qui ne fait que s'accroître; je me proclame en toute occasion votre obligé; et par mes actions, autant du moins que le permet le peu que je suis en tout genre, je le témoigne incessamment. Je vous prie donc, au nom de ces sentiments dont vous ne pouvez douter, je vous prie, si quelque chose vous blesse dans ce que je vais dire, de ne pas l'imputer à mes intentions.

Je viens au fait. Votre intention n'est pas, j'en suis pleinement convaincu, d'obliger Mme Comte, en excitant chez elle de justes susceptibilités, à refuser la pension que vous lui faites. Cependant c'est le résultat auquel je vois les choses s'acheminer rapidement. J'ai à grand-peine triomphé cette fois de ses répugnances. Elle m'a plusieurs fois fermé la bouche; et, quoique j'ai tout fait pour combattre une résolution extrême au bout de laquelle, je le crains, vu l'état de ses mains, est l'hôpital, j'avoue que mon sentiment était en secret avec elle, quoique ma raison s'efforçât de lui faire adopter un parti plus modéré. Voilà donc la situation réelle. Les coups que vous portez ici retentissent là-bas; si vous pensez qu'ils n'ont aucun effet, vous vous trompez gravement, et mon devoir envers vous est de dissiper cette illusion. Le refus de votre pension est inévitable, si vous continuez à frapper et, à la suite, une situation dont vous serez l'auteur involontaire et que certainement vous ne pourrez vous empêcher de regretter.

Une autre considération me frappe. C'est devant la Société positiviste que vous avez exposé vos griefs. En écoutant les récits qui m'ont été faits, en voyant l'effet produit sur Mme Comte, je me suis demandé si vous ne vous étiez pas laissé aller à outrepasser votre droit. Votre influence sur mon esprit est très grande ; j'ai une ferme confiance en votre intégrité, en votre droiture, en vos lumières. Et cependant ma conscience réclame. Quelque autorité qu'un homme ait sur moi, jamais il ne me décidera à condamner un accusé sans l'avoir entendu. C'est depuis longtemps une règle invariable ; y manquer est hors de ma volonté, et il me serait aussi impossible de vouloir prononcer un jugement en un tel cas que de dire que deux et deux font cinq.

Je continue à causer avec vous [...]. (Entre Mme Comte et vous) une séparation est intervenue. Mais ni les lois de votre pays, ni votre propre doctrine n'autorisent un pas de plus ; et, si la doctrine positive permet des exceptions, il est clair de soi que la seule personne exceptée de ces exceptions est le fondateur du positivisme, nul ne pouvant se délier soi-même vis-à-vis les tiers. Votre mariage est du passé, et, comme le passé, il est immuable.

Je sais que c'est là ce qui vous touche le plus sensiblement et que vous vous êtes donné à une autre dame. Vous avez le besoin de lui témoigner votre reconnaissance et votre affection, soit : elle sera votre Épouse, votre Béatrice, votre Laure. Rapportez à elle et à sa mémoire les nouveaux développements de votre doctrine ; consacrez son souvenir ; inscrivez-la en tête de vos livres ; enlacez son nom au vôtre. Mais, puisque l'irrévocable passé en a décidé autrement, qu'elle ne soit pas autre chose qu'une Béatrice. Il me semble que la mémoire la plus chère et la plus honorée peut se contenter de cet éclat immortel dont le grand poète du Moyen Âge a entouré cette noble dame qui lui ouvre les portes du paradis [...].

Quelle est la conclusion de cette longue lettre ? C'est un appel aux sentiments de paix et de calme et un effort pour repousser les sentiments de haine et d'hostilité. Personne n'a fait mieux que vous ressortir combien les premiers devaient être cultivés, combien les seconds devaient être réprimés. Ce serait pour moi un grand bonheur si je pouvais contribuer, si peu que ce fût, à faire entrer dans votre esprit un apaisement qui d'ailleurs n'a besoin de se manifester que par du silence.

Tout à vous.

É. Littré

Or, Comte répondit par la lettre suivante, qu'il prit soin de dater selon les règles de son calendrier positiviste, où les mois portent le nom d'hommes illustres et les années se calculent à partir de 1789 :

Paris, lundi 6 César 63
(28 avril 1851)

Mon cher monsieur Littré,

Voici le reçu que je vous dois en échange de celui de Mme Comte. J'ai bien présumé que celui-ci se trouvait déjà dans une lettre que j'ai renvoyée sans l'ouvrir, comme je traiterai dorénavant toutes celles qui me viendraient de la même source. Mais je devais attendre qu'il me revînt par vous. Nos comptabilités respectives sont maintenant en règle.

Très touché de vos nobles sentiments que vous voulez bien m'exprimer, et dont la pleine sincérité m'est si prouvée, je ne pouvais être aucunement choqué des cordiales représentations de votre lettre exceptionnelle. Ce qu'elles renferment d'involontairement injuste m'offre un résultat naturel du généreux silence que j'ai toujours gardé auprès de vous envers une femme coupable, dont les vices, quoique fort graves, ne deviennent sensibles que dans une entière intimité. La nature de vos relations avec elle lui permet de ne vous laisser voir que ses qualités. En vous éclairant plus tôt sur ses torts fondamentaux, je craignais de vous priver d'une conversation qui vous est agréable et de lui faire perdre un noble et salutaire contact. Mais, d'après votre lettre, je dois enfin renoncer à une réserve qu'on a exploitée contre moi. Néanmoins, je bornerai mes explications, comme dans la séance exceptionnelle de l'avant-dernier mercredi, à ce qu'exige strictement la suffisante rectification de vos conjectures naturelles sur la prétendue sévérité d'une conduite toujours caractérisee par un excès d'indulgence.

Il faut d'abord vous rassurer au sujet de la pension.

Mme Comte est une habile comédienne, presque toujours en scène, surtout envers vous. L'éclat qui vient d'avoir lieu lui a semblé prescrire cette démonstration. Mais, au fond, je suis convaincu, d'après une connaissance trop chèrement acquise, qu'il n'y a là rien de sérieux. Si ce jeu dure jusqu'au *nouveau trimestre*, j'accepterai provisoirement toute rentrée anormale, sauf à la tenir disponible pour la fin de cette comédie. [...]

Avant de caractériser ma situation domestique, je dois indiquer un éclaircissement provoqué sur la saine théorie du mariage, en y distinguant l'union légale de l'union morale. [...]

La conduite de Mme Comte empêcha toujours l'union morale, que j'espérais voir naître de notre union légale.

La source générale de cette triste anomalie consiste dans la nature très exceptionnelle de ce type anti-féminin.

Toujours douée de beaucoup d'esprit, et jadis d'une grande énergie, elle est presque dépourvue de cette tendresse qui constitue le principal attribut de son sexe. Depuis notre fatal mariage du 19 février 1825, sa conduite, quoique très licencieuse, n'indiqua jamais, envers personne, un véritable attachement. Les deux autres instincts, soit vénération, soit bonté, lui sont encore plus étrangers. Malgré ses airs positivistes sa nature restera purement révolutionnaire ; l'esprit n'y servit jamais qu'à construire des sophismes pour justifier des inclinations vicieuses, et le caractère à s'insurger contre toute règle morale. Son éducation exceptionnelle ne fit que développer cette mauvaise organisation, en disposant à trouver partout des droits et nulle part des devoirs. Telle est l'anomalie qui, trop tard connue, fit entièrement échouer le généreux calcul d'où résulta mon déplorable mariage.

C'est, en effet, sans amour que je commis, à vingt-sept ans, ma seule faute irréparable, qui a tant pesé sur toute ma vie privée, et longtemps entravé ma vie publique. Ne me jugeant ni beau, ni même agréable, et pourtant tourmenté d'un vif besoin d'affection, je choisis une épouse qui dût m'aimer par une intime reconnaissance, fondée sur ce mariage exceptionnel, quoique nous fussions également pauvres. Si ce juste espoir s'était réalisé, je me sentais disposé à m'attacher complètement. Mon calcul eut probablement réussi envers toute autre femme. Pour achever de caractériser ma faute, j'ajoute que, accomplie sans passion, elle le fut aussi malgré ma famille, dont les préjugés s'y opposèrent justement. De l'autre côté, le calcul fut beaucoup moins noble, sans être plus heureux. Mme Comte espéra toujours me transformer en machine académique, lui gagnant de l'argent, des titres et des places. Celle qui semble vouloir consacrer sa vieillesse au positivisme, en contraria, de toutes ses forces, l'élaboration initiale. Elle ne l'apprécie que depuis l'éclatante justice dont vous fûtes si dignement l'immortel organe. [...]

Il faut passer ici sous silence les escapades secondaires, bornées à demeurer quelques semaines en hôtel garni, sous le moindre prétexte. Ces cas seraient presque innombrables, dès le début de notre ménage. Quant aux séparations principales, persistant davantage et suscitant des arrangements pécuniaires, ma lettre du 10 janvier 1847 vous apprit déjà qu'il y en eut trois avant celle qui fut irrévocable. [...]

Après quatre nouvelles années d'indignes luttes journalières, une inqualifiable conduite poussa Mme Comte à son quatrième et dernier abandon du toit commun. Pendant les six mois qui précédèrent son départ, je remplis loyalement mon devoir en m'efforçant de la détourner d'une telle issue, devenue pourtant indispensable à ma tranquillité, seul bien où aspiraient alors mes prétentions privées. Je réitérai souvent ma déclaration antérieure que cette fois le retour ne serait jamais sollicité ni même accueilli. Mais une telle présomption empêcha d'écouter ces dignes avis chez une femme persuadée que je ne pourrais rester trois mois sans consentir à tout pour terminer l'isolement. [...]

Telle fut, en beaucoup d'autres cas, la conduite de celle à qui j'eus le malheur de donner mon nom. Pendant dix-sept ans de cohabitation, j'ai souvent conçu ainsi des pensées de suicide, auxquelles j'aurais probablement succombé, malgré mes fermes principes, si la profonde amertume de ma situation domestique, n'eût été surmontée par le sentiment croissant de ma mission sociale. [...]

Devenue positiviste à l'âge où la Maintenon se fit dévote, cette dame ne me trouvera pas plus crédule pour l'une de ces conversions qu'envers l'autre. N'ayant jamais apprécié mon esprit, je lui reproche surtout d'avoir encore moins compris mon cœur, après dix-sept ans de ménage ; tandis que ma sainte compagne me jugea principalement sous cet aspect, au bout de quelques mois de relations fort imparfaites.

Cette sommaire indication équivaut essentiellement à celle que j'exposai récemment à nos confrères. J'achève ainsi la pénible explication rendue indispensable par une funeste provocation, émanée d'une vaine prétention à m'interdire toute digne expansion publique de ma juste reconnaissance philosophique envers mon angélique Clotilde. [...]

Si la coupable, renonçant à une concurrence insensée, garde enfin le silence convenable, elle obtiendra de moi une équivalente attitude, tempérée même par ma sollicitude naturelle que je lui conserverai de loin. Mais, sous de nouvelles provocations, mon profond amour de la paix ne m'empêchera jamais de soutenir dignement la guerre, que je pousserai, s'il le faut, jusqu'à faire prononcer la séparation légale [...].

Tout à vous.

Auguste Comte

Dans cette même année 1851, deux événements contribuèrent beaucoup à éloigner Littré d'Auguste Comte.

Ce fut d'abord une certaine séance de la Société positiviste.

Comte avait annoncé qu'il y donnerait la première lecture d'un ouvrage qu'il allait publier, le *Système de politique positive, ou traité de sociologie instituant la religion de l'humanité.* Chacun savait que le livre était en préparation depuis de longs mois. Un grand silence se fit quand Auguste Comte commença. Le texte exposait que le cœur devait l'emporter sur la raison, que l'homme vivant en société était un être religieux, que l'ancienne croyance en Dieu devait faire place à une croyance au Grand-Être, qui n'était autre que l'Humanité. Aimer le Grand-Être, c'était redécouvrir l'altruisme, et par là même sauver l'humanité de la guerre et des troubles sociaux. Littré, qui était présent, racontera plus tard :

« J'assistai à cette lecture. M. Comte commença par nous recommander de nous abstenir de toute observation, attendu qu'il n'en voulait écouter ni admettre aucune, puis il se mit à lire. J'écoutai avec une avide attention [...]. J'attendais pour la politique quelque chose d'aussi neuf et d'aussi lumineux que l'avait été pour moi, dix ans auparavant, la philosophie positive. Mais, du discours de M. Comte, naissait quelque chose qui n'a point d'exemple, une méthode avec une tête positive et une queue subjective ou métaphysique (c'est la même chose) [...]. La méthode étant faussée, tout est faussé, même ce qu'il y a de bon et de vrai. »

Auguste Comte avait commis la faute impardonnable. Ce défenseur de la méthode scientifique, objective, revenait à la pire des subjectivités. Il portait des coups mortels à la philosophie positive qu'il avait créée. Il faisait retour à un état très voisin de l'état théologique, qu'il avait si fort combattu. Il bafouait les principes mêmes de ce qu'il avait autrefois construit. La rupture était consommée.

Le coup d'État du 2 décembre

Un autre événement, politique cette fois, accentua la séparation entre Littré et Comte. Ce fut le coup d'État du 2 décembre 1851, jour anniversaire du sacre de Napoléon et de la victoire d'Austerlitz. Dans la nuit du 1ᵉʳ au 2 décembre, les murs de Paris se couvrirent de proclamations annonçant la dissolution de l'Assemblée et l'organisation d'un plébiscite en faveur d'une réélection de Louis Napoléon pour dix ans. Des troupes furent massées aux points stratégiques de la capitale, le Palais-Bourbon occupé par le général Lespinasse. Des dizaines de républicains furent arrêtés à l'aube et emprisonnés à Mazas ou à Versailles. Thiers et Cavaignac étaient du lot. Le lendemain, un timide début d'insurrection était aussitôt réprimé par le duc de Morny, demi-frère de Louis Napoléon Bonaparte, tandis que, sur les boulevards, la brigade du général Canrobert, prise de panique, tirait sur la foule. 380 civils étaient tués. 27 000 républicains étaient sanctionnés, expulsés, envoyés à Cayenne ou en Algérie, ou encore internés. Littré commençait à craindre pour sa propre personne. Le plébiscite du 20 décembre donnait à Louis Napoléon Bonaparte la présidence de la République pour dix années. 7 824 129 électeurs avaient répondu oui, 253 149 seulement avaient répondu non. Bientôt on apprenait la suppression du *National*. Littré avait le cœur serré. Encore ne savait-il pas que, moins d'un an plus tard, ce serait la fin de la république, le Prince-Président devenant empereur des Français.

Consterné, Littré apprit que Comte, maintenant, soutenait ouvertement les ambitions de Louis Napoléon Bonaparte. Après avoir renié les principes fondamentaux de son œuvre philosophique, voilà qu'il reniait haut et fort ses convictions républicaines. Au lendemain du 2 décembre, une scène violente éclata à la Société positiviste entre Littré et Comte. Littré quitta la salle, bien décidé à ne plus revenir. Il ne reverra Comte qu'en 1853, un Auguste Comte renfrogné, agressif, hautain.

L'impasse

La correspondance entre Littré et Comte se poursuivait, épisodiquement. Il s'agissait encore, et toujours, de Caroline.

Mesnil, le 8 août 1852

Mon cher monsieur Comte,

[...] Il s'agit de l'attitude que vous prenez à l'égard de Mme Comte et qui, toutes les fois que j'en vois les manifestations, excite en moi un sentiment pénible; sentiment dont vous avez eu une preuve dans la lettre que je vous écrivis l'année dernière. Il faut que j'en vienne à des éclaircissements plus précis. Je vous prie de lire ce qui va suivre avec autant de sang-froid que j'en mets à l'écrire. Vous ne pouvez douter de ma sincère et constante intention de vous être utile et de coopérer, dans la mesure de mes forces, à assurer la plénitude de votre existence et l'achèvement de tous vos travaux. Mon souhait le plus cher (et ce ne sont pas de simples paroles) est de vous voir entièrement et uniquement consacré à l'élaboration de la philosophie positive. Écoutez-moi donc sans colère, quand même ce que je vais dire devait au premier abord irriter en vous des fibres sensibles.

Mme Comte porte votre nom; vous avez vécu dix-huit ans ensemble; c'est un passé que rien ne peut effacer. C'est à elle que vous devez, lors de la cruelle maladie qui vous frappa, de n'avoir pas été enseveli dans un abîme et perdu sans retour par des passions dévotes qui voulaient s'emparer de vous. C'est à elle que vous devez d'avoir été ramené sous le toit domestique, où vous avez trouvé la guérison. Vous avez, pendant ces dix-huit ans, malgré l'interruption de la maladie, accompli votre œuvre première avec une vitesse sans exemple, de sorte que, ainsi que vous vous en glorifiez quelque part avec un juste orgueil, vous avez de fait deux carrières. Mme Comte, malgré sa situation, a conservé l'amitié de quelques personnes honorables, les unes déjà mortes, les autres encore vivantes. Vous-même vous avez entretenu avec elle pendant plusieurs années une correspondance qui ne porte pas trace des sentiments qui vous animent aujourd'hui. Enfin son intervention auprès de M. Bineau pour votre salle a été accueillie par vous avec satisfaction. [...]

Je plaide chaleureusement la cause de Mme Comte, mais, en vérité, je crois plaider chaleureusement aussi la vôtre en vous signalant les écueils où je crains de vous voir vous heurter. Votre tranquillité, la suite de vos travaux dépendent aujourd'hui entièrement de l'opinion publique, déjà si lente à émouvoir en faveur du positivisme et de vous. Ne la refroidissez pas encore par de tristes querelles. Vous êtes seul, et Mme Comte est seule ; vous êtes bien portant, et elle est malade, non pas seulement infirme. En supposant que votre budget de 1852 ne soit que de 6 000 F, avec 4 000 F pour vous et 2 000 F pour elle, irez-vous retrancher sur les 2 000 F pour faire votre part plus grosse ? Tout cela me trouble et m'agite. Je n'ai point encore écrit en Amérique. Écrirai-je ? Je ne sais. Pour mettre pleinement à votre service, comme je l'ai fait, tout ce que je possède de crédit moral, il faut que ma conviction ne soit pas tiraillée. Je suis affligé et inquiet ; affliction, inquiétude purement désintéressées, puisque, même mes liens politiques avec vous sont rompus, mais suscitées, à la vue de votre situation périlleuse à divers égards, par la reconnaissance que je vous garde pour avoir tant agi sur moi par votre immortel système de philosophie.

Tout à vous.

É. Littré

Et, le 20 septembre, Comte répond :

> Paris, 12 Shakespeare 64
> (20 septembre 1852)

Monsieur,

Je n'ai dû ni voulu rien répondre à votre déclaration de guerre du 8 août, plus étrange qu'imprévue, que j'attribue au funeste ascendant de l'indigne dame à laquelle j'eus le malheur de donner mon nom. Mais, parmi les mesures que m'a suscitées votre irrévocable rupture, le moment est venu de vous annoncer les deux qui vous concernent personnellement.

D'abord j'emploierai désormais une autre entremise que la vôtre pour opérer le paiement trimestriel que vous accomplissiez depuis 1847. J'ai déjà choisi, parmi mes disciples, les deux qui se chargeront ensemble de cette transmission, à partir du mois prochain.

La seconde mesure concerne la noble souscription publique qui constitue l'unique appui de mon existence matérielle. Je n'oublierai jamais que vous l'avez dignement fondée, et que, pendant ses deux premières années vous y avez développé un véritable zèle. Mais j'ai résolu d'être dorénavant le seul directeur de cette institution, sauf les centres partiels qu'on pourra multiplier autant que les cas l'exigeront. Quoique cette décision ne doive se trouver formellement déclarée que dans ma circulaire de janvier prochain, j'en ai déjà fait part à tous les positivistes avec lesquels j'ai eu depuis un mois quelques rapports écrits ou verbaux, en les invitant à la divulguer convenablement.

C'est pourquoi je vous demande aujourd'hui de vouloir bien m'envoyer le plus prochainement possible :

1° Tout l'argent que vous pouvez avoir à moi maintenant, et celui qui pourrait encore vous arriver par erreur.

2° Tous les documents quelconques qui peuvent me faciliter l'administration de la souscription pour le reste de la présente année.

3° Enfin, la liste exacte des sommes déjà reçues et de leurs sources, comme vous aviez coutume de le faire à la fin de chaque année.

Salut et fraternité.

Auguste Comte

On aimerait l'analyse d'un psychologue, sans doute assisté d'un psychiatre, sur ces trois personnages que la passion habite. Comte, égocentrique, agressif, mégalomane, vivant dans une sorte de rêve éveillé sur son trône de prophète. Littré, le rigoureux, le juste, le bienveillant, douloureusement partagé entre ses désirs de conciliation et ses exigences de droiture. Enfin Caroline, femme ambiguë, peut-être noble et généreuse, peut-être mythomane, calculatrice et cruelle, peut-être même tous ces visages à la fois.

La dernière lettre

Le 31 décembre de la même année, Littré envoie encore une lettre à Comte.

> Monsieur,
> L'année dernière, à pareille époque, je fus empêché par une indisposition de me joindre à ceux de vos disciples qui vous rendaient leur visite annuelle. Cette année j'en suis empêché par la rupture. Mais aujourd'hui je vous écris, comme alors je vous écrivis, pour remplacer cette visite et vous dire que je suis d'intention avec eux, désirant, en toute occasion, m'acquitter de ce que je regarde comme dû au fondateur du positivisme.
> Salut et fraternité.
>
> É. Littré

Le catéchisme positiviste

Dans cette affaire, Littré se sentait assez seul. A sa surprise, Comte continuait d'être suivi par la plupart de ses disciples. Des personnalités comme le docteur Robinet ou Pierre Laffitte semblaient accepter ses récentes divagations. En 1852, Comte avait fait paraître le *Catéchisme positiviste*, ou *Sommaire exposition de la religion universelle en onze entretiens systématiques entre une femme et un prêtre de l'humanité*. A l'évidence, le prêtre de l'humanité était Auguste Comte et la femme le fantôme de

Clotilde de Vaux. La religion, expliquait Comte, n'a nul besoin d'une croyance à des êtres surnaturels. Mais elle a besoin d'un dogme et d'un culte. Le dogme, c'est le positivisme ; le culte, un ensemble de signes de vénération envers le Grand-Être, qui n'est autre que l'Humanité, passée, présente et à venir. Trois prières quotidiennes sont prescrites, l'une au lever, la deuxième pendant le travail, la dernière à l'approche du sommeil. La religion positiviste comporte neuf sacrements, allant de la *présentation* lors de la naissance à l'*incorporation subjective*, prononcée solennellement sept ans après la mort et décidant si les restes du défunt doivent « occuper leur place dans le bois sacré qui entoure le temple de l'humanité » ou, au contraire, être transportés « au désert des réprouvés, parmi les suppliciés, les suicidés et les duellistes ».

Comme ce culte est fondé sur l'amour, le sexe féminin, « sexe affectif », constitue son représentant naturel et son ministre : d'où l'institution de trois *anges gardiens*, qui sont des femmes : la Mère, la Compagne et la Fille. Cette trilogie s'expliquait aisément. La Mère, parce que Comte avait été élevé, enfant chétif et vulnérable, par une mère douce et attentive qu'il adorait. La Compagne : il avait aimé passionnément, d'un amour pur, ébloui, sublime, la malheureuse Clotilde de Vaux pendant dix-huit mois, jusqu'à ce qu'elle fût emportée par la tuberculose. La Fille, enfin : il avait adopté sa jeune domestique Sophie, qui ne savait ni lire ni écrire, mais qui était d'un dévouement sans faille. Le culte de ces trois anges gardiens allait donc de soi.

Il y avait, dans quelques-uns de ces rites, une sorte de médiocre copie des symboles du catholicisme. Il était même parlé d'une trinité, l'Humanité ou Grand Être, la Terre ou Grand Fétiche, l'Espace ou Grand Milieu. Quant au grand prêtre de la religion nouvelle, il devait être doté d'un pouvoir absolu sur un vaste clergé réparti dans tout l'Occident et recevoir « un traitement personnel quintuple de celui des prêtres ordinaires ».

Comment des dizaines d'adhérents de la première heure à une philosophie rigoureuse pouvaient-ils maintenant se laisser prendre à cette caricature d'Église ?

Le *Catéchisme* faisait encore allusion au fameux *calendrier positiviste* où les noms de saints étaient remplacés par les noms de grands hommes qui avaient le mieux, selon Comte, servi l'humanité. Les treize mois (car il y avait un treizième mois) étaient désignés sous les treize appellations que voici : Moïse, Homère, Aristote, Archimède, César, Saint Paul, Charlemagne, Dante, Gutenberg, Shakespeare, Descartes, Frédéric et Bichat. Auguste Comte avait fixé à 1789 l'an I du calendrier.

Tout le reste du *Catéchisme* était empaqueté dans un fatras de mots pâteux et d'injonctions religieuses puériles. Tout se passe, pensait Littré, comme si Comte s'était scindé en deux hommes différents : le créateur génial du positivisme et le déséquilibré victime d'un dérèglement de l'humeur et de l'intelligence. Il respecterait toujours le premier, il plaindrait le second.

Il en parlait souvent à Caroline Comte. Il se sentait, vis-à-vis d'elle, une âme de protecteur. Elle avait besoin d'être comprise et secourue : il avait le devoir de l'aider. Caroline partageait tout à fait les vues de Littré, disait-elle, sur les derniers avatars de la pensée de son époux. Le positivisme était une doctrine admirable, qu'il fallait défendre contre son créateur. Il fallait défendre Comte contre lui-même. Toutes ses aberrations récentes n'étaient rien d'autre qu'une rechute de son ancien délire. Caroline ajoutait que plusieurs phrases du *Catéchisme* étaient, à son avis, dirigées contre Littré. Il y était question de la « profonde incompétence » des médecins modernes, qui se « bornent essentiellement à ce que nous avons de commun avec les animaux, en sorte qu'ils mériteraient plutôt le titre de vétérinaires ». Il était aussi question d'un certain « matérialisme académique », dont on voyait bien la visée. Mais peu importait. Même si Comte allait à sa perte, le positivisme dont il était le père, le vrai positivisme que Littré défendait, devait être sauvé.

Chapitre VIII

MÉDECINE

« Pour l'homme qui ne craint pas de compatir avec les lamentables misères de la nature humaine, soit qu'elle se montre pâle et défigurée sur la table d'amphithéâtre ou que, dans un lit d'hôpital, elle demande secours contre la douleur et le danger, peu d'enseignements valent celui-là. J'ai touché à bien des points dans le domaine du savoir ; aucun ne m'a désintéressé de la médecine, des recherches qu'elle poursuit et de la contemplation de cette pathologie, inévitable tourment des êtres vivants, sur laquelle il est si difficile et si beau de remporter de notables victoires. »

É. Littré

Parmi les rares disciples d'Auguste Comte qui avaient condamné ses illuminations tardives et s'étaient rangés aux côtés de Littré se trouvait le docteur Charles Robin. De vingt ans plus jeune que Littré, il avait néanmoins déjà une haute réputation d'anatomiste et avait été nommé professeur agrégé à la Faculté de médecine en 1847. Explorateur des tissus humains et animaux, il avait découvert de nouveaux moyens de colorer les cellules vivantes pour mieux les voir au microscope. C'est lui qui avait proposé d'appeler hématies les globules rouges du sang, et leucocytes les globules blancs. Les ennemis du positivisme le détestaient et avaient organisé à plusieurs reprises des chahuts dans l'amphithéâtre où Robin donnait ses cours. Littré l'aimait beaucoup et accepta avec joie de s'associer à lui, comme le demandait l'éditeur Baillière, pour une nouvelle édition du *Dictionnaire de médecine* de Nysten.

Le Nysten

Le « Nysten », comme tous les médecins l'appelaient, avait une longue histoire. La première publication datait de 1806, signée d'un certain Joseph Capuron. L'ouvrage était si maigre et incomplet que l'éditeur décida d'une refonte et la confia au médecin belge Pierre Nysten : le « Capuron et Nysten » était paru en 1810. Dans les éditions suivantes, le nom de Capuron avait disparu. Nysten était mort en 1818 et l'éditeur avait fini par céder les droits de l'ouvrage à Baillière en 1845.

Chargés de réviser la onzième édition, Littré et Robin se proposèrent aussitôt de changer certaines définitions qui, pour parler la langue positiviste, sentaient vraiment par trop les fameux « états théologique et métaphysique ». Ce fut un beau tollé dans le Landerneau médical.

L'âme avait été initialement définie ainsi :

> « *Âme.* Principe interne de toutes les opérations des corps vivants ; plus particulièrement du principe de vie dans le végétal et dans l'animal. L'âme est simplement végétative dans les plantes et sensible dans les bêtes ; mais elle est simple et active, raisonnable et immortelle dans l'homme. »

Les éditions successives avaient légèrement modifié ces affirmations, mais Littré et Robin avaient radicalement changé le texte :

> « *Âme.* Terme qui, en biologie, exprime, considéré anatomiquement, l'ensemble des fonctions du cerveau et de la moelle épinière, et, considéré physiologiquement, l'ensemble des fonctions de la sensibilité, c'est-à-dire la perception tant des objets extérieurs que des sensations intérieures. »

L'homme que Nysten définissait « le premier et le plus parfait de tous les mammifères » était devenu :

> « *Homme*. Animal mammifère, de l'ordre des primates, famille des bimanes, caractérisé taxonomiquement par une peau à duvet ou à poils rares. »

La définition première de la *mort*, qui énonçait « séparation de l'âme d'avec le corps, qui n'est plus qu'une masse inerte, insensible, un cadavre », avait paru inacceptable à Littré. Pour le mot *psychologie*, défini par Nysten « science qui traite de l'âme ou des actions mentales », Littré et Robin avaient ajouté un commentaire signifiant que, selon eux, la psychologie devait laisser la place à la physiologie du cerveau. Tous ces changements audacieux avaient de quoi choquer nombre de bons esprits : entre les mains des étudiants en médecine, l'ouvrage n'allait-il pas saper la formation morale et les convictions religieuses de futurs médecins ?

La médecine au Mesnil

Révisant le *Dictionnaire*, Littré avait senti combien la médecine lui tenait encore à cœur. Au printemps de chaque année, quand il fuyait Paris pour sa retraite campagnarde de Mesnil-le-Roi, les gens du village venaient bientôt lui demander conseil et il acceptait de les soigner. Il racontera plus tard :

> « Comment sut-on que je m'étais occupé de médecine ? Je l'ignore. Toujours est-il que les paysans, mes voisins, quand ils tombèrent malades, réclamèrent mon secours [...]. M. le docteur Daremberg, qui vint se fixer dans le même lieu, et qui comme moi, aima Hippocrate et son antique génie, s'associa à mon office, et plus d'une fois, sur la fin, nous avons exprimé nos regrets de n'avoir pas songé à rédiger la clinique de notre petit village. Maintenant la vieillesse m'a déchargé de ce service bénévole, mais j'y ai acquis l'amitié et la gratitude de mes voisins, et, pour parler comme le vieillard de La Fontaine : cela même est un fruit que je goûte aujourd'hui. »

Dans la série "Fleurs,
fruits et légumes du jour",
Émile Littré
caricaturé par Alfred Le Petit,
L'Éclipse, 1er février 1871.
Bibliothèque nationale. Cliché Roger-Viollet.

Émile Littré (1801-1881),
photographie de Pierre Petit.
Bibliothèque nationale,
cabinet des estampes.
Cliché Roger-Viollet.

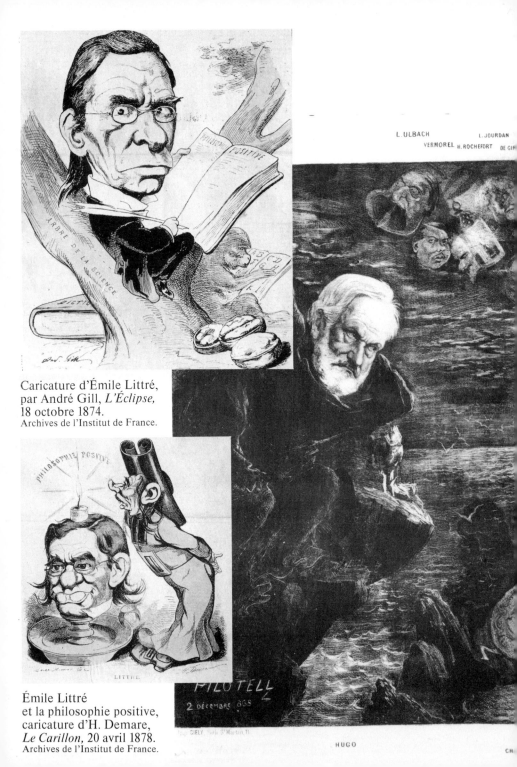

Caricature d'Émile Littré,
par André Gill, *L'Éclipse,*
18 octobre 1874.
Archives de l'Institut de France.

Émile Littré
et la philosophie positive,
caricature d'H. Demare,
Le Carillon, 20 avril 1878.
Archives de l'Institut de France.

Émile Littré et ses contemporains, caricature de Pilotell,
L'Éclipse, 2 décembre 1868.
Maison de Victor Hugo. Cliché Giraudon.

DICTIONNAIRE

DE LA

LANGUE FRANÇAISE

CONTENANT

1° POUR LA NOMENCLATURE :

Tous les mots qui se trouvent dans le Dictionnaire de l'Académie française
et tous les termes usuels des sciences, des arts, des métiers et de la vie pratique;

2° POUR LA GRAMMAIRE :

La prononciation de chaque mot figurée et, quand il y a lieu, discutée;
l'examen des locutions, des idiotismes, des exceptions et, en certains cas, de l'orthographe actuelle,
avec des remarques critiques sur les difficultés et les irrégularités de la langue;

3° POUR LA SIGNIFICATION DES MOTS :

Les définitions; les diverses acceptions rangées dans leur ordre logique,
avec de nombreux exemples tirés des auteurs classiques et autres;
les synonymes principalement considérés dans leurs relations avec les définitions;

4° POUR LA PARTIE HISTORIQUE :

Une collection de phrases appartenant aux anciens écrivains
depuis les premiers temps de la langue française jusqu'au seizième siècle,
et disposées dans l'ordre chronologique à la suite des mots auxquels elles se rapportent;

5° POUR L'ÉTYMOLOGIE :

La détermination ou du moins la discussion de l'origine de chaque mot établie par la comparaison des mêmes formes
dans le français, dans les patois et dans l'espagnol, l'italien et le provençal ou langue d'oc;

PAR É. LITTRÉ

DE L'INSTITUT (ACADÉMIE DES INSCRIPTIONS ET BELLES-LETTRES)

TOME PREMIER

SECONDE PARTIE

D — H

LIBRAIRIE DE L. HACHETTE ET Cᴵᴱ

PARIS, 77, BOULEVARD SAINT-GERMAIN

LONDRES, 18, KING WILLIAM STREET, STRAND (W. C.)

LEIPZIG, 15, POST STRASSE

1863

◁ Page de titre de la première édition du *Dictionnaire de la langue française*. Cliché Bibliothèque nationale.

Le National, grand quotidien politique (1830-1852). Cliché Bibliothèque nationale.

Vendredi, 22 Novembre 1844. | 60 FRANCS PAR AN. | Édition de Paris

PRIX DE L'ABONNEMENT :

	Paris et départ.	Étranger.
Pour un an........	60 f.	76 f.
— six mois....	32	40
— trois mois...	16	20

LE NATIONAL

DE 1834.

BUREAUX A PARIS : Rue Lepelletier, numéro 3.

PRIX DES INSERTIONS :
1 f. 25 c. la ligne en nompareille, sur 6 colon.
2 f. 50 c. la ligne en mignonne, sur 3 colonn.

FRANCE.

PARIS, 21 NOVEMBRE.

Les journaux espagnols rapportent aujourd'hui les détails du procès du général Prim. En une seule audience, tout a été bâclé. Encore s'est-on interrompu une heure et demie pour donner aux défenseurs *le temps* d'examiner le dossier, qu'ils ne connaissaient point.

On est révolté d'indignation en lisant une pareille procédure. Elle est tout entière dans le *Heraldo*, et nous ne croyons pas que même dans les pays despotiques on puisse à ce point outrager tout ce qui est connu dans le monde sous le nom de justice.

La veille de l'audience, personne ne savait qu'elle aurait lieu; le fiscal parlait des complications du procès; cependant l'accusation était prête; ni défenseurs, ni accusés ne se doutaient de l'heure et du moment où ils seraient appelés. Tout-à-coup le conseil de guerre se rassemble. Trois juges nouveaux y figurent; c'est la fantaisie de Narvaez qui les choisit.

Croyez-vous que Prim et ses coaccusés soient présens? nullement. On lit les pièces en leur absence; et quelles pièces! des extraits sommaires de confrontation, des témoignages écourtés, tronqués, *faussés!* Les débats l'ont établi. Cependant les défenseurs s'étonnent des choses nouvelles qu'on leur apporte, et, comme il ne leur a rien été communiqué, ils demandent qu'on leur accorde au moins le temps d'examiner les pièces de l'accusation. Le conseil est pressé de finir; il se déclare en permanence et il consent par grâce à laisser aux avocats une heure et demie pour s'éclairer, rassembler les preuves, rédiger leur plaidoirie!...

Nous le demandons : vit-on jamais dérision semblable?—Mais il suffit d'un seul coup d'œil à la défense pour reconnaître que pas un fait nouveau, pas un argument, pas une preuve n'était ajouté à ce qui avait été connu déjà. L'instruction n'avait apporté aucune autre lumière, le dénonciateur était toujours là avec ses mêmes déclarations; ici encore on remarquait que, dans sa première dénonciation, l'immonde Albernitz n'avait pas nommé Prim; il ne l'avait pas nommé davantage dans sa première déclaration écrite. Il a fallu une troisième épreuve pour que ce digne compagnon d'Aviraneta accusât le général, et, à chaque confrontation avec Prim, le dénonciateur a été convaincu d'imposture.

Mais on a eu la preuve, dans la même audience, de la manière dont le fiscal entend la liberté des témoignages. Ici nous traduisons le *Heraldo* :

« Le témoin Carlo Martinez, domestique de Ferrer, comparait devant le conseil, et au moment ou on lui lit sa déposition, il s'écrie : « Je n'ai pas fait cette déclaration! »

» M. LE PRÉSIDENT : N'êtes-vous pas allé chez le fiscal pour déposer?

» LE TÉMOIN : Si, Monsieur.

» M. LE PRÉSIDENT : Et vous avez fait une déposition?

» LE TÉMOIN : Oui, Monsieur.

» M. LE PRÉSIDENT : Alors on va la relire. (Il est de nouveau donné lecture de la déposition.)

» LE TÉMOIN : Je n'ai pas dit cela!

» LE FISCAL : Vous l'avez dit.

» LE TÉMOIN : Alors c'est parce que *vous m'y avez contraint en me menaçant*.

On n'a pas besoin d'insister : toute preuve est absente; la conspiration apparaît ce qu'elle est, une machination de police; le dénonciateur un misérable qui n'a pas su même du premier coup faire son métier; les témoignages ont été arrachés par la menace. Et tout le monde croyait que les accucés sortiraient triomphans.

Cette opinion a prévalu bien plus encore quand le conseil de guerre a permis à Prim de se présenter pour se défendre. Ce jeune général a produit sur ses juges eux-mêmes la plus vive impression. Nous tâcherons demain de donner au moins une partie du discours qu'il a prononcé : mais l'énergique chaleur avec laquelle il a repoussé l'accusation d'assassinat, le ton ferme et digne avec lequel il a parlé de ses précédens et de ses services, la manière même dont le conseil semblait accueillir ses paroles ne permettaient pas de douter qu'il n'eût porté dans son esprit la pleine conviction de son innocence.

Les juges, aussitôt après, ont fait évacuer la salle, et, le lendemain, vers cinq heures, ils se sont retirés. La sentence était rendue, mais rendue à huis clos. Le mystère de l'inquisition a présidé à toutes les phases de ce monstrueux procès.

Toutefois, on a su que Prim avait été condamné à six ans de prison dans une forteresse, et ses co-accusés à trois et quatre ans de la même peine. Cette sentence doit être portée au tribunal suprême, qui la ratifiera sans nul doute, et l'on disait à Madrid que le général condamné serait déporté aux îles Philippines.

Nous nous contentons de raconter les faits : toute réflexion est superflue! Mais, quoique cette condamnation soit odieuse, injuste, abominable, quiconque sait les penchans et les violences des réacteurs reconnaitra que ce jugement lui-même est la confirmation la plus éclatante de l'innocence des accusés. Songez donc à la prévention qui pesait sur eux : une tentative d'assassinat avec guet à pens et une conspiration pour renverser le gouvernement! Or, admettez même des présomptions, et ils n'auraient pas échappé au dernier supplice. — Quoi! des assassins et des conspirateurs condamnés seulement à la prison! et par qui? par les amis de Narvaez!.... Vous seriez-vous attendu à tant de clémence?

Le journal la *Patrie* contient ce soir un article très développé et très étudié sur la question que fait naître le mode de négociation du nouvel emprunt. D'accord avec nous sur plusieurs points importans, ce journal élève cependant contre l'emprunt par souscription publiques des objections qui ne nous paraissent pas suffisamment fondées. Nous nous proposons de revenir plus à loisir sur son article. Ce soir nous nous bornerons à dire un mot de l'objection la plus spécieuse qu'il mette en avant.

La *Patrie* soutient que les emprunts par voie de souscription directe ne peuvent être avantageux que dans les temps où le sentiment national, étant fortement excité, les petits capitaux s'empressent de venir au secours de l'état, comme il est arrivé en 1831, époque à laquelle on a vu l'emprunt national rétablir le crédit public ébranlé. Mais on ajoute que, dans les temps ordinaires, il vaut mieux peut-être procéder par voie d'adjudication, et cela, par la raison que voici : c'est que l'appât d'un bénéfice, d'une prime, est nécessaire pour attirer les capitaux vers le nouveau fonds. Par exemple, on émet aujourd'hui un emprunt au capital de 200 millions; si le gouvernement adjuge ces 200 millions à un banquier, le banquier achètera la totalité des nouveaux titres de rente à 2 ou 3 fr. au-dessous du cours actuel de la bourse, afin de pouvoir réaliser un bénéfice et en offrir un aux capitalistes français ou étrangers chez lesquels il compte placer ses coupons. Si, au contraire, le ministre fait négocier ses nouvelles inscriptions par l'agent de change du trésor, à mesure qu'il se présentera des acheteurs, la marchandise, devenant par là plus commune sur le marché, il en résultera une dépréciation, une baisse qui pourra causer à l'état une perte plus considérable que ne le ferait la prime accordée au banquier adjudicataire.

C'est ici surtout que nous ne sommes point d'accord avec le journal du soir. Nous comprenons bien, en effet, que 200 millions jetés sur la place ne se négocient pas à 83 f. 40 c., qui est le cours d'aujourd'hui; mais un adjudicataire ne souscrira pas non plus à ce taux. Il lui faudra sa commission, et comme après tout les 200 millions ne sortiront pas de ses caisses, qu'il sera bien obligé de porter les inscriptions de rente à la Bourse, qu'elles y déprécieront la marchandise rente tout comme si elle était apportée par l'agent de change du trésor, il en résultera que le banquier adjudicataire devra souscrire assez bas pour que, la commission prélevée, il lui reste encore assez de latitude pour allécher les véritables prêteurs. On aura donc, il est vrai, dans l'hypothèse de la souscription directe, à donner une sorte de prime aux capitalistes; mais dans l'hypothèse de l'adjudication, il faudra faire la part et du banquier et de ces mêmes capitalistes. Ajoutez à cela, comme le remarque au reste fort bien la *Patrie*, ajoutez que 200 millions ne pouvant en fait s'adjuger qu'à deux ou trois compagnies, qui peuvent s'entendre entre elles, il n'y a pas réellement de concurrence, et que les banquiers sont à peu près maîtres de se faire faire les conditions aussi avantageuses qu'ils le veulent.

Nous ne pensons donc pas que dans quelque temps que ce soit, et avec le développement qu'à pris chez nous le crédit public, il puisse être jamais utile à l'état de subir l'intermédiaire des banquiers, lorsqu'il a besoin d'emprunter deux cents millions. Cette intermédiaire, quoi qu'on en dise, ne rend pas l'opération plus facile, et elle la rend plus coûteuse, puisqu'à la perte résultant de la dépréciation de la rente il faut ajouter la prime réservée aux commissionnaires. Le ministre, qui comprend ces choses aussi bien que nous, est inexcusable d'avoir dédaigné l'avis sagement économique qui lui était donné par la chambre, et d'avoir encore cette fois humilié le crédit de l'état devant ces puissances parasites qu'on appelle les princes de la finance.

Le 2e collége de Reims est appelé à remplacer un homme grandement regrettable, M. Houzeau-Muiron, esprit positif, caractère indépendant et ferme, enfant du peuple que son travail avait seul élevé, cœur généreux qui avait passé par l'industrie sans rien perdre de ses idées nationales, travailleur qui était parvenu à la richesse sans avoir rien eu à sacrifier de sa moralité. Comme candidat, comme député, nous avons eu à le louer avant que sonnât pour lui cette heure imprévue qui laisse, du moins, survivre la renommée. Et si nous revenons aujourd'hui sur nos regrets, c'est qu'en rappelant les mérites de M. Houzeau-Muiron, nous avons exprimé d'avance à qui devrait revenir son héritage politique.

Deux candidats se présentent pour le recueillir : MM. Chaix-d'Est-Ange et Léon Faucher; celui-ci recommandé par l'opposition, celui-là po té sur les ailes de M. Guizot. Nous avons essayé, aux dernières élections-générales de crayonner une esquisse de M. Chaix, qui n'a pas changé depuis. Sa gloire d'avocat s'est encore embellie de deux couronnes, l'une qu'il a reçue de la main d'un enfant, l'autre de celle d'un bureaucrate! heureux pour Donon-Cadot, malheureux avec Hourdequin, le talent de M. Chaix n'en a pas moins montré cette souplesse qui ne lui a jamais manqué aux assises depuis le procès de Laroncière!... C'est une belle chose que l'éloquence, et un beau rôle que celui de l'avocat défendant l'innocence persécutée!

M. Léon Faucher est condamné à une utilité plus modeste. Ses travaux lui ont valu des suffrages moins éclatans, et les causes qu'il a défendues ont un intérêt moins dramatique, mais plus général et plus profond. Cet écrivain, dont la plume est si précise et souvent si vigoureuse, n'a pas la fluidité de ces opinions qui flottent sous l'élégant scepticisme de M. Chaix. Il a étudié la politique, il en sait la langue, il croit à quelque chose, et il peut parfaitement expliquer pourquoi il croit. Son adversaire, dont l'esprit badine toujours, caresse de la même main M. Thiers et M. Guizot; il aime l'un, il aime l'autre, il les admire tous les deux; et si, par hasard, M. Molé revenait aux affaires, le charmant bâtonnier retrouverait un vieux fond de tendresse pour lui. Il joue avec ces membres de la trinité; et suivant que la fortune jette un de ces trois dés sur la table du pouvoir, M. Chaix est toujours pour le numéro qui gagne. Son culte, à lui, c'est le succès.

M. Léon Faucher a une foi beaucoup moins mobile. Nous devons dire que cette foi n'est pas la nôtre : nous avons eu souvent à combattre ses idées; nous aurions probablement à leur faire encore une rude guerre, car il professe sur la forme du gouvernement, sur l'économie politique, sur les progrès de la société, des opinions qui, sous plus d'un rapport, sont hostiles à tous nos principes. Si nous avions à nous faire représenter à la chambre, nous ne choisirions pas M. Léon Faucher, et ceux qui, à Reims, l'ont présenté comme un républicain se sont permis envers lui une flatterie très mensongère et passablement ridicule. Nous n'aimons pas des recrues de contrebande; et, que l'on ait voulu nuire à M. Faucher ou le servir en le parant de nos couleurs, notre devoir est de dire la vérité. Les sympathies que nous avons pour lui sont complètement relatives. C'est avec M. Chaix que nous le comparons, c'est à M. Chaix que nous le préférons. Et pourtant, si la république était proclamée demain, peut-être trouverait-elle dans le flexible et brillant avocat un courtisan plus dévoué que ne serait son adversaire. Il a une politique si coulante et si douce, ce bon M. Chaix!....

M. Léon Faucher est un publiciste sérieux, convaincu, voué surtout aux études de finances, de douanes, d'industrie, de commerce; ses travaux lui ont donné un rang important parmi les économistes dont le point de vue quelque peu étroit n'est pas le nôtre, mais s'harmonise avec les bases du régime actuel. L'opposition l'a choisi pour succéder à M. Houzeau-Muiron : elle s'est en cela montrée fidèle à ses précédens. Et le collége le nommera s'il ne veut pas se démentir.

FAITS DIVERS.

Le *Moniteur* publie l'ordonnance royale qui convoque les chambres pour le 26 décembre prochain.

— Le Bulletin des Lois publie une ordonnance du 9 novembre qui réduit, à partir du 1er janvier 1845, à 800 francs par bateau pour l'année entière le droit de pêche pour les bateaux corailleurs étrangers, sur les côtes de l'Algérie ou de la régence de Tunis. Ce droit était de 1,160 pour la pêche d'été, et de 535 pour celle d'hiver.

Les bateaux sardes, pêchant dans les eaux tunisiennes, continueront d'acquitter les droits conformément au traité du 25 octobre 1832. S'ils pêchent sur les côtes de l'Algérie, ils acquitteront le supplément de droits nécessaire pour compléter la redevance fixée ci-dessus pour les autres bateaux.

— En vertu d'une ordonnance royale, publiée au *Bulletin des Lois*, le tirage au sort de la classe de 1844 commencera le 22 février.

— Les dernières nouvelles de Vera-Cruz, venues par le steamer transatlantique, annoncent l'arrivée dans ce port d'un navire anglais ayant à son bord un courrier extraordinaire qui est parti immédiatement pour Manga de Clavo, résidence de Santa-Anna. Le bruit courait à la Vera-Cruz que la teneur des dépêches dont le courrier était porteur était telle, que force serait à Santa-Anna de reconnaître l'indépendance du Texas, du moins de renoncer à ses projets de guerre contre ce pays.

Nous voyons, d'un autre côté, que lors du départ de Santa-Anna de la capitale, l'ordre précis a été donné par lui à ses ministres de laisser intacts les 4 millions affectés par le congrès pour la campagne du Texas, quelles que fussent, d'ailleurs, les exigences des diverses branches du service public.

— Il s'est tenu peu de conseils des ministres depuis le commencement du mois; pendant toute la semaine dernière, nos hommes d'état ne se sont pas réunis une seule fois; dimanche dernier et mardi, les travaux en commun devant le roi ont repris leur activité. Il avait été résolu que chaque ministre préparerait promptement son budget des dépenses; les huit jours d'intervalle ont été employés à ce travail intérieur, qui n'est pas encore terminé, mais qui paraît avancer sensiblement pour certaines parties du service public. Le ministère de la justice présentera une augmentation de dépenses assez notable, qui s'élèverait à plus de deux millions 500,000 fr., et qui satisferait à une demande souvent faite, à savoir, la suppression entière des vacations pour toutes les opérations de conservation et de garantie des intérêts de famille confiés aux juges de paix. Les juges de paix recevraient de l'état un supplément de traitement pour ces vacations. Ainsi la justice serait désormais gratuite dans tous ses degrés, et l'anomalie encore existante, résultant de cette rétribution payée au juges de paix par les parties et les plaideurs, disparaîtrait. Le ministre de l'intérieur réclame de nouveau une augmentation de traitement pour les sous-préfets dans les chefs-lieux dont la population excède huit à dix mille âmes, et cela progressivement d'après le chiffre de la population. (*Revue de Paris.*)

— Nous avons, en parlant des mousses, émis une observation qui a été accueillie favorablement dans les ports de mer. Nous lisons à ce sujet dans le *Progressif Cauchois* :

« Le *Journal de l'arrondissement du Havre* a publié, dans son dernier numéro, un excellent article sur les réformes à introduire dans l'organisation des classes. Parmi les moyens qu'il conseille au gouvernement d'adopter pour développer le chiffre de l'inscription maritime, il propose d'aller chercher dans les hospices d'enfans trouvés des jeunes gens de 12 à 14 ans, et de leur donner une éducation spéciale, jusqu'à l'époque choisie pour leur embarquement.—L'idée nous paraît de nature à être prise sérieusement en considération et nous la compléterons par la demande suivante :

» Ne serait-il pas d'humanité, de moralité surtout, d'enlever aux prisons, à ces écoles de vice et d'infamie, les enfans qu'une faute légère, le vagabondage et la mendicité par exemple, y ont amenés. Au lieu d'élever pour le bagne ces malheureux plus coupables souvent par la misère de leur parens que par instinct, ne vaudrait-il pas mieux en faire des marins utiles, de braves soldats?

» Le discipline du bord, aussi sévère que celle des prisons, aurait au moins un but utile. »

—Il n'est question depuis quelque temps que de violations de cachet. Voici, dit le *Propagateur de l'Aube*, un fait à ajouter à ceux que l'on connaît :

Un paquet d'imprimés sous bandes, du poids d'environ 400 grammes, était adressé à une personne de Troyes, qui l'a reçu dans un état qui prouve évidemmet que des recherches ont été faites entre les feuilles, non pas comme on le fait pour savoir s'il existe des additions manuscrites, mais d'une façon plus commode : les bandes ont été brisées, et le corps du paquet remis séparé de ses bandes. Ce procédé un peu cavalier pouvait, indépendamment de tout autre inconvénient, avoir celui d'égarer des pièces nécessaires à la personnes à qui elles étaient adressées.

— L'*Univers* revient aujourd'hui, avec son impartialité accoutumée, sur l'affaire d'Avignon. Sans tenir compte des observations présentées par la commission des hospices et sur les dangers de maintenir l'hôpital sous la direction d'une congrégation cloîtrée et sur le fait de séquestration exercée sur une jeune fille, ce journal ultramontain cite un mémoire de vingt conseillers municipaux en faveur des religieuses de Saint-Joseph. Il va sans dire que ces conseillers municipaux méritent tous les éloges des gens dévots, tandis que les conseillers municipaux de Tulle, qui ont demandé la dissolution de la communauté des Carmélites, ne mérite que l'anathême.

Il y aura beaucoup de choses à relever dans ce mémoire des conseil-

LA

PHILOSOPHIE POSITIVE

REVUE

DIRIGÉE PAR

E. LITTRÉ & G. WYROUBOFF

TOME PREMIER

JUILLET A DÉCEMBRE 1867

PARIS

LIBRAIRIE GERMER BAILLIÈRE

17, RUE DE L'ÉCOLE-DE-MÉDECINE, 17

1867

La revue *La Philosophie positive.* Cliché Bibliothèque nationale.

Une séance de l'Académie française sous la coupole, au temps de Littré. Cliché Bulloz.

14.ᵉ Cahier

Composition pour les prix

Du Concours et du Collège

de Louis le grand, à Paris

Pour l'année Scholaire 1817 - 1818

Classe de Rhétorique

M. Burnouf pour { Discours latin
Vers latins
Version grecque

M. Dubos pour { Discours français
Version latine

9.ᵉᵐᵉ cahier

Pages extraites des cahiers de classe
de l'élève Littré,
conservés à la Bibliothèque nationale.

Si les Barbares sortis des forêts et des cavernes de la Scythie entrent dans
cette enceinte, avec eux entreront la terreur, le carnage et toutes
les horreurs de la guerre. Demandez à la Syrie, à la Grèce, à tout
l'Orient quelle sera notre destinée, si nous sommes vaincus.
Interrogez les ruines fumantes de tant de villes jadis florissantes,
interrogez Babylone dont il ne reste plus que le nom. Ces
janissaires, accoutumés au pillage, familiarisés avec le sang,
auront-ils quelque chose de faire, quand leur Sultan lui
même leur promet le pillage de Constantinople, pendant trois jours, comme récompense
de leur valeur. Nos frères massacrés, nos femmes enlevées, les cendres
de nos pères arrachées à la paix du tombeau, nos autels
renversés, le vrai Dieu, le Dieu vivant blasphémé jusque dans son
sanctuaire; voilà le sort que nous réservent les Ottomans. Ainsi
donc le berceau du christianisme serait souillé par l'ennemi de
la religion chrétienne! la fille de Rome serait prophanée par
l'ennemi du nom Romain!

Quels grands, quels augustes souvenirs réveille ce nom
illustre! il ne se présente à l'esprit qu'entouré de vingt siècles
de victoires et de vertus, qu'accompagné du monde enchaîné.
À ce nom l'âme s'aggrandit et s'élève, à ce nom, l'on se
rappelle les Bélisaire, les Théodose, les Constantin, les Marc-aurèle,
et cette longue suite de Césars, par laquelle nous remontons
aux Scipions, aux Émiles, aux Cincinnatus. Et une seule
journée effacerait tant d'exploits! et une seule journée
anéantirait tant de gloire! Ces grands hommes seraient descendus
tout entiers dans la tombe! Non, ces nobles souvenirs ne sont
pas éteints parmi nous; ils peuvent encore
enfanter des héros.

La fille de Littré, Sophie (1838-1927),
photographiée dans le jardin
de la maison de Mesnil-le-Roi
Collection particulière.

Portrait de Clotilde de Vaux (1814-1846)
par Louis Etex.
Collection du Temple de la Religion de l'Humanité.
Cliché Giraudon.

La comtesse ▷
Marie d'Agoult
(1805-1876),
en littérature
Daniel Stern,
portrait
d'Henri Lehmann.
Cliché Bulloz.

Auguste Comte (1798-1857), lithographie de Tony Toullion.

Lettre d'Émile Littré ▷
à Auguste Comte.

Mon cher Monsieur Comte,

en présence des tendances
exagérées et des violences de gouvernement
j'ai cru le devoir que votre cours
ne fût interrompu. j'avais heureux d'être
cause des votes. Il vous ... comme j'ai
repris avec vos ... votre ...
demain pour ... , j'aurai été
tout obligé de venir me l'expliquer

... en ... met ... à la
campagne. mon adresse est : Mesnil le
Roi, par Maisons-sur-Seine, Seine et Oise

Tout à vous

Monsieur
répétiteur à l'École polytechnique
Rue Monsieur le Prince n° 10
Paris

Louis Hachette (1800-1864), miniature de Caroline Soye (1833).
Collection de Madame Louis Hachette. Cliché Hachette.

Paris 20 février 1863

Mon cher Hachette

Je te fais de nouveau mes remerciements pour les clauses du traité que j'accepte pleinement. Je n'ai aucune observation à faire; je t'aurais renvoyé plus tôt le projet si j'en avais voulu voir ce qu'étaient les articles supprimés; et je ne pouvais mettre la main sur l'ancien traité.

ton vieil ami

E. Littré

Lettre d'Émile Littré à Louis Hachette. Archives de la Librairie Hachette.

Barthélemy Saint-Hilaire (1805-1895),
gravure de Lafosse (1866).
Cliché Édimédia.

Monseigneur Dupanloup
(1802-1878),
lithographie
d'après le portrait de Tuerlincks.
Musée Carnavalet. Cliché Bulloz.

Il exerça gratuitement la médecine au Mesnil pendant trente ans. Il allait visiter ses malades plusieurs fois par jour. Même la nuit, quand il restait à sa table de travail jusqu'à des heures tardives, les voisins, voyant la lampe allumée, n'hésitaient pas à le déranger, et il répondait toujours à leurs appels. Le fils du docteur Daremberg qui fut témoin de ces scènes écrit qu'il était « la providence des malades » et il ajoute : « C'est là que j'ai appris à l'aimer et à le vénérer. »

Littré se plaisait à cette pratique médicale. Qui pouvait parler d'art vétérinaire à propos de la médecine moderne ? L'expérience de tous les jours montrait que la tâche du médecin est morale autant que prescriptive de soins. Il s'agissait de soutenir, de comprendre et d'aimer. C'était cela, la vraie religion. Parmi ses malades, le paysan le plus fruste laissait transparaître son besoin d'une aide morale et affective, qui lui faisait autant de bien que tous les remèdes du monde. Aucune retouche ne devait être apportée aux « aimez-vous les uns les autres » de la parole chrétienne, même si l'on mettait les dogmes en doute. Et la médecine était un acte d'amour autant que de diététique et de pharmacie. D'ailleurs, ses malades lui rendaient, avec une sorte de respect affectueux, l'attachement qu'il leur portait. Il le voyait dans leur regard et leur mimique, plus encore que dans leurs paroles maladroites. Quand la mort rôdait, il les sentait plus paisibles et plus calmes que les gens de la ville, comme si l'intimité de la terre rendait ces choses-là plus naturelles. Jamais il n'avait perçu plus clairement que l'ensemble des hommes et de la nature méritait un religieux élan.

Écrits sur la médecine

Cependant, les aspects techniques de la médecine ne le passionnaient pas moins que ses abords moraux. Il lisait beaucoup et en savait plus que maints professeurs sur ce qu'avait été la médecine au long des siècles et sur ce qu'elle était devenue. Il y découvrait nombre d'énigmes passionnantes et s'en voulait le vulgarisateur. Nul ne fit davantage pour que le public soit tenu au courant de ces problèmes. Il avait ainsi publié, dans la *Revue des Deux-Mondes* du 15 janvier 1836, un article sur l'histoire des grandes épidémies. Il introduisait une sorte d'emphase dans la description de ces drames :

> « Il arrive qu'une influence mortelle sort soudainement de profondeurs inconnues et couche d'un souffle infatigable les populations humaines, comme les épis dans leurs sillons. »

Il faisait revivre la peste d'Athènes, le choléra, la petite vérole, le mal des ardents, la peste noire, la danse de Saint-Guy, les hallucinations collectives, le typhus, la pellagre, la suette anglaise et autres fléaux effrayants. Il y a, pour un médecin d'aujourd'hui, quelque confusion dans de tels récits, mais aussi une documentation étonnante et un art consommé de la narration. Telle cette description de la maladie dite *morbus cardiacus*, qui apparut trois siècles avant Jésus-Christ, puis disparut vers le deuxième siècle de l'ère chrétienne :

> « Elle commençait par un sentiment de froid et de stupeur dans les membres et parfois dans tout le corps ; le pouls, prenant aussitôt le plus mauvais caractère, devenait petit, faible, vide, fréquent, plus tard, inégal et tremblotant, et il disparaissait même entièrement ; en même temps, les sens des malades se troublaient, une insomnie invincible les dominait, ils désespéraient de leur guérison, et, dans la plupart des cas, le corps tout entier ruisselait soudainement d'une sueur qui coulait par torrents dans le lit, de sorte que les malades semblaient se fondre ; la respiration était courte et pressée jusqu'à la syncope ; à chaque instant, ils craignaient d'étouffer ; dans leur anxiété, ils se jetaient çà et là, et d'une voix très faible et tremblante ils prononçaient quelques mots entrecoupés ; ils éprouvaient continuellement, au côté gauche ou même dans toute la poitrine, une intolérable oppression ; et, dans les accès qui commençaient par une syncope ou qui en étaient suivis, le cœur palpitait violemment, le visage prenait la pâleur de la mort, les yeux s'enfonçaient dans les orbites ; et, si la terminaison devait être fatale, la vue des malades s'obscurcissait de plus en plus, les mains et les pieds se coloraient en bleu, le cœur, malgré le refroidissement de tout le corps, continuait à

palpiter violemment ; la plupart conservaient leur raison jusqu'au bout, peu seulement en perdaient l'usage avant la mort. Enfin, les mains restaient froides, les ongles se courbaient, la peau se ridait, et les malades expiraient sans aucun relâchement dans leur souffrance. On reconnaît, dans ce tableau, beaucoup d'analogies avec la suette anglaise, qui a régné dans les xve et xvie siècles. »

Mais ce qui est plus remarquable encore, ce sont les questions que Littré se pose à propos de ces épidémies. Il montre bien leur naissance, leur progression, puis leur défervescence et leur disparition, et s'interroge sur le rôle qu'elles jouent dans l'éternel combat entre les hommes et une nature hostile. Une nature qui ira peut-être

« ... jusqu'à menacer d'une destruction universelle la race humaine [...]. Car qui peut répondre de ce que renferme l'avenir ? Des races d'animaux ont disparu du globe ; les découvertes de Cuvier sur les fossiles l'ont prouvé sans réplique. La pathologie a-t-elle joué quelque rôle dans ces extinctions ? »

Étudiant ces maladies épidémiques, le médecin

« ... cherche à entrevoir la place qu'elles occupent dans l'enchaînement des choses du monde, et le lien par lequel les existences humaines et la planète qui les porte semblent tenir ensemble ».

Et plus loin :

« De pareils phénomènes sont dignes de toute l'attention aussi bien du médecin que du philosophe et de l'historien. »

Bien plus, comme pour le choléra, Littré entrevoit, plusieurs années avant Pasteur, la responsabilité possible d'agents contaminants. Il écrit :

« Cette origine (des épidémies) ne peut, dans l'état actuel de nos connaissances, être cherchée qu'au sein des substances organiques, vivantes ou mortes. »

Et il évoque « les virus et les miasmes qui se reproduisent et se propagent ». Le médecin Littré, roi sans couronne (sans le couronnement officiel de la thèse), mais médecin de cœur et d'esprit, publie bien d'autres articles sur la santé et les maladies. Il étudie l'hygiène et sera le premier à réclamer la création d'un ministère de la Santé. Il traite de sujets aussi variés que les blessures de guerre, la morve chevaline, les traitements électriques, l'anatomie, et cette discipline qu'il tient pour le fondement de la médecine : la physiologie. Il raconte la vie et l'œuvre des successeurs d'Hippocrate, et vante Celse qui, au 1er siècle de notre ère, écrivait :

> « Si l'art de raisonner faisait les médecins, il n'y en aurait pas de plus grand que les philosophes. Mais [...] il vaut mieux ignorer comment se fait la digestion et savoir ce qui se digère facilement [...]. Au lieu d'interroger les causes de la respiration, il est préférable de chercher les moyens d'en faire cesser la gêne et la lenteur [...]. Or ces notions nous viennent de l'expérience. »

Il sort de l'ombre la médecine du Moyen Âge, évoque les phantasmes étranges de Paracelse et Van Helmont, puis les créateurs des méthodes modernes, Harvey, Lavoisier, Bichat. Il consacre un texte à la fois élogieux et critique au professeur de physiologie du Collège de France, Magendie, maître de Claude Bernard. Il fait de la médecine rétrospective, démontrant qu'Alexandre le Grand mourut des fièvres et non du poison, et qu'Henriette d'Angleterre, belle-sœur de Louis XIV, ne fut pas non plus, comme on le dit, empoisonnée, mais succomba à la perforation d'un ulcère d'estomac.

De la mort

Littré s'intéresse aussi aux mécanismes de la *mort naturelle*, celle qui interrompt la vie de tout homme, même sans accident ni maladie, après une durée d'existence assez fixe qui ne dépasse guère quatre-vingt-dix ou cent ans. Il interprète ce fait comme la conséquence d'un affaiblissement progressif de la machine humaine. Il pense que l'homme serait éternel si « la force que nous nommons la vie [...] n'était pas détruite par le milieu résistant qu'elle traverse ». Cette image de la mort phénomène passif est très répandue. Aujourd'hui encore, certains gérontologues semblent sous-entendre que l'usure normale des organes suffit à mener au vieillissement, et le vieillissement à la mort.

J'ai peine à concevoir qu'ils aient raison. La mort est un phénomène trop important dans l'équilibre général de la nature pour qu'elle soit laissée au hasard d'une altération progressive. S'il en était ainsi, les variations de l'espérance de vie devraient être beaucoup plus étendues : de même que la vitesse d'érosion d'une machine peut varier du simple au double ou au triple selon les soins dont on l'entoure, de même certains heureux mortels ne devraient s'user qu'après cent cinquante ou deux cents ans. Bien plus, si l'on compare la durée moyenne de vie dans la série animale, cette durée apparaît spécifique d'espèce : vingt-quatre à quarante-huit heures chez l'éphémère, trois semaines pour l'abeille ouvrière, quatre ans pour le rat, treize ans pour le lapin, trente ans pour la vache, cinquante ans pour l'orang-outang, plusieurs siècles pour certaines tortues. Or tous ces animaux sont faits de matériaux à peu près semblables : comment l'altération progressive de leurs constituants pourrait-elle expliquer des différences aussi considérables dans le vieillissement, d'une espèce animale à l'autre ? Depuis qu'on a constaté que tous les événements de la vie, naissance, croissance, puberté, grossesse, ménopause et bien d'autres, se déroulent sous la dépendance étroite de médiateurs chimiques, qui en sont les ordonnateurs tyranniques, il est difficile d'échapper à l'idée que l'événement si important qu'est la mort peut être, lui aussi, réglé par le jeu de substances spécifiques, apparaissant au moment voulu dans notre corps, faites pour tuer, commandées comme les autres par notre patrimoine génétique et participant de façon active à notre vieillissement et à notre mort.

Esprits dérangés et esprits frappeurs

Littré est également fasciné par les *maladies mentales* et par le *cerveau,* cet organe matériel d'où paraît sortir une immatérielle pensée. Là-dessus, ses idées sont très franches, elles sortent toutes casquées de l'influence positiviste, elles rejoignent les tentations que font miroiter aujourd'hui certains neurobiologistes.

« [Je veux] inculquer que la description des phénomènes psychiques, avec leur subordination et leur enchaînement, est de la pure physiologie et l'étude d'une fonction et de ses effets. Plus la psychologie [...] a fait des progrès, rompant avec les idées innées, plus elle s'est rapprochée de la physiologie. Plus la physiologie s'est rendu compte de l'étendue de son domaine, moins elle s'est effrayée des anathèmes de la psychologie, qui lui interdisait les hautes spéculations. Et aujourd'hui il n'est plus douteux que les phénomènes intellectuels et moraux sont des phénomènes appartenant au tissu nerveux [...]. Je ne conçois plus une physiologie où la théorie des sentiments et des idées, en ce qu'elle a de plus élevé, n'occuperait pas une grande place. »

Et, onze ans plus tard, sa position là-dessus reste inchangée :

« En fait d'études psychiques, je suis du côté des physiologistes, et non du côté des psychologistes. Je ferai toutes les concessions qu'on voudra sur les ténèbres qui enveloppent encore certains phénomènes psychiques ; mais il n'en est pas moins certain que tous les faits de conscience se passent dans le cerveau, qu'ils sont abolis quand le cerveau éprouve une lésion destructive, et que le cerveau appartient à la physiologie. Séparer l'organe et la fonction est aujourd'hui une impossibilité doctrinale. »

Voilà posée la plus grave des questions. Elle divise aujourd'hui neurologues et philosophes. Les uns suggèrent qu'on doit étudier la sécrétion de la pensée par le cerveau comme on étudie la sécrétion de la bile par le foie. D'autres refusent l'idée que la pensée puisse être l'esclave exclusive du fonctionnement neuronal, c'est-à-dire en dernière analyse de phénomènes physico-chimiques au déterminisme implacable. Il m'a toujours semblé que ce débat si aigu était un faux débat, qui, comme bien des faux débats, a la vie plus dure que s'il était vrai. Les uns et les autres ont raison et on les croit antagonistes par simple méconnaissance de la *césure* qui sépare, pour un même objet, les résultats obtenus par deux méthodes radicalement différentes. Il est évidemment exact, comme le croyait Littré, qu'un bon fonctionnement du cerveau est nécessaire à une pensée claire et que des lésions cérébrales peuvent altérer la pensée. Mais il n'est pas démontré pour autant qu'une connaissance même très approfondie des fonctions neuronales permette de prédire le comportement et les pensées des êtres humains. Le problème n'est rien moins que celui de la liberté de notre intelligence et de nos sentiments. Or, il y a dans un cerveau humain quelque cent mille milliards de connexions entre plus de dix milliards de cellules nerveuses. Lorsque se combinent un nombre aussi considérable de phéno-mènes élémentaires, est-il interdit de penser qu'un certain degré de liberté, d'imprévisible, d'aléatoire, peut apparaître dans le résultat final ? Le déterminisme qui pèse sur les éléments innombrables de l'ensemble a-t-il pour autant une égale emprise sur cet ensemble ? Il me semble que la réponse est négative. Comme je l'ai dit précédemment, ce que nous nommons « réa-lité », ce que la science cherche à atteindre, dépend des conditions de notre observation, des méthodes de l'observateur, de son regard. Le regard du neurobiologiste et le regard du psychologue diffèrent, une césure les sépare ; s'ils aboutissent à des conclusions divergentes quant à la liberté de notre univers spirituel, ils pourront fort bien avoir l'un et l'autre raison. Un objet peut obéir à un strict déterminisme lorsqu'on l'étudie à une certaine échelle et avec une certaine méthode, et, dans le même temps, échapper à des lois aussi contraignantes lorsque l'échelle et la méthode diffèrent. C'est sans doute la grande leçon que la science contemporaine apporte sur les limites et les pièges de la connais-sance ; et il faut bien que notre logique l'accepte, malgré notre répugnance naturelle à concevoir que la réalité puisse avoir pour nous des images différentes selon la façon dont nous l'explorons. Mais, du temps de Littré, nul ne pouvait prévoir le grand ébranlement logique que devait apporter l'histoire des géométries non euclidiennes et des mécaniques non newtoniennes, les aventures de la relativité et l'aventure quantique. Il ne pouvait savoir à quel point notre logique quotidienne devient fragile dès que nous nous éloignons de notre petit univers de tous les jours. Il n'avait pas toutes les données que nous possédons aujourd'hui. Et ce n'était pas un homme à s'embarquer en philosophie sans une bonne provision de données.

De ses réflexions sur le cerveau et la pensée du sujet sain, Littré passe avec la même passion aux dérangements du système, aux maladies mentales. Le prétendu surnaturel s'explique souvent, écrit-il, par des hallucinations. On peut les comparer aux illusions du rêve, mais un rêve qui surviendrait alors qu'on est éveillé. Le fameux démon de Socrate, sorte de génie avec lequel il conversait et qui dirigeait ses actions, ne diffère pas des hallucinations des aliénés qui, dans leur chambre d'asile, bavardent avec des rois, des papes et des dieux. Le 23 novembre 1654, Blaise Pascal eut une apparition : un feu étrange brilla devant lui pendant plusieurs heures et, dès ce jour, il prit l'engagement de se livrer tout entier à Dieu. Il mit même par écrit ce pacte avec le Créateur, et après sa mort on trouva le billet cousu dans son pourpoint. Hallucination banale, dit Littré. Un génie comme Pascal n'y est pas moins exposé qu'un homme ordinaire. De ces dérèglements possibles de notre perception visuelle et auditive, Littré passe sans effort aux tables parlantes et aux esprits frappeurs.

Dans l'étude intitulée *Des tables parlantes et des esprits frappeurs*, il raconte, en un raccourci saisissant, toute l'histoire des phénomènes magiques, évocation des ombres, sorcellerie, possessions et autres diableries, qui furent observés tout au long des siècles, depuis l'Antiquité jusqu'à nos jours.

> « De nos jours, plusieurs ont pu être singulièrement étonnés d'entendre parler d'esprits qui frappent, de tables qui ont des âmes, de lumières qui apparaissent, de sons qui se produisent miraculeusement. Eh bien ! qu'ils se retournent vers le passé, et ils vont trouver tout cela, ou l'analogue, dans les récits historiques [...]. L'ensemble de ces manifestations maladives est limité

dans un cercle assez étroit. Il s'agit toujours de troubles des sens qui font voir, entendre ou toucher, d'extases qui mettent le système nerveux dans des conditions très singulières, de modifications graves dans la sensibilité, de convulsions énergiques qui donnent au système musculaire une puissance incalculable. Puis, à ces circonstances générales se joint ce que fournissent les idées et les croyances du temps. Dans un siècle, la pythonisse reçoit le souffle d'Apollon, et la sorcière conjure Hécate par ses évocations ; dans un autre, c'est le diable difforme ou ridicule du Moyen Âge qui hante les imaginations. Sous une autre influence, les anges du Seigneur envoient des secours aux malheureux persécutés. Sous une autre influence encore, à cette vision des esprits se mêlent des idées mystiques sur les fluides hypothétiques que la science a mis en honneur. »

Et de conclure qu'il s'agit très souvent d'hallucinations collectives. Ainsi, aux États-Unis :

« De nos jours, ceux des Américains parmi lesquels les forces mystiques ont élu domicile, qui reconnaissent qu'un pouvoir inconnu s'applique à remuer, soulever, retenir, suspendre et déranger de diverses manières la position d'un grand nombre de corps pesants, le tout en contradiction directe avec les lois reconnues de la nature ; qui voient des éclairs ou clartés de différentes formes et de couleurs variées apparaître dans des salles obscures, là où il n'existe aucune substance capable de développer une action chimique ou phosphorescente, et en l'absence de tout appareil ou instrument susceptible d'engendrer l'électricité ou de produire la combustion ; qui entendent une singulière variété de sons produits par des agents invisibles, tels que des tapotements, des bruits de scies ou de marteaux, des rugissements de vent et de tempête, des concerts de voix humaines ou d'instruments de musique ; ceux-là, dis-je, pensent [...] que la puissance du ciel est ici révélée et qu'il doit résulter des conséquences prodigieuses pour le genre humain. »

C'est la médecine qui donne la clé de ces phénomènes. Ce sont les médecins qui ont sauvé bien des sorcières du bûcher.

« Noble et éclatant service qui ne doit pas être oublié parmi ceux qu'a rendu et que rend tous les jours la médecine ! »

Littré dit vrai. J'ai montré, dans *Le Journal d'Harvey*, comment ce grand médecin anglais du XVIIe siècle avait tiré d'affaire des femmes accusées de sorcellerie et menacées de mort.

Un certain Anne Joseph Eusèbe Baconnière de Salverte, ancien député républicain de Paris, écrivain et philosophe, membre de l'Académie des Inscriptions et Belles-Lettres, avait écrit, en 1829, un ouvrage intitulé *Des sciences occultes, essai sur la magie, les prodiges, les miracles*. Ses idées sur ce sujet, comme ses idées politiques, étaient très proches de celles de Littré. Salverte était mort en 1839. Mais une édition posthume des *Sciences occultes* fut décidée dans les années 1850. L'éditeur demanda une préface à Littré, qui fut heureux de cette nouvelle occasion de donner son interprétation psychiatrique des phénomènes apparemment sur-naturels. Le livre ainsi préfacé parut en 1856.

Deux ans plus tard, le 2 février 1858, Littré, cet homme qui n'avait pas le titre de docteur en médecine, mais qui avait tant écrit, tant médité, tant milité pour la santé des hommes et la lutte contre leurs maladies, fut élu membre de l'Académie de médecine à une triomphale majorité des voix.

Chapitre IX

LE DICTIONNAIRE

Le *Dictionnaire de la langue française* avait pris du retard. Littré n'avait été fidèle à aucune des promesses qu'il avait faites à Louis Hachette, quant aux délais de livraison du manuscrit. Il en éprouvait de l'agacement et du remords. Tant d'autres obligations l'avaient accaparé. A l'Académie des Inscriptions, il devait rédiger des articles pour la Commission de l'*Histoire littéraire de la France*. Il avait aussi dû commenter dans la *Revue des Deux-Mondes* la parution de la version française du célèbre *Manuel de physiologie* de Müller. En même temps il écrivait dans le *National*, pour traiter du positivisme ou des événements politiques, de nombreux articles : trente et un dans la seule période qui va de 1849 à 1852, date de la suspension du journal. Et il demandait à l'éditeur Ladrange de les réunir en un volume, qui fut publié en 1852 sous le titre *Conservation, Révolution et Positivisme*. L'ouvrage eut un assez grand retentissement. Victor Hugo lui écrivit de Belgique :

> C'est à Bruxelles, Monsieur, que m'est parvenu votre remarquable livre. J'en voudrais causer avec vous, et longuement. Vous touchez, à propos d'un système, à toutes les grandes questions qui dominent les systèmes. Vous avez la haute intuition du juste, du pratique, et du vrai.
> Je suis, dans le peu que je vaux, un confesseur du droit et du

progrès ; comprenez toute ma sympathie, et recevez mon cordial serrement de main.

Victor Hugo

Aucun moment de la vie de Littré ne fut si fécond en écrits multiples que ces années-là. Personne, sans doute, au XIXe siècle, ne publia tant de chroniques, et si diverses, en un temps si ramassé. Et, bien entendu, la traduction d'Hippocrate n'était pas encore terminée : en 1852, sur les dix tomes prévus, trois manquaient encore pour que la publication fût complète.

Maintenant il était décidé à faire un effort gigantesque pour le *Dictionnaire*. Il avait déjà reçu des éditions Hachette 12 000 francs d'avance, un tiers lors du premier contrat de 1841, le reste lors de la convention de 1846. Il avait dit un jour, étourdiment, qu'il lui faudrait deux ans pour achever le manuscrit. En 1851, il n'en était encore qu'aux préparatifs. Le 6 mai de cette année-là, il écrivait à Louis Hachette :

> « Tu parais croire que ces quatre ou cinq ans de préparation ont été pour moi un temps d'oisiveté. Tu te trompes tout à fait [...]. J'ai fait de nombreuses recherches étymologiques. J'ai extrait moi-même plusieurs ouvrages (*il entend par là qu'il a fait une moisson de citations possibles*) ; enfin, ce qui a été très long, j'ai complètement classé la masse de mes petits papiers [...]. Le tout sera terminé dans deux ans environ.

Deux ans où il se proposait de reprendre tous les mots des 1 900 pages du *Dictionnaire de l'Académie* et de faire relever par sa femme les termes qu'il fallait ajouter à ceux-là pour étendre le vocabulaire des sciences et techniques.

Hachette s'impatientait. Pour hâter le travail, il proposa d'adjoindre à Littré l'un de ses auteurs, excellent grammairien, Bernard Jullien. Il ne réussit pas à le faire accepter par Littré, qui avait à l'évidence le désir de rester seul maître à bord.

Paris, le 14 mars 1852

Mon cher Hachette,
    J'ai longuement réfléchi à la proposition que tu m'as faite d'associer M. Jullien à notre Dictionnaire. Si le plan avait été

conçu de concert entre lui et moi, si tout d'abord cette collaboration avait été entendue, il aurait été possible de se partager le travail, mais maintenant il faudrait qu'il entrât absolument dans mes vues ; et cela est bien difficile [...]. Je compte que la rédaction première et brute sera terminée avec l'année 1853. J'emploierai l'année 1854 à une révision définitive ; et j'espère, si nul encombre ne survient, pouvoir commencer l'impression avec l'année 1855. Comme notre traité est du mois de mai 1846, le travail aura duré moins de neuf ans ; et je soutiens que c'est une très grande célérité que d'exécuter en ce laps de temps un dictionnaire qui a exigé des recherches très étendues et qui est à peu près le double, en volume, du dictionnaire latin de Quicherat.

Je te porterai quelques pages pour un essai. Mais il est bien entendu que ces pages ne sont qu'une rédaction première et non définitive.

Ton vieil ami.

É. Littré

Aucune de ces dates ne fut tenue. Six ans plus tard, Hachette n'avait encore rien reçu. Il invita Littré au château de Plessis-Piquet, qu'il avait acquis dans la banlieue sud de Paris. Nous ne pouvons, lui dit-il, continuer de la sorte. Littré devait accepter un ou plusieurs associés qui soulageraient le poids d'une aussi lourde tâche. Hachette le pressait de toutes les manières. Il proposa un professeur d'université, inspecteur d'académie, nommé Beaujean. Une rencontre serait organisée entre Beaujean et Littré, et celui-ci verrait que l'homme était d'exceptionnelle qualité.

La passion du travail solitaire

La rencontre eut lieu, mais l'entêtement de Littré était grand. Il consentait à des collaborateurs, mais non point à des associés. Il écrivit :

Mesnil, lundi

Mon cher Hachette,

J'ai, comme tu le penses bien, beaucoup réfléchi à ce dont nous avons parlé à Plessis-Piquet [...]. Or le résultat de toutes mes réflexions a été que le secours que tu mets à ma disposition et dont je te suis très reconnaissant ne peut pas m'être fort utile tel qu'il se présente d'après notre conversation avec M. Beaujean. Il n'a peut-être pas tout le temps nécessaire à me donner ; mais surtout j'ai besoin de quelqu'un qui soit perpétuellement à ma disposition et dont je puisse user sans aucun scrupule pour toute sorte de menus détails. Or, avec la personne que j'ai vue chez toi, je n'aurais ni ces facilités ni cette liberté. Si ce travail lui offrait de l'intérêt en quelques parties, en d'autres ce ne serait qu'affaire de manœuvre.

Je reviens donc à la proposition dont je t'ai parlé. Ma femme et ma fille sont disposées à m'aider en ce travail qui ne leur déplaît pas. Elles pourront me donner chacune deux heures et demie à trois heures, ce qui fera six heures par jour. Cela, je crois, est suffisant. Tu mettrais un millier de francs à ma disposition par an pour le temps que durera l'impression ; et je t'en rendrais compte. Dans tous les cas, si, après essai, la chose n'allait pas, nous serons toujours à temps de recourir à une aide extérieure. [...].

Ton vieil ami.

É. Littré

Hachette revint à la charge :

Sauvé, 23 juillet 1858

Mon cher Littré,

Je reçois ta lettre de lundi que mon fils Alfred m'a fait passer ici et je m'empresse d'y répondre.

Il est possible que la collaboration de Mme Littré et de ta fille te soit fort utile et fort commode pour la préparation de ton manuscrit, mais leur concours sera certainement insuffisant pour le dernier travail de révision et de collation qui doit être fait avant le commencement de l'impression.

[...] C'est donc pour la révision et la collation ci-dessus que nous réservons le concours de M. Beaujean [...].

Je te prie de présenter à Mme Littré et à ta fille toutes mes amitiés et de croire à mon vieil attachement.

L. Hachette

Finalement Littré dut céder. Hachette accepta de payer 1 200 francs pour l'aide de Madame et Mademoiselle Littré. Mais trois collaborateurs, Beaujean, Jullien et Sommer, furent engagés. Littré était bien décidé à les cantonner dans un travail subalterne de vérification du manuscrit, de correction d'épreuves et de recherche de citations extraites d'ouvrages qu'il désignerait lui-même. Il ne voulait pas de coauteur. Il voulait être le bâtisseur unique de ce qui serait la plus grande œuvre de sa vie. Pour son Hippocrate, il n'avait eu besoin de personne, et huit tomes étaient déjà publiés ; une interruption momentanée retardait encore les deux derniers tomes, mais il savait qu'il les achèverait seul, et il savait que le travail solitaire lui convenait. Il avait maintenant une vision si claire de ce que serait son dictionnaire qu'il n'aurait pour rien au monde permis à quiconque de s'en mêler. Il lui fallait seulement travailler un peu plus.

Il travailla un peu plus.

Ce furent des années terribles. Littré n'avait confiance en personne. Chaque fois qu'il doutait d'une citation que d'autres lui avaient fournie, il la vérifiait lui-même à la bibliothèque de l'Institut. Au Mesnil, il avait organisé sa journée avec une rigueur extrême : il se levait à huit heures, attendait au rez-de-chaussée, en rédigeant quelque passage de la préface du dictionnaire, qu'on ait eu le temps de nettoyer sa chambre-bureau, y remontait à neuf heures, descendait déjeuner à midi, retrouvait sa table de travail à treize heures, dînait à dix-huit heures et se remettait aussitôt à la tâche jusqu'à trois heures du matin, égayé, raconte-t-il, par un rossignol qui chantait sa joie de vivre, dans l'allée de tilleuls au bas de sa fenêtre.

Sa fille, ses collaborateurs et lui (auxquels s'étaient joints de leur plein gré un capitaine d'artillerie et un futur membre de l'Académie des Inscriptions et Belles-Lettres, M. Baudry) s'étaient mis en chasse pour lire des centaines de textes classiques. Il s'agissait d'en extraire des exemples illustrant les divers emplois de chaque mot. Il fallait des citations anciennes, tirées d'auteurs du XIe au XVIe siècle, pour l'*histoire* du mot ; des citations classiques, des XVIIe, XVIIIe et éventuellement XIXe siècles pour l'*usage* du mot ; enfin des mots patois et provinciaux, car le lexique des ardoisières d'Anjou, des dentellières d'Alençon ou des marais salants de la côte atlantique ne peut être tout à fait exclus d'un dictionnaire qui se veut historique et de large éclairage. Chaque citation était notée sur un carré de papier portant en tête le mot qu'elle illustrait. Littré avait exigé qu'on inscrivît aussi la référence complète de la phrase choisie, édition, chapitre, page. Un exemple ne prend tout son sens que si l'on sait d'où il provient : il ne suffit pas de le signer Racine, encore faut-il savoir s'il est tiré de *Bérénice* ou des *Plaideurs*. Voilà bien des précisions excessives et inutiles, avait dit Hachette, et de surcroît greniers à fautes ; mais Littré n'avait pas cédé. Un jour, les références de citations de Bossuet étant imparfaitement indiquées sur les fiches, Littré dut parcourir lui-même, pour les compléter, les quarante-deux volumes des œuvres de l'évêque de Meaux.

Chaque collaborateur lui faisait parvenir les fiches des exemples qu'il proposait et Littré les classait dans l'ordre alphabétique des mots pour lesquels ils avaient été choisis : la moisson était si nombreuse qu'il lui fallut trois heures par jour pendant trois mois pour ce seul classement.

Architecture d'une définition

Ensuite, il fallait choisir la juste place de la citation, parmi les diverses acceptions du mot à illustrer. C'était bien plus difficile qu'il ne l'avait pensé. Car le sens d'un mot dépend des mots voisins. C'est ce voisinage, disait Littré, qui fait apparaître que le mot a « des propriétés qu'on n'aurait pas soupçonnées ». Le mot prend une couleur différente selon l'endroit où on l'insère. C'est même ce qui fait de la langue une argile merveilleusement plastique, indéfiniment modelable. Quand Saint-Simon écrit : « La vieille Juisy donna presque tout ce qu'elle avait à la duchesse de Noailles, et fit une *amitié* de 40 000 livres au cardinal d'Estrées », les 40 000 livres transforment l'*amitié* en *amical présent*.

Ainsi, peu à peu, chaque article du dictionnaire prenait forme. On trouvait successivement : des indications phonétiques, les diverses définitions (illustrées par des exemples tirés des bons auteurs des deux ou trois derniers siècles), d'éventuelles remarques sur l'usage du mot, l'historique (avec des citations du xiᵉ au xviᵉ siècle), enfin l'étymologie :

AVENTURIER, -RIÈRE (a-van-tu-rié, riê-r' ; l'*r* ne se lie pas ; au pluriel, l'*s* se lie : les aventuriers et... dites : les a-van-tu-rié-z et...), *s. m.* ‖ 1° Celui qui cherche les aventures et surtout les aventures de guerre, et qui n'a d'attache nulle part. C'était un aventurier qui s'était donné à Nestor, FEN. *Tél.* XVI. Seigneur aventurier, s'il te prend quelque envie De voir ce que n'a vu nul chevalier errant, LA FONT. *Fab.* X, 14. Il tient que les combats sentent l'aventurier, CORN. *Attila*, IV, 1. Celui-ci, qui ne passa que pour un aventurier audacieux, parce qu'il ne réussit pas, VOLT. *Louis XIV, 3.* ‖ 2° Anciennement, ceux qui faisaient la guerre en volontaires et sans recevoir de solde ; et aussi ceux qui se hasardent aventureusement à la guerre. ‖ 3° Certains corsaires des mers de l'Amérique ; on les appelle aussi flibustiers, boucaniers. ‖ Bâtiment marchand qui s'expose sans escorte en temps de guerre. ‖ 4° Familièrement et par dénigrement, un aventurier, une aventurière, celui, celle qui n'a pas de moyens d'existence connus. ‖ *Adj.* Une vie aventurière. Des gens aventuriers et hardis. Le maréchal de Gassion, si aventurier pour les partis et si brusque à les chercher, craignait un engagement entier, ST-ÉVREMOND dans RICHELET. ‖ Fig. Combien de ces mots aventuriers qui paraissent subitement et que bientôt on ne revoit plus, LA BRUY. 5.
    — HIST. xvᵉ s. Au temps où je vous parle, estoit ce pays rempli d'Anglois et de larrons gascons, bretons, allemans et gens aventuriers de toutes nations, FROISSARD, III, 75, Lyon, 1569, in-f°. ‖ xviᵉ s. Adventuriers qui ne vouldroient rien touldre Non plus que loups, à desployée enseigne, Marchant avant, courant par la montaigne, J. MAROT, t. V, p. 24. Des adventuriers hespagnolz et numidiens, AMYOT, *Pélop. et Marcel. comp.* 5.
    — ÉTYM. *Aventure ;* provenç. *aventurier ;* catal. *aventurer ;* espagn. *aventurero ;* portug. *aventureiro ;* ital. *avventuriere.*

Tandis que la rédaction avançait, Littré éprouvait un singulier mélange d'anxiété et de joie. Parviendrait-il jamais à terminer son œuvre ? Le bout du chemin semblait fuir à mesure qu'il progressait. Et puis parviendrait-il à réaliser la structure idéale qu'il avait assignée à son dictionnaire ? Cette structure elle-même, il était contraint de l'affiner, de mois en mois. Il fallait revenir en arrière, copier et recopier indéfiniment pour parfaire les premières définitions. Il n'en finirait jamais. Parfois, montait en lui la tentation d'achever rapidement l'ouvrage en abandonnant son éternel désir de perfection. Mais il s'y refusait. Il serait mort de honte dans cette facilité, de honte vis-à-vis de son éditeur et vis-à-vis de lui-même. Cependant, toutes ces anxiétés se mêlaient à une sorte de jubilation intérieure. Ce serait un dictionnaire d'un modèle tout à fait nouveau. Il y avait eu des dictionnaires du vieux français, mais, dans son dictionnaire, les vieux mots n'étaient pas étudiés pour eux-mêmes, ils servaient à montrer le chemin parcouru, de l'ancienne langue à la langue du jour. Non pas pour le seul plaisir de l'historien. Mais bien parce que l'usage d'un mot n'est tout à fait bon que si l'on connaît sa famille passée, ses ancêtres, ses avatars. Détacher l'usage contemporain de ses origines, c'est arracher la fleur de sa tige. Chaque mot français cache toute une histoire, qui plonge dans le passé et ira sans doute, dans l'avenir, vers de nouvelles métamorphoses. C'est un adulte qu'on ne comprend pas bien si l'on ignore ce qu'il était, enfant. C'est un instant dans une incessante évolution. Une évolution souvent pleine d'imprévu, de charme ou de mystère. Mon dictionnaire, écrit-il dans la préface, sera le premier « qui, avec le présent, embrasse le passé, partout où le passé jette quelque lumière sur le présent ». Dans la longue série des dictionnaires de la langue française, celui-là sera *différent* et mérite quelque fierté. Et puis, à voir s'accumuler ces milliers de carrés de papier couverts de citations, Littré éprouvait une sorte de griserie : il y avait là, réuni pour la première fois, le meilleur de ce que les lettres françaises avaient créé. Le dictionnaire n'était pas seulement la plus ardue, la plus lourde, la plus inquiétante, des tâches ; c'était aussi, secrètement, le jeu le plus envoûtant.

Le manuscrit grossissait à vue d'œil. Il devenait double, triple, peut-être quadruple de la masse initialement prévue. Dans son « Comment j'ai fait mon dictionnaire de la langue française »,

Littré écrira, avec cette sorte de satisfaction mégalomane dont sont capables les modestes, les inquiets, les solitaires, que la copie atteignait 415 636 feuillets et que, si on l'avait imprimée en une seule colonne, cette colonne aurait une longueur de 37 kilomètres, 525 mètres et 28 centimètres. (En réalité, Alain Rey a calculé que Littré s'était trompé dans la place de la virgule : il faudrait lire 3,752 km, ce qui est déjà considérable.)

Et que d'heures de travail derrière cet achèvement ! Apprenant qu'un de ses confrères de l'Institut, Alfred Maury, prépare un dictionnaire de la vieille langue d'oïl, Littré lui écrit une lettre d'encouragement, comme on écrirait à un compagnon de galère :

> « Vous avez mis courageusement la main à l'œuvre. [...]. Il faut lire, lire beaucoup, lire toujours. [...] Il n'y a de salut que dans cette manière de procéder. [...] Il vous est impossible de marcher vite. [...] Faire un dictionnaire est un rude labeur. [...] Beaucoup d'années ont été employées, quelques années sont encore nécessaires. »

Les premiers essais d'impression eurent bientôt lieu. Le travail était si délicat — en raison des nombreux mots de vieux français figurant dans l'historique de chaque article — que les typographes obtinrent la promesse d'une prime pour cette impression-là. La correction des placards ne s'avérait pas moins difficile. Jullien, qui en était chargé, écrivait à Hachette :

> « Deux placards font une demi-feuille : et il me faut quatre heures pour les lire et y faire mes observations. Je me lève à 3 heures et demie ; je m'y mets à 6 heures et c'est tout ce que je peux faire de voir deux placards ou une demi-feuille de 6 à 10 heures où je déjeune. Ainsi comptons huit heures pour la révision d'une feuille. »

Il y avait un premier jeu de placards, puis un deuxième jeu après correction, puis encore un troisième jeu, et il arrivait à Littré de modifier, remanier, allonger encore certains articles sur ces placards, avouant finalement que ces ajouts de dernière heure ne représentaient pas moins de 292 pages supplémentaires.

L'impression définitive ne commença qu'en 1862. Mais bien des événements s'étaient déroulés entre-temps.

Les gardiennes du foyer

Le 18 février 1855, on avait fêté les dix-sept ans de Sophie. Littré aimait beaucoup sa fille. Elle était proche de lui par le cœur, mais il s'attristait qu'elle lui fût si lointaine par l'esprit. Plus d'une fois, en la voyant grandir et s'épanouir, il avait regretté de n'avoir pas en elle une complice dans la grande affaire qui l'occupait, la philosophie positive. Elle en restait à cent lieues. Elle gardait une foi chrétienne sans faiblesse, peut-être secrètement méfiante de toute autre vision du monde. Après tout, il n'avait à s'en prendre qu'à lui-même. Il avait veillé à ce qu'elle reçût une forte instruction classique, mais il n'avait jamais élevé le moindre obstacle à l'influence quotidienne et tacite de sa mère, demeurée aussi profondément, aussi naturellement catholique qu'au premier jour. En ce domaine, il poussait la tolérance jusqu'au refus de dire tout haut ses doutes devant ceux qui ne doutaient pas. Un contemporain de Littré, Edme-Marie Caro, rapporte les propos d'un de ses amis, M. Baudry :

> « Littré avait d'abord l'intention d'exposer à sa fille ses propres convictions lorsqu'elle serait d'âge à les comprendre, et de la mettre alors à même de choisir entre les opinions de son père et celles de sa mère ; mais, le moment arrivé, il recula devant le chagrin qu'il aurait causé à sa femme ; la bonté de son cœur se refusa à une épreuve de ce genre, et, dussent les stoïciens de l'athéisme l'en blâmer, il jugea que cette expérience " ne valait pas les larmes qu'elle aurait fait couler". M. Littré avait au plus haut point la sensibilité de famille. »

Au reste, les deux femmes l'entouraient d'un chaleureux amour admiratif. Elles se dépensaient au service de sa santé, de son bien-être, de sa moindre attente. Elles avaient été fières et heureuses quand il leur avait demandé de l'aider à la préparation du dictionnaire. Elles s'inquiétaient à l'annonce de chaque difficulté, se réjouissaient à l'annonce de chaque victoire. Littré se demanda cependant s'il n'avait pas laissé sa fille trop cloîtrée, entre sa mère et son éducation scolaire. Peut-être devrait-il lui faire connaître des hommes et des femmes qui ne pensaient pas comme elle. Il décida de demander à la comtesse d'Agoult la permission de la lui présenter et de l'emmener avec lui lors de quelques-unes de ses visites.

De la Vie de Jésus à la Divine Comédie

Au cours de cette année 1855, il revint un jour chez lui porteur d'une nouvelle qui les rendit tous trois heureux. Il venait d'être invité à rejoindre le comité de rédaction du *Journal des savants*. C'était une revue très célèbre parce qu'elle était la plus ancienne que la France ait connue dans le genre. Elle avait été fondée en 1665, sous la protection de Colbert. Dissoute en novembre 1792, elle avait reparu sous la Restauration et, depuis lors, était devenue la première revue littéraire de toute l'Europe, écho mensuel de tout ce qui comptait en matière de lettres et de sciences. Littré annonça que, nommé rédacteur de ce journal, il avait l'intention de lui apporter désormais régulièrement une contribution personnelle importante. Et il donna au *Journal des savants*, dans les années suivantes, plus de cinquante articles. C'était le plus souvent des analyses de livres récemment parus : *Des patois, Ethnologie gauloise, Grammaires provençales, L'Église et l'Empire romain* (Le second tiers du quatrième siècle), *Chronique de la Pucelle, Les Moines d'Occident, Hugues Capet, Le Latin mérovingien, Méraugis chevalier de la Table Ronde* et bien d'autres. Mais, à sa manière, il ne parlait chaque fois de l'ouvrage que pour exposer longuement ses réflexions personnelles.

En dehors d'Hippocrate et du dictionnaire, il continuait à écrire abondamment. Dans les cinq années qui suivirent, il fit d'abord paraître une seconde édition de la *Vie de Jésus* de Strauss, dont il avait autrefois assuré la traduction. La première publication lui avait valu, on s'en souvient, quelques déboires. A lui, traducteur, on avait prétendu attribuer les idées de l'auteur. Ce n'était d'ailleurs pas entièrement faux. Mais, cette fois-ci, il tenait à s'en expliquer sans détours. Et il prépara une longue préface, qui n'était autre qu'une nouvelle défense et illustration du positivisme. Après avoir, une fois de plus, glorifié les beautés des religions du passé, loué les vertus civilisatrices et morales du christianisme, affirmé que le progrès humain exige des âmes religieuses, il annonçait que ces âmes vont substituer peu à peu, à l'adoration d'un ciel imaginaire, un attachement non moins ardent à des réalités humaines ; leur ferveur passera au service de la prodigieuse aventure que vivent les hommes passés, présents et à venir : une chaîne humaine qu'il désignait, comme l'avait fait Auguste Comte, sous le nom d'*Humanité*. Une Humanité écrite avec une initiale majuscule.

> « A nous pour qui la source de l'ancien miracle est tarie, et qui ne reconnaissons plus que les merveilles de la raison et de la justice, de l'intelligence et du courage ; à nous qui nous sentons intimement liés à ceux de qui nous descendons et à ceux qui descendront de nous ; à nous qui avons foi dans l'amélioration croissante des sociétés, et voulons que tout concoure à ce but saint et suprême ; à nous, l'Humanité est l'idéal en qui et par qui nous vivons, qui s'enfonce dans l'immensité du passé et de l'avenir, qui assujettit le globe terrestre, amasse et transmet les trésors de savoir et de morale, éclairant et perfectionnant par un héritage éternel les hommes successifs. »

C'est vers la même époque que la veuve de Carrel, l'ancien directeur du *National* qui avait découvert les talents de journaliste de Littré, lui demanda d'aider à la publication des œuvres de son mari. Littré rassembla les documents, trouva un éditeur et rédigea une préface chaleureuse, pour louer le grand courage de cet homme de bien.

Il y avait aussi les textes que Littré écrivait comme pour se divertir, comme pour se prouver à lui-même qu'il ne s'enfermait pas dans quelques tâches spécialisées, comme pour satisfaire une sorte de désir secret d'universalité. Ainsi donna-t-il au *Journal des débats*, en 1857, trois articles sur Dante :

« Dante, écrit-il, est le modèle suprême de la haute poésie du Moyen Âge. Elle est là dans toute sa sévère et subtile beauté. Qui veut la connaître ouvrira la *Divine Comédie*. »

Il se servait de la traduction de Lamennais, parue deux ans plus tôt, mais elle ne le satisfaisait pas. Il le disait avec sa coutumière gentillesse :

« Ce vigoureux esprit que la vieillesse n'avait pas atteint, employa ses derniers jours à méditer sur l'œuvre du poète toscan. Mais la vieillesse avait affaissé son corps ; et je ne puis pas ne pas me représenter, en ce moment même, ce frêle et débile vieillard attaché à la lecture de la *Divine Comédie* jusqu'à ce qu'il eût achevé ce long et difficile travail qu'il ne devait pas lui-même donner à la publicité. Combien de fois, pour me servir de l'expression d'un autre grand poète italien, dut tomber sa main fatiguée ? *Cadde la stanca man*, a dit Manzoni. Combien de fois, en luttant contre son redoutable modèle, a-t-il pu regretter, comme le héros d'Homère, de n'être plus dans la vigueur de l'âge pour mener à terme sa laborieuse entreprise ? Mais combien de fois aussi, sans doute, n'a-t-il pas été ranimé par le souffle inspirateur de son poète, suscité par la contemplation de ses beautés, encouragé par le désir d'en rendre le trait et le dessin ? »

Littré, lui, a une telle connaissance des langues qu'il peut analyser et comparer dans le détail l'italien des vers de Dante, le latin des vers de Virgile à qui Dante le fait penser sans cesse, l'anglais de l'admirable traduction de Byron, enfin les traductions françaises de Lamennais et de Mesnard. Il laisse éclater son admiration enthousiaste pour le style du poète italien. Il avait envie, à son tour, de tenter une traduction en vieux français. Il puisait dans la lecture de Dante un attachement supplémentaire à la civilisation du Moyen Âge : époque méconnue, « époque mystique et merveilleuse », « héritière de la civilisation gréco-romaine » et promesse d'une culture qu'il place à un « rang » supérieur à celle « des civilisations collatérales, par exemple de l'Inde, malgré d'incontestables beautés ». Cette étude sur Dante plut beaucoup à Marie d'Agoult. Elle-même, dans sa jeunesse, avait appris l'italien dans la *Divine Comédie*. Elle avait emporté le livre avec elle pendant ses séjours en Suisse et en Italie, avec Liszt, tant elle aimait le relire. Elle devait faire paraître cinq *Dialogues* sur Dante et Goethe dans la *Revue germanique* et la *Revue moderne* qui lui succéda. Elle eut avec Littré de nombreux entretiens sur Dante, qui leur était aussi cher à l'un qu'à l'autre. Elle cite d'ailleurs les articles de Littré dans le second de ses *Dialogues*. On imagine Littré et la comtesse débattre passionnément de leur passion commune pour le poète florentin, elle admirant et aimant l'étonnante érudition de son interlocuteur, lui à la fois charmé et presque timide, un peu maladroit dans son tête-à-tête avec une femme aussi séduisante, mais la séduisant à son tour par son comportement réservé, bien différent de celui de ses adorateurs habituels tels que Girardin ou Sainte-Beuve.

La mort du maître

Les rencontres entre Littré et Caroline Comte étaient assez fréquentes. Elle ne revoyait plus son mari, mais elle demeurait attentive aux nouvelles qu'elle pouvait en avoir. Clotilde de Vaux, morte depuis dix ans, restait plus vivante que jamais dans les phantasmes d'Auguste Comte : elle était devenue son ange gardien, sa tendre Patronne, sa sainte épouse. Il continuait à clamer un peu partout que Caroline, son épouse devant la loi, n'était qu'une femme indigne, sans esprit et sans cœur. Elle feignait d'ignorer l'injure. Elle voulait apparaître à Littré comme celle qui défend, envers et contre tout, son mari, homme de génie que, par malheur, la folie égarait.

Dans cette année 1857, Littré apprit par elle que Comte était maintenant malade de corps comme d'esprit : il était atteint de jaunisse ; il avait le ventre ballonné, les jambes enflées, des vomissements de sang. Un de ses disciples, le docteur Robinet, le soignait. Littré savait que ce médecin obéissait à une prétendue « pathologie positiviste », selon laquelle toute maladie provient d'un accident cérébral. Sans même voir le malade, Littré jugea qu'il s'agissait peut-être, en réalité, d'un cancer digestif. De toute façon, Comte devait être bien mal soigné, d'autant qu'il était homme à vouloir se soigner lui-même en appliquant des théories personnelles et imaginaires. Il lui aurait fallu un médecin plus sensé que celui auquel il s'était confié. Mais comment persuader Robinet de s'adjoindre un autre praticien ? Littré pensa qu'il fallait user de diplomatie et écrivit la lettre suivante :

> Paris, 31 juillet 1857
> au Docteur Robinet
>
> Monsieur,
> Ayant appris que M. Comte était malade, je suis allé chez lui et j'ai su de sa bonne qu'il avait eu une hématémèse, qui l'avait jeté dans une grande faiblesse. Cet accident, toujours grave ma foi, m'a beaucoup inquiété venant à la suite d'un dérangement prolongé des fonctions digestives. Je sais que vous avez été fort inquiet de votre côté ; et pour des médecins il ne peut y avoir de doute là-dessus. Il ne peut y en avoir, non plus, sur la nécessité de veiller de près à de pareils accidents. Votre dévouement pour le malade, la confiance qu'il a en vous sont connus de tous. Mais vous êtes à quinze lieues de distance. Je n'ai pas besoin de rappeler à un médecin la responsabilité médicale. Tous ceux qui tiennent à M. Comte par des liens divers et qui ne peuvent approcher de lui, verraient avec une bien grande satisfaction que vous usiez de la confiance qu'il a en vous pour mettre auprès de lui un médecin qui vous suppléerait pendant vos absences forcées. Je n'ai pas besoin de m'excuser auprès de vous de l'initiative que je prends ; la situation est sérieuse pour vous comme pour nous.
> Agréez, Monsieur, l'assurance de ma considération.
>
> É. Littré
> P.-S. Je vous serais bien obligé de me donner des nouvelles du malade. Mon adresse est à Mesnil par Maisons-Laffitte, Seine et Oise.

Cette lettre n'eut aucun effet. Bientôt l'état s'aggrava et Comte mourut le 4 septembre.

Quelques fidèles accompagnèrent le cercueil du Grand Prêtre de l'Humanité au cimetière du Père-Lachaise, mais ni Caroline ni

Littré n'allèrent à l'enterrement. On sut que, selon la volonté du défunt, le cortège s'était arrêté devant l'église Saint-Paul, rue Saint-Antoine (cette église, avait écrit Comte dans son testament, où « depuis 1854, je vais, chaque samedi, prier une demi-heure »). Il reposait maintenant avec, serré dans sa main droite, un médaillon contenant des cheveux de Clotilde, son éternelle épouse.

Caroline informa Littré de la vive querelle qui s'était élevée à propos du testament. Auguste Comte laissait sa bibliothèque à ses disciples, et l'argent, les bijoux et le mobilier à la servante dont il avait fait sa « fille », mais qui ne savait toujours pas lire ni écrire. Les exécuteurs testamentaires annoncèrent à Caroline que sa pension continuerait à être versée, à condition qu'elle accepte les autres clauses du testament. Elle voulut voir ce testament. On refusa. Comme elle insistait, on menaça d'ouvrir un pli cacheté où Comte exposait toutes les fautes graves qu'elle avait commises et qui l'avait conduit à la déshériter. Elle répondit qu'on pouvait ouvrir tous les plis cachetés du monde, elle n'avait rien à se reprocher. Le tout finit par un procès que, selon les dires de Littré, Madame Comte gagna. Plus tard, Littré écrira qu'elle fut, en ces circonstances, admirable. Certains biographes de Comte, peut-être impressionnés par les paroles vengeresses qu'il avait prononcées, dénonçant l' « intimité coupable » entre Caroline et Littré, soupçonnent ce dernier d'indulgence et disent de la dame pis que pendre.

En tout cas, Littré fait preuve de grandes bontés pour Caroline. Il dira lui-même les sentiments affectueux qu'elle lui inspirait :

> « Ce fut en 1857, après la mort de M. Comte, que ma liaison avec Mme Comte devint particulièrement étroite. Elle a duré en tout près de trente ans ; et plus elle durait et plus les liens et le commerce se resserraient. »

Sachant Caroline dans la gêne, il n'hésite pas à lancer un appel pour qu'on lui vienne en aide. Il écrit à Marie d'Agoult pour la solliciter :

Le 9 novembre 1858

Madame,

Vous avez fait si bon accueil à mon jeune ami M. de Blignières et à son livre, que je me sens encouragé à vous adresser une requête. Il s'agit de la veuve de M. Comte. A la mort de son mari, cette dame s'est très honorablement conduite. Bien qu'elle eût des reprises à réclamer, elle a fait abandon de tout pour répondre à quelques dettes laissées par son mari ; et ce tout n'y a suffi que tout juste, de sorte qu'elle est démunie sans aucune autre ressource qu'une souscription que j'ai ouverte pour elle et où, naturellement, je me suis inscrit le premier. J'ai pensé en effet que je devais faire tous mes efforts pour que la veuve de M. Comte, celle qui porte son nom, ne tombât pas dans la détresse. Ce n'est pas s'enrôler dans la philosophie positive que de s'associer au secours que nous donnons à Mme Comte ; c'est seulement témoigner qu'il y a des souvenirs pour une grande vie et une grande œuvre. J'ajouterai, tout en craignant de rapprocher des intérêts très inégaux, que je serai, personnellement, bien heureux d'avoir votre appui en cette circonstance, y voyant une marque précieuse de la bienveillance que vous me témoignez depuis plusieurs années.

Agréez, Madame, mes respectueux hommages.

É. Littré

Dès le lendemain, la comtesse fait un don de cent francs, en demandant qu'il reste anonyme. Elle le renouvellera l'année d'après, comme l'atteste la lettre suivante que je transcris presque in extenso pour les informations qu'elle apporte sur le climat qui régnait à la veille du rattachement à la France de la Savoie et de la Nice italiennes.

Nice, 18 novembre 1859

En quittant Paris, Monsieur, j'ai prié ma fille de vous remettre l'humble denier dont je puis disposer pour votre souscription ; elle aura pensé sans doute que vous étiez encore à la campagne, je lui écris pour lui dire que vous êtes de retour.

L'incomparable climat de ces Alpes maritimes, peut-être aussi la vue d'un peuple libre, animé des plus vives espérances, a remis l'équilibre dans ma machine passablement détraquée […].

L'opinion publique en Piémont et dans l'Italie centrale est véritablement admirable par sa constance et son unanimité. Je crois qu'*au fond* les Italiens ont peu d'illusions sur leur *Bienfaiteur* mais ils espèrent dans la concordance momentanée de ses intérêts avec leur droit. Et de fait, malgré les apparences, je crois très fermement que V. Emmanuel finira par l'emporter. L'annexion des duchés et *même de la Toscane* n'a rien qui offusque Bonaparte qui se fera *offrir* en compensation Nice et la Savoie. Déjà l'on travaille les populations en ce sens et il se publie ici un journal fort habilement rédigé qui reçoit de Paris ses instructions. C'est un écho qui renvoie à M. Petétin ses paroles *patriotiques*. Mais le grand événement européen que *tout* prépare (Suez, le Maroc, la Turquie, etc.) c'est la guerre avec l'Angleterre. " Il faut que les Anglais aient leur Waterloo ", écrivait ces jours passés un confident du Maître.

Mais j'abuse de vos moments, Monsieur, et je veux terminer sans plus en me disant

Votre bien affectionnée.

Marie d'Agoult

Littré demande aussi à Prosper Mérimée, qui est alors sénateur et bien en cour, d'intervenir auprès du ministère afin d'obtenir pour Caroline Comte une pension. Mérimée répond :

Château de Compiègne
28 novembre 1859

Mon cher confrère,

[...] Ici, j'ai trouvé M. Rouland, qui m'a dit que l'état de ses fonds ne lui permettait pas encore de faire des pensions nouvelles ; qu'il penserait à Mme Comte dès qu'il aurait de l'argent, et qu'en attendant, il venait de lui accorder un secours de 500 F. Je pense qu'elle en aura déjà reçu l'avis officiel, sinon elle fera bien d'envoyer dans les bureaux pour qu'on expédie l'affaire. Le ministre, d'ailleurs, m'autorise à l'en informer.

Adieu mon cher confrère. Veuillez agréer l'expression de tous mes sentiments dévoués.

Pr. Mérimée

Littré ne se décourage pas. Il écrit à un ministre d'État, le comte Walewski, qui, peu désireux d'intervenir auprès du service des pensions, se borne à envoyer quelque argent.

Et puis Caroline Comte presse Littré d'écrire une biographie de son mari. Nul mieux que Littré ne pourra témoigner du génie d'Auguste Comte. Il est le seul à pouvoir faire comprendre la grandeur de son œuvre. Le seul aussi à pouvoir dire la vérité sur la vie du grand homme, l'entière vérité. L'ombre autant que la lumière. Littré se fait prier. Il a déjà trop de travail. Au reste, il vient de publier un petit livre de vulgarisation d'une centaine de pages, *Paroles de philosophie positive*, et il espère bien avoir contribué de cette façon à éclairer le meilleur de la philosophie d'Auguste Comte. Il a placé en épigraphe une des pensées du *Cours de philosophie positive* :

« Dans les douloureuses collisions que nous prépare nécessairement l'anarchie actuelle, les philosophes qui les auront prévues seront déjà préparés à y faire convenablement ressortir les grandes leçons sociales qu'elles doivent offrir à tous. »

Mais Caroline insiste. C'est toute la vie du grand homme telle que Littré et elle-même la connaissent, qu'il s'agit de raconter. Littré résiste encore, puis finit par se laisser fléchir. Il essaiera d'amputer de quelques heures le travail quotidien du dictionnaire, pour écrire un *Auguste Comte et la philosophie positive*.

Études sur les Barbares

Auparavant, il doit répondre à d'autres sollicitations pressantes. Victor Duruy, ministre de l'Instruction publique, propose de créer pour lui une chaire d'histoire de la médecine au Collège de France : comme en d'autres occasions semblables, il est sensible à l'honneur qui lui est ainsi fait, mais craint de se mettre une nouvelle corde au cou ; il refuse le poste et le fait attribuer à son ami Daremberg.

Il doit en hâte corriger les épreuves du dernier des dix volumes de sa traduction d'Hippocrate, qu'il a la joie de voir paraître enfin en 1861. La même année, il passe un accord avec la Librairie académique Didier pour que soient réunis en un livre quelque vingt-cinq articles déjà publiés dans le *Journal des savants*, le *National*, le *Journal des débats*, la *Revue des Deux-Mondes* ou l'*Histoire littéraire de la France*.

Ces vingt-cinq articles n'avaient pas été choisis au hasard. Ils formaient un ensemble, propre à démontrer une idée qui s'était installée en lui aux jours lointains où il lisait le *Cours de philosophie positive*, une idée qui demeurait tout aussi vivace aujourd'hui : l'histoire des peuples n'est pas une succession d'événements fortuits, elle obéit à une suite logique, une cohérence interne, dont il s'agit de découvrir les ressorts cachés. Et voici la démonstration : le césarisme provoque la décadence de l'Empire romain (et derrière sa hargne contre César écrasant la République, il dessine, sans s'en cacher, sa hargne contre Napoléon) ; puis vient l'empire barbare (il nomme ainsi « toute la période où les Germains s'établirent en Gaule, en Italie et en Espagne, et où toutes les nations latines obéirent à des chefs barbares »), qui paraît effacer toute trace de la magnifique civilisation gréco-romaine ; enfin le Moyen Âge et la Renaissance, renouant avec la civilisation antique. Or l'hiatus n'est qu'apparent. Littré aperçoit le lien que dissimule la longue période barbare : ce lien n'est autre que l'avènement de la chrétienté, infiltrant peu à peu l'empire barbare de sa pensée morale et civilisatrice. Et le livre s'appellera *Études sur les Barbares et le Moyen Âge*. Littré se montre le grand défenseur du Moyen Âge, souche fertile et trop ignorée de la civilisation occidentale moderne, cette civilisation qu'il juge supérieure à toute autre. Il n'est pas encore débarrassé de l'idée de progrès permanent, si chère à Comte. Les déboires de la première moitié du xixe siècle ne sont qu'épisodes. Avec un recul suffisant, la marche vers un monde meilleur se découvre. Et il y a continuité, filiation, entre la République romaine encore imparfaite et les espoirs qu'on peut attendre de la république de demain.

Dans l'introduction aux *Études sur les Barbares*, on peut lire quelques phrases plaidant pour une Europe unie :

« Vraiment le césarisme moderne se fait tort en se mettant sous la recommandation du césarisme ancien ; et la situation le force à mieux valoir. En effet une science qui croît incessamment ; une raison publique qui se perfectionne par la science ; une politique sur laquelle cette raison gagne graduellement de l'ascendant ; une démocratie puissante ayant des idées et des intérêts qui sont sa vie ; *une Angleterre, une France, une Italie, une Allemagne, une Espagne, en un mot une Europe où tout se supplée et se balance*[1] ; voilà ce qui manquait au monde romain, et voilà ce qui pousse le monde moderne dans une même voie. »

Ceux qui savent aujourd'hui que l'Europe n'a de choix qu'entre l'union et le déclin seront sans doute surpris de découvrir que la même pensée était déjà claire dans l'esprit d'hommes comme Littré, il y a un siècle et demi.

---

1. On a voulu souligner ici cette phrase de Littré, mais elle n'est pas en caractères italiques dans le texte original.

Chapitre X

AVERTISSEMENT A LA JEUNESSE
ET AUX PÈRES DE FAMILLE

L'année 1862 fut presque totalement dédiée à la langue française. Littré vivait parmi les mots et ne pensait qu'à eux. Il avait découvert à la bibliothèque de l'Institut une source extraordinaire d'exemples pour son dictionnaire : cent cinquante recueils manuscrits où le libraire philologue et poète Charles de Pougens avait compilé, durant toute sa vie, des milliers de citations. Cette même année, l'éditeur Didier avait proposé de réunir divers articles de Littré consacrés à la langue d'oïl et au français ancien, sous la forme de deux volumes qu'on intitulerait *Histoire de la langue française*. Littré avait accepté et il en corrigeait maintenant les épreuves, avec le regret d'avoir donné son accord à un titre trop ambitieux pour un recueil d'articles disparates. Il est vrai que l'amour de Littré pour ces langages désuets et disparus éclatait à chaque page. De cette disparition était née, par des chemins logiques ou des chemins inattendus, la langue d'aujourd'hui. Cette naissance, d'autres l'avaient déjà étudiée, commentée, célébrée. Mais nul ne l'avait célébrée comme lui. Il avait donné à cette histoire tant d'éclat qu'elle ressemblait à une épopée. Et maintenant, il voulait que cela se sache. Le temps de la réserve et de l'inhibition était loin. Il avait cru qu'en toutes choses il serait un bon soldat plutôt qu'un grand capitaine. Mais ce qu'il avait fait, ce qu'il allait faire pour la langue française était d'un capitaine. Il voulait que cela fût reconnu. La crainte des consécrations officielles et l'horreur de l'esbroufe ne l'avaient pas abandonné. Mais un changement se préparait. La gloire, secrètement, le tentait.

Il travaillait d'arrache-pied au dictionnaire. Louis Hachette le pressait sans cesse. Il voulait voir les premiers fascicules paraître en février de l'année suivante. Et Littré était le premier à désirer qu'il n'y eût pas le moindre retard. Au printemps, il repartit au Mesnil, dont il avait fini par faire son quartier général. Il y trouvait la paix, que la rue de l'Ouest ne connaissait pas. Dans la petite maison campagnarde s'entassaient peu à peu les caisses de bois doublées de zinc où s'accumulaient les fiches. Pauline et Sophie l'aidaient. Il terminerait à temps. Au Mesnil, il se sentait protégé du monde, alors qu'à Paris il était sans défense : on ne pouvait fermer la porte aux amis. Certes, les séjours parisiens restaient nécessaires, quand ce ne serait que pour garder la liaison avec les collaborateurs du dictionnaire, Beaujean, Jullien et Sommer. Mais, à Paris, il ne pouvait empêcher Caroline Comte de le harceler, depuis qu'il avait commis l'imprudence, l'année précédente, de lui promettre d'écrire une vie d'Auguste Comte.

La vieille dame du quai Conti

On commençait à parler du dictionnaire de Littré avant même sa parution. Barthélemy Saint-Hilaire, Sainte-Beuve, et même des inconnus suivaient la longue gestation. Michelet, qui ne connaissait guère Littré, mais qui était son voisin rue de l'Ouest, lui écrivit en novembre pour dire son admiration devant l'œuvre qui se préparait :

> Monsieur et cher Confrère,
> Je ne puis vous dire la grande impression que j'ai du colossal monument que vous élevez, de la solidité de ses assises, de cette méthode admirable empruntée aux sciences naturelles. Je suis heureux de votre gloire.
> Croyez à mes sentiments très affectueux.
>
> J. Michelet

Alors Littré, l'homme qui se croyait de faible ambition en matière de dignités, qui avait toujours méprisé les honneurs, qui avait refusé des postes de ministre et des chaires de faculté, pense pour la première fois à ce que nombre d'écrivains croient être l'honneur suprême : entrer à l'Académie française.

A la vérité, il est déjà membre de nombreuses académies et sociétés, membre de l'Institut, membre de l'Académie de médecine, membre de la Société de biologie et de diverses compagnies étrangères. Mais l'Académie française, c'est autre chose. Et, pour un amoureux de la langue française, pour l'homme qui connaît mieux que quiconque les anciennes langues de France, pour le créateur d'un grand dictionnaire sur le point de paraître, ce n'est pas une ambition déraisonnable. Littré sait que plusieurs académiciens lui portent une vive estime. Comme beaucoup de membres de cette compagnie, ils ont aux lèvres, à toute rencontre, le vous-devriez-venir-parmi-nous, le nous-avons-besoin-de-vous. Le duc de Broglie, Sainte-Beuve, et M. Thiers l'encouragent. Une place va être vacante, celle de l'astronome Jean-Baptiste Biot, qui vient de mourir et dont Littré avait suivi les cours autrefois. Victor Hugo, en exil à Guernesey, lui a écrit le 26 février :

Hauteville House

Mon honorable et cher confrère,

Quoique les absents aient tort, surtout à l'Académie, vous avez la bonne grâce de vous souvenir de moi qui n'ai plus de vote et qui ne suis qu'une espèce d'académicien *in partibus fidelium.* Je vous remercie de votre lettre et de vos envois. Tout en réservant quelques petites divergences d'opinion sur des points de détail, je suis avec un intérêt profond vos excellents travaux.

Les préoccupations et les influences contraires au mouvement du siècle s'usent dans un temps donné, et j'espère que l'Académie française finira par s'étonner de laisser en dehors d'elle, dans notre époque, tant d'écrivains distingués, parmi lesquels, Monsieur, vous tenez un si noble rang.

Les hommes tels que vous seraient, à bien des points de vue, utiles à l'Académie. Être, sous le régime que la France traverse en ce moment, une réunion d'esprits et d'intelligences restée presque libre, c'est un privilège qui confère une haute fonction et impose un grand devoir ; les hommes tels que vous aideraient, certes, l'Académie à remplir cette fonction et ce devoir.

Recevez, mon cher et honorable confrère, l'expression de ma vive cordialité.

Victor Hugo

La seule raison d'hésiter à poser sa candidature est un point du règlement, qui exige, si on est élu, que l'on soit présenté au chef de l'État — cet empereur que Littré déteste — et que l'on reçoive son agrément. Mais Paris vaut bien une messe et la reconnaissance académique vaut bien une visite protocolaire, où rien n'empêche de demeurer muet et glacé. Ses amis insistent. Dès la vacance proclamée, il envoie sa lettre de candidature.

Monseigneur Dupanloup

Ce fut un beau remue-ménage. En février, tous les académiciens reçurent les trois premiers fascicules du dictionnaire fraîchement imprimé. Dans le courrier qui suivit, Littré trouva la lettre que voici :

Évêché d'Orléans   Paris, 10 avril 1863

Monsieur,

Je dois une réponse à la lettre que vous avez bien voulu m'écrire pour m'annoncer votre candidature à l'Académie française. Vous m'avez envoyé une partie de vos livres et je rends bien volontiers hommage au travail et à l'érudition dont ils témoignent. Mais j'ai lu aussi tous les autres, et c'est précisément dans ceux-ci que j'ai eu la douleur de trouver les plus grandes raisons non seulement pour ne pas appuyer votre candidature, mais pour la combattre autant que je le pourrai. Je veux vous en prévenir loyalement, parce que votre caractère le mérite et parce que le mien l'exige.

Veuillez agréer, monsieur, l'assurance de mon respect.

Félix, Évêque d'Orléans

Monseigneur Félix Dupanloup, de l'Académie française, était à cette époque un prélat de grand prestige et de grande influence. On le tenait pour le chef de l'opposition catholique dite *libérale* à Napoléon III et il était l'auteur de pamphlets politiques mordants. Mais ce catholique n'avait de libéral que l'étiquette politique ; il n'admettait guère la liberté de conscience et vouait une haine féroce à tout ce qui pouvait porter atteinte au dogme dont il était le défenseur. Il avait déjà eu maille à partir avec Renan qui, après avoir été son brillant élève au petit séminaire de Saint-Nicolas-du-Chardonnet, avait renié avec éclat tout ce qu'il avait appris. Ancien précepteur religieux du fils de Louis-Philippe, ancien grand prédicateur de Notre-Dame, militant de l'enseignement libre (il avait participé à la préparation de la loi Falloux qui permettait à chaque prêtre de devenir professeur du secondaire sans aucune des qualifications qu'on exigeait des laïcs), célèbre auteur d'une conversion impossible, celle de Talleyrand sur son lit de mort, l'évêque se sentait responsable de la tenue spirituelle de l'Académie.

Monseigneur Dupanloup part donc en campagne. Il réunit quelques amis appartenant à son groupe de *catholiques libéraux*, pour demander conseil. Comment empêcher la scandaleuse entrée à l'Académie d'un homme qui a passé sa vie à semer le doute sur l'existence de Dieu ? L'évêque propose d'écrire un libelle qui, pour ne pas prendre la forme d'une attaque personnelle contre Littré, étendrait le propos à Renan, Taine et l'historien Maury. On l'appellerait *Avertissement à la jeunesse et aux pères de famille sur les attaques dirigées contre la Religion par quelques écrivains de nos jours*. Le publiciste Augustin Cochin et l'avocat Pierre-Antoine Berryer suggèrent de ne publier ce pamphlet qu'après l'élection. Mais d'autres sont d'un avis contraire. Victor Cousin énonce douze raisons en faveur d'une publication rapide, avant l'élection. Et les imprimeurs, faisant diligence, réussissent à faire paraître l'*Avertissement* à temps pour qu'il soit envoyé à tous les académiciens quatre jours avant le vote.

On y lit que les quatre auteurs désignés ont des devoirs à la hauteur de leur renom et de leur influence. Il leur appartient de déclarer sans ambage leur foi en Dieu, ou, dans le cas contraire, d'accepter qu'on leur attribue les « noms flétris de matérialistes et d'athées ». Dieu est absent dans le système d'éducation qu'a proposé Littré et celui-ci aggrave son cas en refusant l'épithète d'athée, tout en ignorant le Créateur. En outre, l'évêque rappelle que Littré a introduit en France le livre scandaleux de l'Allemand David Friedrich Strauss, la *Vie de Jésus*. Ce livre affreux fait du Christ un mythe. Et qu'on ne dise pas que Littré n'adhère pas aux théories de Strauss : dans une seconde édition récemment publiée, il a ajouté une préface où son infamie se démasque. D'ailleurs, tous ses livres suent la mauvaise parole. Il a réussi à transformer un dictionnaire de médecine en une œuvre de désagrégation morale : celui de Nysten, œuvre éminemment spiritualiste, passe entre les mains de Littré après la mort de l'auteur, et l'on voit aussitôt le cerveau prendre la place de l'âme, l'homme devenir animal mammifère, et l'orang-outang plus intelligent qu'un natif de Tasmanie. En guise de conclusion, Monseigneur Dupanloup proclame sa grande pitié pour les positivistes égarés et pour leurs jeunes lecteurs sans défense. Il donnerait volontiers sa vie, écrit-il, pour que ces hommes aveugles reviennent à la lumière.

Tout en préparant cette jolie diatribe, Monseigneur Dupanloup tentait de rallier à sa cause d'autres académiciens. Il écrivit à Thiers une série de lettres. Il ne défendait pas, disait-il, la religion, mais bien l'Académie, en même temps que l'esprit de tolérance car introduire Littré au sein de la Compagnie c'était introduire l'intolérance. Thiers fit mine d'ignorer la lettre. Dupanloup écrivit à nouveau. Thiers finit par répondre que, s'il reconnaissait les sottises du positivisme, il n'en voterait pas moins pour Littré, car « faire un dictionnaire et n'avoir pas M. Littré avec soi, ce serait un non-sens ». On avait, entre-temps, suscité une autre candidature pour l'opposer à celle de Littré, en la personne d'un homme assez terne mais tout à fait rassurant, Louis Martien, comte de Carné, bon catholique et ancien ministre des Affaires étrangères de Louis-Philippe. L'élection eut lieu le 23 avril 1863. Aux deux premiers tours, aucun des deux candidats n'obtint la majorité absolue requise. Au troisième tour, Littré eut douze voix. Quatre bulletins blancs authentifiés par une croix furent déposés dans l'urne. Le comte de Carné recueillit dix-huit voix et, à son propre étonnement, fut élu.

Le lendemain, Monseigneur Dupanloup écrivit à Littré :

> « Je suis triste, Monsieur, en pensant à vous et en me disant qu'il m'a fallu combattre un homme dont les qualités méritent un hommage, blesser un homme que je voulais toucher, augmenter l'affliction de ceux qui vous aiment [...] Laissez-moi vous serrer la main. »

On raconte que Littré déclara à ses intimes :

> « L'évêque d'Orléans a fait ce qu'il a cru être son devoir. Ses convictions ne sont pas les miennes, mais je n'ai rien à lui répondre parce que je ne puis rien lui démontrer. »

Mais, si Littré cachait sa déception sous une apparente indifférence, ses amis, les journaux, les conversations mondaines se déchaînaient. Sainte-Beuve annonça qu'il démissionnait de la Commission du dictionnaire de l'Académie, parce que le vrai dictionnaire se faisait ailleurs :

> « Hélas ! il était écrit [...] que jamais aucun auteur — j'entends aucun auteur sérieux — de dictionnaire ne ferait partie de l'Académie française. Elle a autrefois chassé Furetière pour avoir osé entreprendre une telle rivalité, elle n'a pas voulu du savant Ménage, qui était également coupable du même délit. Elle vient de repousser M. Littré. »

Le même Sainte-Beuve consacra une série d'articles très élogieux à Littré, dans ses fameux *Lundis*, et accepta qu'Hachette réunisse ensuite ces articles en un petit volume. Dès le lendemain du vote, *Le Temps* avait publié un texte signé Nefftzer (le fondateur de la *Revue germanique*), glorifiant l'exceptionnelle valeur de l'œuvre de Littré, que l'Académie s'était donné le ridicule de repousser. Les journaux satiriques du moment et les caricaturistes s'en donnèrent à cœur joie et, plus tard, dans les biographies caustiques du *Trombinoscope* que publiait Léon-

Charles Bienvenu sous le pseudonyme de Touchatout, on pouvait lire :

> « En 1863, la réputation de M. Littré était immense ; il ne lui manquait plus qu'une chose pour la compléter ; cette chose lui arriva : il fut refusé à l'Académie. »

Biographe d'Auguste Comte

Pendant ce temps, Littré travaillait. Il avait signé pour le dictionnaire un nouveau contrat, dans lequel Hachette, avec une générosité qui ne se démentait pas, augmentait les droits d'auteur à 5 000 francs par mille exemplaires. Le même Hachette acceptait de publier la biographie d'Auguste Comte, que Littré avait entreprise sur l'insistance opiniâtre de Caroline Comte et qu'il avait maintenant presque terminée. Littré avait écrit à Hachette, le 2 février, une lettre qui contenait ce passage :

> « Tout en faisant le dictionnaire sans relâche et sans repos, je n'ai pu me défendre de plonger de temps en temps dans la philosophie. De ces moments dérobés depuis deux ans il est résulté une *Vie d'Auguste Comte* (tu sais que je suis disciple de la philosophie positive, dont il est le créateur) qui est bientôt prête pour l'impression. Ce sera un volume de 5 à 600 pages, je me suis décidé à le faire imprimer à mes frais. Mais je voudrais qu'une fois imprimé tu le prisses en commission ; je le désire et pour l'ouvrage, qui profitera des avantages de ta maison, et pour moi, qui de cette façon ai le plus de chances de rentrer dans mon argent. »

Louis Hachette, avec la même générosité, répond qu'il ne laissera pas Littré débourser les frais d'impression de ce nouvel ouvrage et qu'il les prendra à sa charge. Le contrat est signé le 6 juin 1863 et l'ouvrage paraît à la fin de la même année, sous le titre *Auguste Comte et la philosophie positive*. Le livre montre avec éclat l'honnêteté, la sincérité, la loyauté d'Émile Littré, il en est émouvant. Les deux premières parties racontent dans le détail la vie de Comte et la naissance de la philosophie positive, laissant transparaître une admiration fervente et presque naïve pour l'homme comme pour l'œuvre. La troisième et dernière partie expose le temps de la séparation : Comte s'égare et Littré ne peut le suivre dans ses égarements. La critique est ferme et sans complaisance. Littré cite des faits et des textes. Il dit son total désaccord. Mais il ne hausse jamais le ton, il ne laisse apparaître aucune amertume. On croirait lire une analyse impassible et presque tendre, le rapport détaillé d'un cas clinique : Littré raconte l'histoire d'un génie, qui créa le plus important des mouvements philosophiques du siècle, mais qui laissa, sur le tard, dévier sa belle pensée du droit chemin. Autant Comte avait été bassement injurieux pour Littré et ceux qui le suivaient, autant Littré garde intacte sa gratitude pour celui qui l'avait initié à une certaine idée de la condition humaine.

Cependant, les fascicules du dictionnaire continuent à paraître régulièrement. Le quatrième fascicule est mis en vente avant l'été 1863. En août, Littré prend avec sa femme et sa fille quelques vacances en Bretagne. Il écrit à Hachette : « Je me repose, je me promène, je me baigne. » Le 8 du même mois, paraît le cinquième fascicule. Deux autres fascicules du dictionnaire sortiront avant la fin de l'année.

Mort d'un ami

L'*Auguste Comte* est rapidement épuisé et on le réimprime en 1864. Comme ce second tirage se vend mal, Littré propose de nouveau, avec sa probité rigoureuse, de participer aux dépenses de l'éditeur :

> « Puisque cette édition est une mauvaise affaire, il me semble juste que j'en prenne ma part et que je rembourse une partie des frais qu'elle a exigés. »

La maison Hachette refuse. Et pourtant elle vient de subir la perte la plus cruelle. Louis Hachette est mort. Le 23 juin 1864, il a été frappé à sa table de travail d'une attaque d'apoplexie. Il s'est éteint le 31 juillet.

La consternation et la peine de Littré furent profondes. Il n'avait pas seulement une dette immense de gratitude pour celui qui avait tant fait pour son œuvre. Louis Hachette, c'était aussi son adolescence, mille souvenirs communs, une irremplaçable amitié. Une fois de plus, il rencontrait la mort interrompant avant l'heure, comme au hasard, un de ces liens précieux qui sont les étais de l'existence. L'absurdité de cette disparition le faisait souffrir autant que l'idée de ne plus revoir son ami. A sa manière habituelle, il exprimait sa douleur avec pudeur, écrivant simplement :

> « Qu'aurais-je fait sans un éditeur si ami, si dévoué, si constant, si résolu contre les hasards et les difficultés ? »

Hachette disparaissait au moment même où Littré, persuadé d'avoir enfin achevé l'ouvrage depuis si longtemps attendu, croyait pouvoir inscrire sur un ultime feuillet :

> « Aujourd'hui, j'ai fini mon dictionnaire. »

Il se trompait. Il n'en avait pas terminé avec l'énorme machine. Pendant des années, il allait encore affiner, châtier, compléter, polir le manuscrit, dont le dernier fascicule ne paraîtrait que huit ans plus tard.

La tentation poétique

C'est cette même année que Littré publia un poème sur le mystère de notre destinée : il l'intitula *La Terre*, avec, en épigraphe, la pensée de Pascal : « Le silence éternel de ces espaces infinis m'effraie. » Voici deux des treize strophes qui composent le poème :

> Ô terre, mon pays, monde parmi les mondes
> Où mènes-tu tes champs, tes rochers et tes ondes,

Tes bêtes, leurs forêts, tes hommes, leurs cités !
Où vas-tu, déroulant ton orbite rapide
    Sans repos, dans le vide
    De cieux illimités ;

Où vas-tu ? je ne sais. Qui le sait ? les durées
Et les champs inconnus des célestes contrées
Cachent-ils des périls pour les mondes flottants ?
Le chemin est bien long, la route bien obscure
    Chanceuse est l'aventure
    Dans l'espace et le temps.

Littré aimait ainsi, de temps en temps, s'essayer dans le poème. Amoureux d'Homère, de Virgile et de la poésie française médiévale, traducteur de Schiller et de Dante, admirateur de Racine, Corneille, Shakespeare, Byron, il avait publié ce qu'il nommait des « morceaux en vers » : *La Lumière, Les Étoiles, Les Lits d'hôpital, Réminiscence, La Vieillesse*. Les échantillons qui suivent dénoncent sa maladresse, son romantisme, son cœur pur et candide.

Rayons que nous envoie une nuit étoilée,
Venus de cieux en cieux jusqu'en notre vallée,
    Que nous apportez-vous ?

Vous n'avez point de voix, seuls messagers des mondes,
Et poursuivant en paix vos courses vagabondes,
    Vous passez devant nous.

                              (*Ode à la lumière*, 1824)

Il est je ne sais quoi de pur et de sublime
    Dans ces froides clartés
Qui traversent là-haut les déserts de l'abîme
    Où nous sommes portés ;

Dans ces froides clartés tranquilles et lointaines,
    Dont se pare la nuit,
Et qui tombent vers nous du fond des longues plaines
    Sans repos et sans bruit.

Oh ! quel charme parfois de contempler ce monde,
    Ce ciel illimité,

Si clair, sans autre voile en sa splendeur profonde
    Que son immensité !

Extase d'un moment où l'esprit fuit la terre
    Pour les rives des cieux,
Et croit voir de plus près ces îles de lumières
    Au cours silencieux.

(Les Étoiles, 1825)

J'aimai, dès que je fus à moi, j'aimai toujours
La lampe vigilante et la nuit travailleuse.
Pourquoi donc, ici même, interrompant leur cours,
Laisser à la pensée une place rêveuse ?
Il est tard dans la vie ; il est tard dans la nuit ;
Mais dirai-je à l'esprit qui passe et de son aile
M'effleure doucement à l'heure solennelle :
Non, non, je ne veux plus rêver, quand tout s'enfuit,
Et la nuit, et la vie, et le charme infidèle.

(Réminiscence, 1859)

Ces timides incursions en poésie n'étaient peut-être que le reflet de son éternel désir d'essayer de tout. Il avait été médecin, journaliste, philosophe, historien, philologue, lexicographe, vulgarisateur des sciences, politologue. Pourquoi ne pas goûter aussi de la poésie ? Mais dans ce domaine de l'impossible, je ne suis pas sûr qu'il était à son aise. En tout cas, il ne semble guère avoir écrit, dans sa longue existence, plus d'une demi-douzaine de pièces en vers. Il revenait toujours à ses autres passions.

Grégoire Wyrouboff

Littré avait fait la connaissance d'un jeune homme russe, ardent positiviste, qui était venu s'installer à Paris en 1864. Ce Grégoire Wyrouboff, né à Moscou en 1842, avait passé une partie de son enfance en Italie et en France, avant d'être admis aux études supérieures que dispensait le lycée Alexandre de Saint-Pétersbourg, où l'on enseignait à la fois les sciences, les lettres et le droit. Il avait ensuite hanté l'École de médecine de Moscou et parcouru les universités allemandes. Cette culture multiforme avait séduit Littré, émerveillé qu'un jeune homme de moins de vingt-cinq ans eût déjà séjourné en de nombreux pays, alors que lui, à près de soixante-dix ans, ne connaissait même pas les provinces françaises, hors quelques petites villes de Bretagne et de Normandie. Et puis, les convictions positivistes de Wyrouboff, qui lui venaient de son professeur de lettres françaises à Saint-Pétersbourg, enchantaient Littré. Elles avaient déjà valu au jeune Russe quelques démêlés violents avec l'abbé Moigno et l'Église russe de Paris. Wyrouboff avait dû subir une kyrielle d'arguments prolixes et d'épithètes injurieuses. Maîtrisant parfaitement la langue française comme beaucoup de Russes de l'époque, il avait écrit un livre vengeur sous le titre *La Science vis-à-vis de la religion*.

En 1866, Stuart Mill publia sa grande étude critique de la philosophie d'Auguste Comte. Tout en louant l'auteur, il lui faisait maints reproches : il soutenait que le mode positif de pensée n'interdisait nullement à la croyance de spéculer sur les causes premières et les causes finales ; la philosophie positive avait manqué à la fois sa sociologie, par oubli de l'économie politique, et la psychologie, par réduction à la physiologie du cerveau. Wyrouboff rencontra Littré et tous deux préparèrent des contre-attaques, qu'ils réunirent en 1867 dans un ouvrage intitulé *Auguste Comte et Stuart Mill*. L'intransigeance de Wyrouboff, dans sa réfutation des arguments de Stuart Mill, était plus ardente encore que celle de Littré.

Cette même année 1867, tous deux décidèrent de fonder une nouvelle revue, qui paraîtrait tous les deux mois et se nommerait *La Philosophie positive*. Les collaborateurs s'y pressèrent : Charles Robin, Clémence Royer, Hippolyte Stupuy, Antonin Dubost et bien d'autres. La diversité des articles montrait que, pour les fondateurs, la philosophie positive n'était pas un thème de journal, mais bien plutôt une façon de regarder le monde, toutes les faces du monde. C'est dans un des premiers numéros que Littré publia un travail de trente-quatre pages consacré à un des sujets les plus brûlants que soulève le positivisme : l'homme jouit-il encore de quelque liberté, d'un « libre arbitre », si toutes ses pensées, toutes ses humeurs, tout son comportement ne sont que l'expression des mécanismes d'un de ses organes, le cerveau ? Et si le libre arbitre n'est qu'une illusion, les valeurs morales ont-elles encore quelque sens ? Que reste-t-il de la responsabilité de chacun ?

La liberté en question

Du libre arbitre parut dans le numéro de septembre 1868 de la nouvelle revue. Toute la question, affirme Littré, est de savoir à quoi obéit ce que nous appelons notre « volonté » :

> « A quoi obéit-elle donc ? à l'instinct, au désir, à la raison. Je n'ai pas besoin de remarquer que l'instinct et le désir sont involontaires ; mais, à un autre point de vue, la raison n'est pas plus volontaire. En effet, la raison ou jugement est la fonction par laquelle les cellules cérébrales, ayant élaboré les impressions en idées, les combinent suivant des rapports qu'on nomme logiques, et qui sont l'expression fonctionnelle des propriétés des cellules. Tout est donc réglé ; rien n'est volontaire. On dira que, maintes fois, l'arrêt rendu par la raison est cassé par l'instinct et le désir ; sans doute, mais maintes fois aussi, l'impulsion de l'instinct et du désir est réfrénée par la raison. C'est le conflit des motifs ; le plus fort, variable suivant l'individu, suivant l'éducation, suivant les antécédents, l'emporte et ne laisse pas de place au libre arbitre. »

Voilà donc le libre arbitre mis à mort. Notre apparente volonté, notre liberté dans la décision, ne sont que sentiments illusoires. Nous croyons à notre pouvoir de choisir, à une certaine marge d'acceptation ou de refus, d'admiration ou de mépris, de dire blanc ou de dire noir, d'agir bien ou d'agir mal. Chimère ! Nous ne sommes rien que des pantins dont nos fonctions cérébrales agitent les ficelles. Cependant, Littré, attaché plus que quiconque aux valeurs morales, aperçoit aussitôt que la mort du libre arbitre pourrait bien mettre à mal le droit de juger les hommes et de les tenir pour responsables de leurs actions. Et les deux dernières parties de sa longue étude ont pour titres *La Moralité* et *La Responsabilité*.

« L'opinion commune est qu'il n'y a pas de moralité, s'il n'y a pas de libre arbitre, c'est-à-dire si, sollicité de commettre une mauvaise action, je ne suis pas également libre d'obéir ou de résister à la sollicitation. [...]
[Mais] la moralité est une beauté. Et la beauté, est-elle moins belle, moins admirée, moins aimée, parce qu'elle est un pur cadeau de la nature, et non le produit d'un effort de la volonté sur elle-même ? N'en est-il pas de même du génie, qui, sous la forme de poésie et de Beaux-Arts, orne si splendidement notre vie, et qui, sous la forme de vérité et de science, lui donne tant de pouvoir et tant d'élévation ? Le génie, comme la beauté, naît des obscures combinaisons de la substance vivante, sans que l'individu favorisé ait autre titre que cette faveur même. [...]
Voici ce qui arriva ; de même que le premier mobile à la science fut l'assentiment involontaire donné à ce qui est vrai, de même le premier mobile à la moralité fut l'amour involontaire donné à ce qui est bon. Là fut le motif permanent qui engagea l'humanité dans un travail de perfectionnement, et ne lui laissa jamais le choix de tourner au mal. Si elle avait eu le choix, qui sait si elle n'aurait pas mal choisi ? »

La moralité ainsi sauvée des eaux, reste la responsabilité. A-t-on encore le droit de punir si nos actes ne sont pas libres ? Sans aucun doute, déclare en substance Littré. En punissant ou en récompensant, la société ne fait qu'affirmer ce qui est bien et ce qui est mal, elle n'a nul besoin de savoir si la volonté est intervenue en faveur de l'action bonne ou de l'action mauvaise, elle punit et elle récompense pour indiquer le mauvais et le bon chemin ; de même elle a raison de demander réparation des dommages commis en se fondant sur le seul sentiment de justice. Ce faisant, elle œuvre pour « libérer ses membres de la faute et du mal moral, et les avancer vers le bien ». Après *La moralité*, voilà la responsabilité rescapée. Mais non pas une responsabilité à la manière chrétienne (« Le paradis et l'enfer, écrit Littré, sont en contradiction avec les conditions de la nature humaine »), plutôt une responsabilité utilitaire, dont la société use pour déclarer la guerre au mal et diminuer le taux d'immoralité.

Si Littré a raison, si nous ne sommes pas maîtres de nos actes, si notre responsabilité se réduit au droit à la punition ou à la récompense selon que notre cerveau nous impose de penser et d'agir à l'encontre ou à l'appui d'un ordre moral, supposé universel, nous ne pouvons que nous incliner devant ce destin morose. L'interprétation de Littré le laisse apparemment tout à fait serein. J'avoue qu'elle me semble, au contraire, désolante. La perte de toute illusion sur la liberté de notre pensée serait une privation si grave que l'argumentation littréenne mérite une réflexion critique attentive.

Pendant plus de deux mille ans, le débat est resté débat de philosophes. Aujourd'hui, le biologiste peut verser au dossier des données nouvelles, que Littré ne pouvait prévoir. Les unes l'auraient fortifié dans son opinion, les autres l'auraient peut-être fait changer d'avis.

Ce qui appuie la thèse de Littré, c'est la certitude que notre humeur, et partant notre comportement, est l'esclave de nombreuses influences chimiques s'exerçant sur, ou dans, notre cerveau. Les enképhalines et les endomorphines, que forme l'organisme et qui se fixent sur des « récepteurs » spéciaux de notre cerveau, atténuent l'angoisse, affaiblissent l'émotivité, modifient la mémoire et peuvent affecter notre conduite. Un nombre croissant de substances chimiques sont découvertes, qui circulent dans nos veines ou sont formées sur place et qui possèdent une action régulatrice sur les dispositions de notre esprit, nos pulsions sexuelles, notre appétit, notre comportement. Nul ne doute qu'un strict déterminisme préside aux variations de ces médiateurs chimiques et de leurs « récepteurs » dans le cerveau. Les progrès de nos connaissances sur la régulation des fonctions cérébrales suggèrent donc l'image d'une pensée prisonnière de phénomènes physico-chimiques parfaitement déterminés. Littré aurait triomphé à voir ainsi l'hypothèse du « libre arbitre » reculer sous les assauts incessants de la neurobiologie.

Mais, s'il vivait encore, les médecins pourraient aussi raconter à Littré l'histoire de certaines lésions cérébrales analysées par

François Lhermitte. Celui-ci a observé soixante-quinze malades souffrant de ce qu'il nomme un *comportement d'imitation* : tous les gestes que fait le médecin, assis en face du malade, sont aussitôt répétés par ce dernier ; le médecin penche la tête, tapote son genou, fait le salut militaire, se passe un peigne dans les cheveux, mordille un morceau de papier : sans tarder, le malade fait de même. Et quand on lui demande pourquoi il imite ces gestes, il répond simplement que, si le médecin a exécuté ces gestes, c'était *évidemment* pour qu'il les imitât. Chez trente-cinq de ces malades, apparaît aussi un *comportement d'utilisation* : il suffit de présenter des objets au patient pour qu'il les utilise ; si c'est une brosse à cheveux, il se coiffe ; un urinal, il urine ; un lit ouvert, il se dévêt et s'y glisse ; une seringue et son aiguille, il invite le médecin à subir une injection intramusculaire ; un verre d'eau, il boit et, même déclarant qu'il n'a pas soif, vide à nouveau le verre chaque fois qu'on le remplit. L'interroge-t-on sur les raisons de son comportement ? Si ces objets se trouvaient là, c'était bien pour qu'il les utilise. Les gestes restent donc volontaires, mais ces hommes et ces femmes agissent comme s'ils n'avaient plus leur liberté normale de décision, comme s'ils obéissaient passivement à ce que suggèrent les images qu'ils perçoivent, comme s'ils avaient perdu leur autonomie, leur indépendance vis-à-vis des conditions où ils sont placés. Et pourtant, l'intelligence paraît intacte, la pensée consciente et réfléchie reste à un haut niveau, seule est altérée la liberté de décision, la volonté personnelle d'accepter ou de refuser la sollicitation extérieure. Or, chez tous ces malades, existait une lésion du cerveau localisée dans une zone particulière du lobe frontal. L'explication proposée est que, chez l'homme sain, le lobe frontal du cerveau inhibe le lobe pariétal, l'empêche de provoquer des réponses impulsives aux sollicitations extérieures.

On serait tenté de dire que cette région du lobe frontal crée ainsi la liberté des gestes et décisions ; qu'elle ouvre la porte d'une volonté libre. François Lhermitte conclut prudemment :

> « La seule assertion possible est que l'intégrité de cette zone du lobe frontal, lésée chez ces malades, est nécessaire pour que soit préservée l'autonomie du sujet. [...] Prétendre qu'un individu est

libre de choisir son comportement serait ignorer le fait que sa personnalité dépend d'une longue série de facteurs génétiques et environnementaux, qui font de lui ce qu'il est. [...] Cependant les activités complexes du cerveau laissent place à une marge d'indétermination. [...] De nombreuses études physiologiques et pathologiques ont révélé que l'activation des structures neuronales peut être de type probabiliste. Indétermination et probabilité sont deux sources possibles d'une marge de liberté dans le comportement humain. »

Les données médicales actuelles apportent donc au moins la preuve que certaines structures du cerveau humain assurent l' « autonomie » de décision. De l'autonomie au libre arbitre, il est difficile de mesurer la distance. Il n'est pas moins difficile de savoir ce qu'avec sa probité intellectuelle constante, Littré en aurait pensé. Mais une autre façon de poser la question aurait également pu lui être soumise.

Monsieur Littré, aurait-on pu lui dire, relisez les milliers de textes qui, de saint Thomas d'Aquin à Fichte en passant par Bossuet (que vous citez si souvent), ont avancé sur le libre arbitre divers jugements. Or, *tous* tirent leurs affirmations d'arguments subjectifs. Et vous qui avez marqué une telle crainte des prises de position subjectives, vous qui ne prenez au sérieux que ce qui vous paraît objectif, n'êtes-vous pas, pour une fois, tombé dans le piège que vous dénoncez ? N'avez-vous pas tué la liberté de décision à coup de certitudes intimes plutôt que d'expériences ou observations, de la même manière que ceux qui croient à ladite liberté ne font que traduire un sentiment intérieur (Valéry écrit : « Un homme est libre quand il se sent libre ») ? Ne seriez-vous pas séduit, en cette matière, par la recherche de faits objectifs, analysés sans a priori ?

Il s'agit de savoir si nous avons quelque liberté de décision « dans les choses où il n'y a aucune raison qui nous penche d'un côté plutôt que de l'autre », selon une expression tirée du *Traité du libre arbitre*, car la question ne se pose guère quand il y a toutes les raisons de décider blanc et aucune de décider noir (encore qu'on puisse voir des objecteurs de bon sens prendre plaisir au choix déraisonnable). Si, dans la situation où se balancent à peu près les motifs de prendre tel parti plutôt que tel autre, nous pouvons librement choisir, cette incertitude sur la décision que nous prendrons doit se traduire, pour un observateur objectif, par *l'impossibilité de prévoir cette décision*. Or, sur quoi pourra se fonder cet observateur pour prévoir notre décision ? A l'évidence, sur notre passé, notre naturel, nos tendances, notre caractère. Notre choix trahira la conjonction des mille facettes de notre personnalité, construite à la fois par des dispositions innées et par toutes les aventures et influences innombrables que nous avons rencontrées au cours de notre vie — toutes choses à ce point multiples qu'elles ne sauraient toutes être analysées et pesées. Il s'ensuit que l'observateur objectif ne pourra jamais prévoir avec certitude notre résolution, dans les cas où il n'aperçoit aucune raison immédiate forçant notre choix. Cela n'affirme notre liberté que dans la mesure où l'on accepte le mariage entre imprévisibilité et liberté, alors que ce mariage n'est qu'une tentative pour sortir de l'ornière un débat jusqu'à présent purement subjectif. Au reste, même si on acceptait de définir notre liberté comme l'incertitude de nos décisions lorsqu'aucun motif ne nous les impose, cela ne ferait que repousser le problème : il resterait que la décision n'exprime sans doute rien d'autre que notre personnalité, à partir des millions d'influences, innées et acquises, qui l'ont formée, et peut-être aussi de l'humeur du moment.

Cette réflexion n'est pas simple jeu dialectique. Je ne la mène que pour une certaine perspective vers laquelle elle conduit. On peut se demander si, en maints domaines, la liberté ne naît pas du *nombre*. L'imprévisibilité, en tout cas, apparaît dès qu'un nombre infiniment grand d'influences intervient. Plus un objet est complexe, plus ses propriétés deviennent difficiles à prévoir : connaître ses éléments ne suffit plus. A l'échelle de l'infiniment petit, un homme est composé d'atomes, mais ce qu'on sait sur l'atome ne suffira jamais à prédire comment fonctionne un cœur, un rein ou un cerveau. Chaque fois que l'observateur change d'échelle dans son observation, il voit apparaître, non la contradiction, mais l'imprévu. A mesure que la complexité croît et que se multiplient les influences, un certain degré d'aléatoire, ou, si l'on préfère, de liberté, se fait jour. Et faut-il rappeler que, même si notre cerveau est l'instrument de nos choix, ce cerveau contient quelque cent mille milliards de synapses et que, selon Herrick, pour la seule dizaine de milliards de neurones qui forment l'écorce cérébrale, le nombre de combinaisons possibles entre neurones s'écrirait avec plus de deux millions et demi de zéros.

Littré avait, plus que tout autre, l'ardent désir d'une vue unique et rassemblée sur tous les aspects du monde. Or, comme je l'ai rappelé précédemment dans ce livre, la science — en laquelle Littré mettait tant de confiance — fournit aujourd'hui toutes les preuves possibles que, selon le regard porté sur un même objet (la méthode employée pour l'étudier), l'image que nous en avons peut être différente, la réalité que nous lui attribuons peut n'être pas la même. Quelque insatiable que soit notre désir de simplification, il nous faut accepter l'idée inconfortable que des *césures* peuvent séparer des reflets distincts de l'objet examiné, selon notre mode d'examen, aucun de ces reflets n'étant plus « vrai » que l'autre.

Peut-être Littré aurait-il consenti, de nos jours, à revoir ses affirmations sur le libre arbitre à la lumière de ces remarques. Peut-être aurait-il accepté que, suivant le regard qu'on porte sur notre liberté de décision, la conclusion diffère. Sous le regard du neurobiologiste, nous sommes enchaînés, nous nous déterminons selon les processus physico-chimiques de notre cerveau. Sous le regard du psychologue, nous sommes libres, ou plus exactement nous conservons une marge de libre arbitre, dans laquelle pourra se mouvoir ce que nous convenons d'appeler notre volonté.

Littré publia maintes autres études dans *La Philosophie positive*. Il traita, dans cette revue, de la méthode en psychologie, du diagnostic médical rétrospectif appliqué à des cas historiques, des rapports de la sociologie et de la biologie, des origines de la morale, de l'histoire de la civilisation anglaise, d'Aristophane et Rabelais, de Gil Blas et l'archevêque de Grenade, de l'usage des maladies et de beaucoup d'autres sujets. Mais, à partir de 1869, bien des articles portèrent sur des problèmes politiques : *Du suffrage universel en France, Des prochaines élections, Socialisme, Le plébiscite*, etc. tels sont quelques-uns des titres choisis. L'ancien étudiant en médecine, qui n'était même pas médecin, l'ancien journaliste longtemps employé à des tâches obscures, avait gravi peu à peu les degrés de la renommée et de l'influence. Et il allait bientôt se voir confier, responsabilité suprême, des fonctions politiques dans les affaires de la France.

Chapitre XI

LA TROISIÈME RÉPUBLIQUE

Littré n'avait jamais accepté le nouveau régime impérial sous lequel vivait la France depuis 1852. Et son hostilité contre Napoléon III et l'impératrice Eugénie ne faisait que croître à mesure des années. Comment oublier que le despote régnant aux Tuileries était un parjure, qui s'était fait nommé empereur après avoir prêté serment de rester fidèle à la République? Comment oublier qu'il avait obtenu le plébiscite de près de neuf millions de Français en proclamant « L'empire, c'est la paix », et qu'il avait depuis lors entraîné la France dans trois guerres meurtrières : la guerre de Crimée, victoire du choléra plutôt que de la France, la campagne d'Italie, interrompue par une paix boiteuse, l'expédition mexicaine, misérablement terminée? Sans compter les expéditions douteuses de Chine et de Cochinchine. Littré ne comprenait pas qu'un homme comme Sainte-Beuve demeurât bonapartiste. Comment peut-on soutenir un régime qui, en politique étrangère, ne cesse de se montrer incohérent et, en politique intérieure, musèle les libertés ?

Les archives de l'Institut de France détiennent une lettre inédite de Littré qui révèle, à la fois, la sympathie qu'il portait aux prisonniers politiques du moment et la générosité dont il faisait preuve.

L'enveloppe :

M. Pélerin
Détenu politique
à Sainte-Pélagie
Paris

La lettre :

Ménil, le 30 juin 1869

Monsieur,
Je vous demande bien pardon de mon long silence ; mais il a été involontaire. Je suis depuis plusieurs jours malade, et tout ce que j'avais à faire a langui.
Je suis très sensible à la sympathie que vous témoignez pour nos doctrines. Nous avons besoin de pareilles sympathies. Je vois que vous avez un travail prêt. Comme je ne suis pas encore en état d'aller à Paris, envoyez-le, si cela vous arrange, à M. Wyrouboff, qui dirige avec moi la Revue. M. Wyrouboff demeure rue des Beaux-Arts n° 5 ; il le lira, me le communiquera, et nous vous rendrons réponse.
Six mois de captivité, c'est bien long. Croyez que je serais très heureux si je pouvais adoucir votre captivité en liant avec vous des relations de philosophie et de travail.

É. Littré

On raconte qu'il détestait tant Napoléon III qu'il refusa de visiter la Grande Exposition universelle dans la crainte de rencontrer du regard le buste de l'empereur.

Retraite bretonne

Le 19 juillet 1870, Napoléon III déclare la guerre à la Prusse. Il est sûr d'entrer en Allemagne en vainqueur, il y est conduit prisonnier. Le régime s'effondre. Le 4 septembre, la foule fait irruption à l'Assemblée, la République est proclamée.
Littré comprend très vite que les Allemands vont s'avancer vers Paris. Il imagine la horde prussienne passant par Mesnil-le-Roi, pillant tout au passage, brûlant sa maison et détruisant en

quelques instants les huit caisses où sont enfermés les feuillets manuscrits du dictionnaire : vingt ans d'efforts. Il fait transporter le tout à Paris et l'entrepose dans les caves de son éditeur. Puis, avec sa femme et sa fille, il part se réfugier en Bretagne. Si Paris doit endurer un siège, trois bouches inutiles sont de trop : inutiles puisqu'il a, hélas, passé l'âge de servir dans la Garde nationale.

En Bretagne, il se dirige vers Saint-Brieuc. Il loge d'abord chez un habitant de la petite commune de Pléneuf. Bientôt il s'impatiente de son inactivité alors que la France est en danger. Il écrit à Gambetta, ce jeune ministre du nouveau gouvernement qui avait mené avec Jules Favre le mouvement insurrectionnel du 4 septembre et proclamé la République à l'Hôtel de Ville.

16 septembre 1870

Monsieur le Ministre,

J'ai soixante-dix ans ; toute ma vie s'est passée dans les occupations scientifiques et littéraires ; je ne suis donc pas bon à grand'chose au milieu des circonstances présentes. Toutefois l'extrémité des périls me fait passer sur le sentiment de mon inutilité. S'il était un office, quelque humble qu'il fût, qu'il y eût intérêt à confier, pour le temps du danger, à un vieillard, je m'en chargerais avec dévouement.

Agréez, Monsieur le Ministre, l'assurance de ma haute considération.

É. Littré
de l'Institut

Mon adresse est : M. Littré, chez M. Dault, à Macampagne, près Pléneuf, Côtes-du-Nord.

P.-S. J'écris simultanément à Paris et à Tours.

Littré envoie aussi la lettre à Tours, parce que le gouvernement a, par prudence, placé là une antenne, que rejoindra d'ailleurs Gambetta s'échappant de Paris en ballon le 7 octobre.

Peu après, les Littré sont hébergés par un médecin de Saint-Brieuc, le docteur Fortmorel. L'accueil est chaleureux, mais Littré n'est pas homme à supporter aisément l'oisiveté forcée. Il s'ennuie :

« Que les journées étaient longues ! On soupirait anxieusement après le journal de chaque jour [...]. On recevait par ballons quelques lettres qui nous informaient de nos amis, de Paris, de ses souffrances et de la généreuse endurance des Parisiens [...]. Pour tuer le temps qui me tuait, je mis à contribution la bibliothèque de M. le docteur Fortmorel, et je recueillis quelques provisions pour mon dictionnaire. »

De Paris, les nouvelles sont mauvaises. Le 19 septembre, les Allemands ont totalement investi la capitale. Ravitaillement coupé, on mange du chien, du rat, du chat et jusqu'aux animaux du Jardin d'acclimatation. Les files d'attente s'allongent devant les magasins d'alimentation. Toutes les tentatives de sortie des assiégés échouent. Thiers voyage à travers les capitales européennes pour tenter d'obtenir des Anglais, des Autrichiens, des Russes, qu'ils interviennent pour soutenir la France et obtenir la paix. Le 25 octobre, Littré reçoit la réponse de Gambetta.

République Française
Liberté, Égalité, Fraternité
Gouvernement de la Défense nationale

Tours, le 25 octobre 1870

Cher et vénéré Concitoyen,

J'ai reçu la lettre si digne de vous et de notre cause que vous m'avez fait l'honneur de m'écrire. Je vous prie de mettre sur le compte des occupations qui m'ont pris tout mon temps depuis mon arrivée à Tours, le retard tout involontaire que j'ai mis à vous répondre [...]. L'offre que vous me faites est une preuve nouvelle de votre dévouement que l'âge ne saurait attiédir.

C'est un honneur auquel je suis plus sensible que je ne pourrai le dire que d'avoir à profiter du concours et de l'expérience d'un homme tel que vous, et puisque vous êtes loin de nous, veuillez ne nous ménager ni vos réflexions, ni vos conseils.

Si vous aviez en vue quelque situation, quelque poste où vous croiriez pouvoir venir en aide, faites-le moi savoir, et aussitôt il sera fait selon vos désirs.

Veuillez agréer, mon cher et vénéré Maître et concitoyen, l'expression de mes affectueux respects.

Léon Gambetta

Professeur malgré lui

Quelques semaines plus tard, Gambetta, devenu à la fois ministre de l'Intérieur et de la Guerre, propose à Littré de donner un cours d'histoire à l'École polytechnique transférée à Bordeaux. Littré ne refuse pas, tout en faisant remarquer qu'il n'a aucune des qualités oratoires nécessaires à un professeur. Le 11 janvier suivant, Littré reçoit le télégramme que voici :

Dépêche télégraphique
Bordeaux le 11 janvier 1871 4 h 48 m^{tes} du soir
Intérieur et Guerre
à M. Émile Littré, membre institut
à St-Brieuc

Je vous remercie mon cher et illustre Concitoyen d'avoir accepté l'offre que je vous ai faite. Je vous prie de vous rendre à Bordeaux le plus promptement possible, les objections que vous faites valoir dans votre lettre ne sont pas insurmontables et les élèves attendent avec impatience votre enseignement si autorisé.

Léon Gambetta

Aussitôt Littré se prépare à partir pour Bordeaux. Il y arrive avant la fin du mois et, le 1er février, il donne son premier cours aux polytechniciens.

Ceux-ci voient arriver un homme maigre, mal habillé, face boudeuse, chevelure en broussaille, bouche proéminente, bésicles de fer ; mais derrière les lunettes, une douceur des yeux, un regard presque naïf, une sorte de timidité dans le maintien. Dès les premiers mots, il annonce qu'il n'a jamais professé, jamais songé à être professeur, qu'il est incapable d'improviser et qu'il est contraint de lire le texte qu'il a préparé : « Vous serez privé de l'intérêt et du charme qui s'attachent au langage d'un professeur parlant d'abondance et suivant parmi ses auditeurs l'effet de sa parole. »

Il va tenter de démontrer que l'histoire est une science. Raconter l'histoire est insuffisant. Derrière la longue série cahotante des épisodes successifs se cache une marche constante vers le progrès. « L'histoire est soustraite au hasard. » Ce qu'il faut chercher, c'est la filiation des événements. Et Littré se lance dans une leçon d'histoire générale du monde, où les hommes, les faits, les civilisations sont classés, hiérarchisés, comme les étages d'un château de cartes. Tout en bas de l'échelle, il place les misérables sauvages de la Nouvelle-Hollande ; un peu au-dessus les tribus des Peaux-Rouges d'Amérique ; déjà plus développées les peuplades nègres d'Afrique ; un bon point de plus pour les Indiens, Chinois, Tartares et Japonais ; au second rang les nations musulmanes ; enfin au plus haut niveau de développement les peuples d'Europe et leurs enfants lointains d'Amérique et d'Australie. La supériorité de cette civilisation occidentale est telle, dans la pensée de Littré, qu'il en affirme la pérennité. Il retrouve dans la chronologie des sociétés humaines des étapes semblables, qui vont du plus fruste au plus évolué. Certaines filiations sont privilégiées, ainsi celle qui aboutit à la suprématie européenne en partant d'Égypte pour passer ensuite par Athènes, Rome et le Moyen Âge chrétien.

La naïveté n'est pas seulement dans le regard, elle est dans la simplicité du schéma proposé. Il le regrettera plus tard. Mais Littré est encore, à cette période, tout imprégné de comtisme. Le repentir n'est pas encore venu.

Le cours de Littré aux polytechniciens fut accueilli avec politesse. Mais il n'eut pas de lendemain. La guerre continuait. Et les élèves demandèrent tous à être mobilisés. On estima leur requête justifiée et on accepta. Littré était venu à Bordeaux pour une seule leçon.

Mais des événements tout à fait imprévus allaient le retenir sur place pour un autre office.

Turbulences girondines

Au moment même où Littré était arrivé à Bordeaux, Jules Favre et Bismarck se rencontraient pour discuter d'une paix possible. Ils ne purent convenir que d'un court armistice, le temps pour la France d'élire une *Assemblée nationale*, qui aurait mission de décider si, oui ou non, le pays acceptait de signer la paix telle que Bismarck la voulait : paix draconienne, rançonnant la France en territoire et en argent. Dès la semaine qui suivit, les élections furent organisées à la hâte. Le peuple désigna des hommes qui n'avaient jamais songé à se déclarer candidats. On alla jusqu'à voter pour des étrangers qui avaient combattu pour la France, tel le célèbre patriote italien Garibaldi. Certains représentants furent élus à la fois dans plusieurs régions : Thiers dans vingt-six départements, Gambetta dans dix.

Dans la Seine, les élections eurent lieu le 8 février. Un des élus fut fort surpris de l'être. Il avait pourtant recueilli plus de quatre-vingt mille voix. C'était Littré. Son nom voisinait, sur la liste, avec ceux de Victor Hugo, Barthélemy Saint-Hilaire, Clemenceau, Gambetta, Jules Ferry, Jules Grévy, Jules Favre, Ledru-Rollin, Thiers et autres illustres personnages.

Quatre jours plus tard, l'Assemblée se réunit dans le grand théâtre de Bordeaux, hâtivement aménagé pour la circonstance. Littré s'assit dans les rangs de la gauche, mais non loin du centre (Il devait écrire un jour : « Le centre de gravité de l'opinion française est à gauche du centre. »). Cependant les élus de droite étaient les plus nombreux. Littré reconnut Monseigneur Dupanloup, le duc de Broglie, le père Gratry et bien d'autres députés royalistes.

> « Au premier abord, écrira Littré, on put croire tout désespéré pour la république. Une majorité monarchique énorme vint à Bordeaux ; et il sembla qu'un monarque n'eut qu'à se baisser pour prendre la couronne. La république, il est vrai, occupait la place ; toutefois, née dans un jour d'émeute, elle n'était en possession que d'un titre provisoire qu'aucun vote légal n'avait encore sanctionné. On pouvait l'écarter comme un simple accident, et se débarrasser de cette intruse, dont les attaches étaient sans solidité et dont le suffrage universel, à l'instant même, tenait bien peu de compte. »

Dès la première séance, le débat fut houleux. Le doyen d'âge qui présidait cette séance lut une lettre de Garibaldi :

Citoyen président de l'Assemblée nationale,
Comme un dernier devoir rendu à la cause de la République
française, je suis venu lui porter mon vote, que je dépose entre
vos mains.
Je renonce au mandat de député dont j'ai été honoré par divers
départements.
Je vous salue.

Bordeaux, le 13 février 1871
G. Garibaldi

Le vieux patriote italien demande alors la parole, sans doute
pour commenter sa lettre. Mais des cris fusent de la droite. Il a
démissionné, il n'a plus droit de s'exprimer ici. D'autres protes-
tent. L'agitation est à son comble. Le président fait évacuer les
tribunes. Dès ces premières heures, Littré sait qu'il s'habituera
mal à cette atmosphère surchauffée et vociférante.

Les séances suivantes ne sont pas moins fiévreuses. Les échos
s'en répandent au-dehors et le peuple de Bordeaux vient huer
l'Assemblée. Le président est contraint de recourir à la force
armée pour disperser les manifestants. Dans la salle, s'opposent
ceux qui veulent continuer la guerre et ceux qui réclament la paix.
Thiers, élu chef du pouvoir exécutif, apparaît bientôt comme un
habile orateur. Il s'effraie de la sourde bataille qui, de séance en
séance, met aux prises monarchistes et républicains, et s'efforce
de l'apaiser :

« Ah ! Sans doute, lorsque nous aurons rendu à notre pays les
services pressants que je viens d'énumérer ; quand nous aurons
relevé du sol où il gît le noble blessé qu'on appelle la France ;
quand nous aurons fermé ses plaies, ranimé ses forces, nous le
rendrons à lui-même, et, rétabli alors, ayant recouvré la liberté de
ses esprits, il verra comment il veut vivre. »

Il y a longtemps que Littré admire Thiers. Il l'avait connu
d'abord au *National* : Thiers était un des fondateurs du journal.
Puis, Littré avait trouvé en lui l'un de ses défenseurs les plus
ardents lors de sa candidature malheureuse à l'Académie. Sous

Napoléon III, Thiers n'avait cessé de se battre pour défendre les libertés menacées. En juillet 1870, il avait tenté de s'opposer à la guerre. Dans cette Assemblée fébrile et inquiétante, Littré mettait en lui beaucoup d'espoir.

La séance du 1er mars consterna Littré. La veille on avait donné lecture des propositions de paix, qui enlevaient à la France l'Alsace et la Lorraine. Comme la commission chargée d'en faire rapport concluait à l'unanimité à l'adoption du projet, un député de la Moselle cria de son banc :

> « Ce traité constitue une des plus grandes iniquités que l'histoire des peuples et les annales diplomatiques auront à enregistrer. Un seul homme, je le déclare tout haut, un seul homme devrait le signer : cet homme, c'est Napoléon III.
> — Oui ! Oui ! crie-t-on de toutes parts.
> — Napoléon III n'aurait jamais signé un traité honteux, clame une voix à droite. »

Alors cinq ou six bonapartistes commencent à défendre l'Empereur. Littré n'en croit pas ses oreilles. La gauche réclame de l'Assemblée qu'elle confirme la déchéance de Napoléon III. La foule, dans les tribunes, hurle : « Déchéance ! Déchéance ! » Le tumulte est tel que le président se couvre, interrompant la séance pendant une demi-heure. On vote enfin une motion déclarant Napoléon III « responsable de la ruine, de l'invasion et du démembrement de la France » et déchu, lui et sa dynastie. Littré, d'ordinaire taciturne, crie avec les autres et applaudit.

Dans la même séance on vote sur les propositions de paix : 546 parlementaires les ratifient, 107 les repoussent. En vain la poursuite de la guerre a-t-elle été ardemment défendue par Victor Hugo, Louis Blanc, les députés d'Alsace et de Lorraine. L'un de ceux-ci, après le vote, s'élance à la tribune et dit :

> « Vos frères d'Alsace et de Lorraine, séparés en ce moment de la famille commune, conserveront à la France, absente de leurs foyers, une affection filiale jusqu'au jour où elle reviendra y prendre sa place. »

Un souffle de revanche naît dans la salle. Et Hugo prononce des paroles qui émeuvent le patriotisme silencieux de Littré :

« Dès demain, la France n'aura plus qu'une pensée : se recueil-lir ; se reposer dans la rêverie redoutable du désespoir ; reprendre des forces ; élever ses enfants ; nourrir de saintes colères ces petits qui deviendront grands ; forger des canons et former des citoyens ; créer une armée qui soit un peuple ; appeler la science au secours de la guerre ; étudier le procédé prussien, comme Rome a étudié le procédé punique ; se fortifier, s'affermir, se régénérer, redevenir la grande France. »

Victor Hugo n'a pas fini d'étonner Littré. Un peu plus tard, comme on continuait à vérifier l'élection de chaque député, on en arrive au nom de Garibaldi. Alors, Victor Hugo se dresse et déclare qu'il faut refuser la démission d'un homme aussi valeu-reux. Des cris s'élèvent. On entend le vicomte de Lorgeril, mauvais barde de Basse-Bretagne, traiter Hugo de « comparse de mélodrame » et ajouter : « L'Assemblée refuse la parole à Victor Hugo parce qu'il ne parle pas français. » Le tumulte atteint son comble. La droite couvre de ses hurlements ce que Hugo tente de dire. Il finit par s'écrier : « Vous refusez de m'entendre. Cela me suffit. Je vous quitte. » Et, saisissant la plume d'un sténographe de séance, il griffonne à l'intention du président :

Il y a trois semaines, l'Assemblée a refusé d'entendre Gari-baldi. Elle refuse de m'entendre.
Je donne ma démission.

Victor Hugo

Littré ne le verra plus. Il apprendra seulement, trois jours plus tard, le drame qui frappe le poète : la mort soudaine de son fils Charles, qu'on a trouvé, couvert de sang et ne respirant plus, dans le fiacre qui le menait au Café de Bordeaux.

L'incendie

Plus les mois passent, plus Littré se lasse des joutes dérisoires et malfaisantes qu'offre le spectacle de l'Assemblée. Bien qu'il demeure assidu aux séances, il ne peut s'empêcher de penser à son dictionnaire qui, depuis le 1er août de l'année précédente, l'attend dans les caves de la maison Hachette. Il a hâte de revenir dans la région parisienne et se réjouit, le 10 mars, quand l'Assemblée, sur l'insistance de Thiers, décide d'aller siéger à Versailles. Le 3 mars, les Allemands ont enfin évacué Paris. Il va pouvoir renouer avec ce qu'il aime, définir des mots et raconter leurs aventures.

Mais Paris a bien changé. Dans chaque arrondissement se sont constitués, pendant le siège, des comités de vigilance. Les 380 000 hommes de la Garde nationale sont maintenant dirigés par un Comité central, composé de délégués ouvriers. Beaucoup d'entre eux appartiennent à l'Association internationale des travailleurs, inspirée par Karl Marx et Proudhon. Le 22 janvier, les Gardes nationaux ont manifesté devant l'Hôtel de Ville pour réclamer la poursuite de la guerre. L'entrée des Prussiens dans Paris, le 27 février, a été ressentie comme un soufflet déshonorant. Thiers a ordonné de nombreuses arrestations et s'est adressé au peuple dans deux proclamations ; il menace de recourir à la force si l'agitation continue. Dans la nuit du 17 au 18 mars, il donne au général Lecomte l'ordre de reprendre les canons que la Garde nationale a accumulés sur la butte Montmartre. Mais les soldats fraternisent avec la foule, refusent de tirer et, le soir même, le général Lecomte est fusillé, rue des Rosiers. Le Comité central s'érige en gouvernement de Paris. Dès la première séance de l'Assemblée nationale à Versailles, Littré se joint à la majorité pour condamner ce « gouvernement de factieux ». L'Assemblée appelle la population parisienne à se grouper autour d'elle, contre les « criminels », les « insensés » qui déshonorent la capitale. Mais, le 26 mars, Paris élit ses représentants. Le 28, les élus proclament solennellement la Commune. Paris est désormais en guerre avec Versailles.

Le 21 mai, les troupes versaillaises entrent dans Paris. La semaine sanglante commence. Les communards dressent des barricades un peu partout. Ils mettent la ville à feu et à sang. Alors la répression est terrible, les Versaillais fusillent les prisonniers sans les juger, une exécution collective a lieu le long des murs du Père-Lachaise. Plus de 20 000 communards sont tués, 35 000 jetés en prison, 7 500 condamnés à la déportation en Nouvelle-Calédonie.

Littré apprend que son logement de la rue de l'Ouest a été partiellement brûlé par les insurgés. Beaucoup plus tard, quand l'amnistie aura permis aux déportés de Nouvelle-Calédonie de revenir en France, Littré racontera :

« J'avais alors en effet, rue de l'Ouest, aujourd'hui rue d'Assas, un très petit et très incommode logement, mais très bon marché, comme mon mince revenu le voulait [...]. Les gens de la Commune l'occupèrent en mai 1871 pendant trois jours. Des fenêtres ils firent feu sur les Versaillais, qui pénétraient ; puis, quand, tournés là comme ailleurs, ils prirent la fuite, ils eurent soin de ne pas s'en aller sans allumer l'incendie au rez-de-chaussée. La maison flamba ; mais la troupe, arrivant, se rendit maîtresse de l'embrasement, ainsi que dans la maison en face où logeait M. Michelet, heureusement absent, et que les incendiaires n'oublièrent pas. J'avoue que, sur le moment, j'eus une vive reconnaissance aux soldats de Versailles d'avoir sauvé mon chétif mobilier, mes livres, mes papiers, mes notes et quelques chers souvenirs. Mais il paraît qu'on a changé tout cela depuis le retour de Nouméa et ses retentissantes ovations. Les chefs et les patrons des amnistiés nous crient à tue-tête que c'est l'armée régulière qui fut criminelle, que les gens de la Commune exerçaient une juste et bonne fonction en incendiant maisons, palais, bibliothèques, Hôtel de Ville, et que le misérable intérêt personnel qui me préoccupa pour mon chez-moi est ce qui me mit et me met du côté des répresseurs. J'eus et je conserve de plus puissants motifs et des motifs plus désintéressés, pour soutenir l'action légale qui, par la force militaire, étouffa une sinistre insurrection et rendit Paris à la France. C'est de la politique ? Sans doute, et comment l'éviterait un homme chez qui par politique on a mis le feu ? »

Ceux qui ne pardonnent pas à l'armée de Thiers d'avoir fusillé sans jugement et déporté des milliers de Français comprendront mal que Littré, généreux, pacifique, ennemi de toute violence, n'ait pas été plus indigné par cette violence-là. On aperçoit à quel point il était homme d'ordre, rêvant d'une société progressiste mais détestant la révolution, et aussi — peut-être même surtout — attaché à la personne de Thiers et, partant, à sa politique. Un épisode montre bien qu'il restait secrètement sensible aux injustices de la répression. Au début de février 1871, il avait reçu deux lettres violentes d'un ouvrier qu'il connaissait et qui lui reprochait de n'avoir pas démissionné d'une Assemblée nationale réactionnaire. Or voici que l'auteur de ces lettres se trouve parmi les communards condamnés à la déportation en Nouvelle-Calédonie. Littré en est informé. Aussitôt il intervient de tout son poids pour faire annuler la sentence. L'homme est gracié, il peut rester à Paris et reprendre son métier.

Retour au dictionnaire

Pendant ces tragiques événements, on se demandait chez Hachette comment le travail du dictionnaire pourrait reprendre. Beaujean proposa d'organiser une liaison entre Versailles et Paris.

> « On avait ouvert chez M. Hachette celle de mes caisses qui était en exploitation lors de l'interruption. Tout y avait dormi de longs mois ; mais, comme dans le conte de Perrault, tout, copie en train, placards à demi corrigés et feuilles commencées, se réveilla en sursaut. »

Les épreuves étaient non sans peine envoyées à Versailles, non sans peine retournées à Paris. On vit Littré les corriger à son banc, pendant les délibérations de l'Assemblée. Il ne manquait aucune séance, mais les débats le lassaient. Il refusait d'y prendre part. Tel un ours renfrogné, silencieux et immobile, il ne se mêlait pas à l'agitation perpétuelle de ceux qui l'environnaient. Quand on l'interpellait, il se bornait à une moue d'indifférence. Le discours n'était pas son fait, il préférait intervenir par textes écrits, mûris dans la solitude, précis, documentés, vengeurs. Il disposait maintenant de la revue nouvelle, qu'il avait fondée avec Wyrouboff en 1867, *La Philosophie positive*, et y publiait dans presque tous les numéros des articles politiques. Ainsi, en septembre 1871, sous le titre « De la situation que les derniers événements ont fait à l'Europe », ce plaidoyer pour une Europe plus unie et une France mieux armée :

> « [...] La France a été privée de 1 700 000 habitants, l'Allemagne accrue de 1 700 000 ; le changement de proportion entre les deux est donc de plus de trois millions. De la sorte s'est formée, au centre de l'Europe, une puissance militaire qui compte maintenant environ quarante millions d'habitants, où tout homme est soldat, et où tout est organisé de la façon la plus savante pour la guerre. Et qu'on ne dise pas que cette organisation où tout homme est soldat a un caractère essentiellement défensif. Cela serait une grave erreur, complètement réfutée par les deux guerres dont nous venons d'être témoins, la guerre contre l'Autriche et celle contre la France. Une offensive aussi rapide que redoutable a signalé les deux cas. Nous ne savons comment l'Allemagne soutiendrait une guerre défensive ; mais nous savons qu'elle est plus préparée qu'aucune autre nation aux guerres offensives.
>
> Que l'Allemagne soit sans contrepoids, c'est ce que montre un simple coup d'œil jeté sur la carte. »

Or, manifestement, l'état militaire des autres nations européennes et en particulier de la France.

> « ... est, par rapport à celui de l'Allemagne, aussi arriéré que pourraient l'être des fusils à pierre et des navires sans cuirasse. Il leur faut donc se mettre au niveau ; et cela en toute hâte ; car le péril est à leur porte, et, s'il les prenait non préparés, quels regrets n'auraient-ils pas, eux et leurs peuples ! [...]
>
> Sans être ni ravagée ni mise à contribution comme la France, l'Europe est malade aussi, et malade d'un même genre de maladie ; je veux dire qu'elle est entrée dans une phase de désorganisation dangereuse pour sa paix et sa sûreté. Je parle ici

en Européen, non en Français ; je mets les intérêts de l'Europe au-dessus de ceux de ma patrie, comme je mettrais les intérêts de l'humanité au-dessus de ceux de l'Europe, si jusqu'à présent il existait une humanité autrement qu'en idée. Mais, remarquons-le bien en même temps, plus il y aura de garanties pour le bien commun de l'Europe, plus aussi il y en aura pour chaque membre en particulier. »

Après la chute de la Commune, Littré avait pu revenir à Paris. Mais, pour assister aux séances de l'Assemblée, il lui fallait chaque jour se rendre à Versailles. Il prenait à la gare Saint-Lazare une navette, qui avait été spécialement organisée pour les parlementaires parisiens.

« De la sorte, le milieu des journées m'était enlevé tout entier ; il ne me restait que les matinées, les nuits, les dimanches et les vacances de l'Assemblée. Ces heures dérobées aux devoirs publics, on imaginera sans peine avec quel soin jaloux je les employai, et combien je me réjouis quand je vis qu'elles suffisaient. »

Enfin le travail du dictionnaire touche à sa fin. L'impression marche rapidement, pour se terminer en 1872. Les trente fascicules sont bientôt reliés en quatre gros volumes, comportant au total 4 768 pages. En l'an III de la IIIe République, le *Littré* était né. Mais, auparavant, à la fin de l'année 1871, Littré avait dû affronter une autre bataille.

Chapitre XII

AMIS ET ENNEMIS

« On a beaucoup lancé contre moi de polémiques de tout format qui devaient me confondre, ou, si j'étais trop endurci, écarter d'une tête maudite la foule et l'opinion. Qu'est-il arrivé ? Mes amis connus et inconnus, en France et hors de France, ont tenu à mépris ces déclamations, ou, dans leur dédain, n'en ont même pas pris connaissance. Il est vrai que, en revanche, tout ce qui est dit et écrit en ma faveur a le même sort dans le contraire parti. »

É. Littré

Ce fut un grand événement que la parution du *Dictionnaire de la langue française*. Le succès fut immédiat. Dans les deux mois qui suivirent, les éditions Hachette en avaient déjà écoulé quinze mille exemplaires. « C'est énorme, écrivait Littré à Barthélemy Saint-Hilaire, pour un livre qui se vend cent francs. » Dans toute la presse, même la presse conservatrice d'ordinaire hostile à Littré, les commentaires étaient élogieux. Dès la sortie en librairie du premier volume, Émile Zola avait écrit un long article, qui parlait d'un « livre-monument », de l' « œuvre colossale » de Littré, d'un « édifice impérissable qui fera vivre son nom même lorsque la langue française sera morte ». Le 8 janvier 1873, George Sand envoyait de Nohant une lettre à Littré :

« Tout le monde vous remercie. La vieille George Sand veut vous remercier aussi. Vous avez plus fait pour la France que ses plus grands rois. Grâce à vous, notre esprit se pose sur le vrai sens de toutes les notions humaines. Chaque jour, en ouvrant au hasard votre dictionnaire, on se dégage d'une erreur ou on s'affirme dans une vérité. Ce sera le grand pas du XIXᵉ siècle. »

A l'occasion de l'achèvement du dictionnaire, au début de 1873, les rédacteurs de *La Philosophie positive* et les amis de Littré lui offrirent un banquet de cinquante couverts. Charles Robin, qui présidait, ouvrit le temps des discours en louant « l'ami qui s'est fait affectionner de tous, le penseur qui s'est acquis une si large place parmi les savants modernes » et aussi le livre qui « servira de guide aux générations futures dans l'étude de notre langue » et « en propagera la clarté dans les civilisations de l'Occident ». Littré rappela modestement que la parole n'était pas son fort (« Vous savez que je suis incapable de dire rien autrement que la plume à la main »), déclara qu'il devait tout à la philosophie positive, laquelle était en toutes choses « une sûre, une excellente conseillère » et proposa un toast de reconnaissance à la mémoire d'Auguste Comte. Léon Gambetta prononça des paroles enflammées pour fêter à la fois Littré et le positivisme, et alla jusqu'à prédire que la doctrine positive permettrait « de remettre la civilisation occidentale à son vrai rang ». Ce jour-là, dit-il en s'adressant à Littré, « votre philosophie — la nôtre — aura vaincu et votre nom sera honoré parmi les hommes ». Enfin Wyrouboff ferma le ban en portant un toast à l' « illustre ami » et à son « œuvre immense ».

La médisance et la caricature

Mais, comme il est de règle, la gloire accentue la passion des adversaires et des jaloux. « Partout où l'on va en ce moment, notaient les Goncourt dans leur *Journal,* on se heurte à une idolâtrie bête pour la personne de Littré. » Les cléricaux s'entêtaient à faire de lui un parangon d'athéisme intolérant, alors qu'il était la tolérance même et qu'il se défendait sans cesse de nier l'existence de Dieu (il disait : je ne sais pas). Monseigneur

Dupanloup et son disciple le père Félix, célèbre prédicateur jésuite, ne désarmaient pas. On attribuait à Littré les « horreurs » de la doctrine darwinienne, qui osait faire de l'homme un descendant du singe (on aurait pu lui reprocher, tout au contraire, d'avoir méconnu l'importance de l'œuvre de Darwin, il avait qualifié le transformisme d'hypothèse invérifiable). Dès que cette fausse rumeur parvint aux oreilles des caricaturistes, ceux-ci se déchaînèrent. Ils le représentèrent avec des membres velus, une longue queue, un faciès simiesque ou encore grimpant dans les arbres. Dans *Le Bouffon* du 1er décembre 1867 une caricature de Demare le montre galopant à cheval sur son dictionnaire, poursuivi par un clystère contenant le positivisme et laissant derrière lui le *Dictionnaire de l'Académie* représenté par une tortue avançant sur des béquilles. A l'Assemblée nationale, parmi les quelque quatre cents monarchistes, il n'avait guère que des adversaires hostiles ou méfiants. Des hommes comme le duc d'Audiffret-Pasquier, chef du parti orléaniste, le baron de Larcy, le duc de Broglie (futur chef du gouvernement de l'Ordre moral), Audren de Kerdrel, et bien d'autres, le tenaient pour un dangereux socialiste, au moment même où Littré commençait à douter de l'efficacité d'un socialisme qu'il avait autrefois ardemment défendu. Plus il devenait populaire et célèbre, plus il apparaissait comme l'homme à abattre.

L'amitié et la gloire

Heureusement, les amis étaient là, affectueux et fidèles. Il avait continué à entretenir des relations suivies avec Marie d'Agoult, qui l'aimait beaucoup. Il allait lui rendre visite, et pas seulement les jours de réception. Elle lui demandait des conseils, comme l'atteste une lettre inédite de Littré datant du 10 novembre 1862 :

> Madame,
> Je vous demande pardon du retard apporté au petit conseil que vous m'avez demandé. Au sujet du coryza chronique qui vous incommode, je serais d'avis que vous essayiez les fumigations de

goudron. Cela tarirait, je crois, l'abondance de la sécrétion. Au reste, par désuétude d'exercice, je deviens de plus en plus malhabile et dépourvu dans l'emploi des médicaments ; ce que je vaux, si je vaux encore quelque chose médicalement, c'est dans le diagnostic et le conseil général.

Après les événements de 1870, Marie d'Agoult avait malheureusement fui Paris, se réfugiant dans le château jurassien de son ami Ronchaud ; mais ils continuaient à s'écrire. Ils commentaient avec amertume l'actualité politique. Le 26 septembre 1872, Littré envoyait à la comtesse une lettre sur papier à en-tête de l'Assemblée nationale, dont voici un passage :

« Notre malheureux pays a bien de la peine à sortir du fond de l'abîme où les Bonaparte l'ont précipité ; aujourd'hui, pour l'y précipiter de nouveau, les partis monarchiques organisent, en matière de guerre, l'entreprise d'une restauration tricéphale, car comment dénommer autrement la coalition des légitimistes, des orléanistes et des bonapartistes ? Tout cela me préoccupe sans mesure ; dès que nous en serons sortis, si nous en sortons honorablement, je reprendrai le livre de la Révolution des Pays-Bas. »

Il s'agissait d'un livre qu'elle avait signé de son pseudonyme Daniel Stern et que Littré avait promis d'analyser dans une de ses chroniques. Dans *Le Temps* du 14 novembre 1872, elle publiait une « lettre ouverte à Littré » pour lui manifester son accord entier dans la défense d'une république empreinte de modération. Flaubert écrivait à George Sand, le 29 avril 1871, qu'il était essentiel que des hommes comme Littré fussent écoutés, car notre salut, disait-il en substance, est maintenant dans une aristocratie de l'esprit. Cette même année 1871, paraissait *La Réforme intellectuelle et morale* d'Ernest Renan, où l'on peut lire :

« L'Allemagne a-t-elle un poète comme M. Victor Hugo, un prosateur comme Mme Sand, un critique comme M. Sainte-Beuve, une imagination comme M. Michelet, un caractère philosophique comme celui de M. Littré ? »

Un autre contemporain, Jules Claretie, l'admirait beaucoup :

> « Vertueux et grand par le labeur, voilà ce qu'est M. Littré. La
> nièce de Lamartine, la spirituelle Mme de Pierreclos, définissait
> un jour M. Littré :
> — C'est un saint qui ne croit pas en Dieu !
> M. Littré croit à tout ce qui fait les hommes meilleurs et les
> nations plus grandes : à l'homme, à la science, au dévouement, à
> la liberté, à l'amour de ses semblables. »

Les suffrages populaires ne lui manquaient pas non plus,
puisqu'il fut élu, le 15 octobre 1871, membre, puis vice-
président, du Conseil général de la Seine.

Guizot et d'autres encourageaient Littré à se présenter à
nouveau aux suffrages de l'Académie française. La mort d'Abel
Villemain, ancien ministre de l'Instruction publique, avait libéré
un fauteuil. Deux autres candidats s'y présentaient, mais aucun
n'était invincible : Saint-René Taillandier, secrétaire général du
ministère de l'Instruction publique, ancien professeur d'éloquence à la Sorbonne ; et le baron Louis de Viel-Castel, vieux
diplomate qui n'avait guère écrit que deux livres, l'un sur les Pitt,
l'autre sur la Restauration. Thiers, lui aussi de l'Académie,
soutenait Littré de tout son poids. L'hésitation n'était pas
permise.

A peine Monseigneur Dupanloup apprend-il que Littré va
poser sa candidature qu'il réveille aussitôt son opposition véhémente. L'élection doit avoir lieu le 30 décembre 1871. Quelques
jours auparavant, les académiciens procèdent à la discussion des
titres des trois candidats. L'évêque déclare qu'il est très peiné
d'avoir encore à combattre Littré, mais il adjure ses confrères de
lui barrer la route : ses erreurs sont restées les mêmes, pis encore,
elles se sont aggravées depuis les derniers événements, voter pour
Littré serait participer à une « glorification solennelle du matérialisme et du socialisme ». Le plaidoyer de Monseigneur Dupanloup est méthodique, passionné, longuement détaillé. Il sera
publié in extenso l'année suivante, sous le titre *L'Élection de Littré
à l'Académie française*.

L'élection a lieu dans un climat tendu, d'autant que d'autres fauteuils vacants doivent aussi être disputés ce jour-là. Certains espèrent une élection blanche, puisqu'un candidat, pour être élu, doit réunir la majorité *absolue* des voix. On compte vingt-neuf académiciens en séance, Victor Hugo et quelques autres favorables à Littré n'ayant pu venir. La majorité absolue est donc de quinze voix. On vote. Taillandier a neuf bulletins en sa faveur, Viel-Castel deux, un bulletin blanc est marqué d'une croix, Littré obtient dix-sept voix : deux voix seulement au-dessus du minimum nécessaire, mais deux voix suffisent, il est élu.

Le soir même, Monseigneur Dupanloup envoie au Secrétaire perpétuel une lettre de démission. Or, on ne démissionne pas de l'Académie. Seule, la mort libère le fauteuil qu'on occupe. Dupanloup, cependant, ne reviendra plus jamais siéger parmi les quarante.

La « réception » officielle de Littré n'eut lieu que le 5 juin 1873. Il en avait volontairement retardé le moment. Il ne voulait faire son entrée à l'Académie française qu'après la publication des derniers fascicules du *Dictionnaire*. Quelques jours avant la date fixée, le bruit courut que Littré, malade, ne pourrait se rendre quai Conti. Au dernier moment, cependant, on le vit surgir revêtu de l'habit vert, mais il se déclara trop faible pour prononcer son remerciement. On pria l'un de ses parrains, Ernest Legouvé, de le lire à sa place. Était-il vraiment si affaibli ? Ou n'était-ce pas plutôt son éternelle peur de parler en public qui lui avait dicté ce prétexte ? Le discours commençait par ces mots :

> « Chacun a son point d'honneur ; le mien a été de ne vous remercier qu'après avoir terminé jusqu'à la dernière ligne le travail pour lequel vous m'avez admis dans votre illustre compagnie. »

Il ne se faisait pas d'illusions : c'est l'auteur du *Dictionnaire de la langue française* qui avait été élu, et non le philosophe. *Le Constitutionnel* du lendemain, publiant le texte de Littré, fait remarquer : « Ceux qui espéraient entendre une profession de foi matérialiste ont été trompés dans leur attente. » Le discours était tout entier consacré à l'éloge de son prédécesseur, professeur de littérature française en Sorbonne et ancien ministre de l'Instruction publique, Abel François Villemain.

La règle voulait que fût délégué, pour répondre au nouvel élu et l'accueillir sous la Coupole, l'académicien présidant la séance au moment de l'élection. Ironie du sort, il se trouva que cet académicien était un prêtre, l'abbé Gratry. Mais, entre-temps, il mourut. Celui qui prit sa place, M. de Champigny, ne fut pas plus indulgent que ne l'aurait sans doute été l'abbé. Il le couvrit de fleurs à peine empoisonnées, puis s'écria :

> « Vous ne l'ignorez point du reste ; c'est le littérateur, le philologue, l'écrivain, que l'Académie couronne en vous nommant ; ce n'est pas le penseur ni le philosophe [...]. Vous avez cru que la science, c'est-à-dire la science des faits, la science des choses visibles, devait suffire à l'humanité ; vous avez interdit à l'homme d'aller au-delà.
> [...] Vous avez mis en interdit l'intelligence humaine. Mais, soyez-en sûr, Monsieur, pour le bonheur de l'humanité, vous ne la déferez point ni ne la referez. L'humanité restera avec ses instincts qui ont besoin de la terre, mais qui ont besoin aussi d'autre chose que la terre. La science strictement bornée à l'élément matériel, cette science toute sèche qui étudie les faits sans remonter à la cause suprême, ne suffira jamais à contenter l'humanité. Il faut à l'homme un autre exercice et une autre satisfaction pour sa raison, d'autres consolations pour sa vie, d'autres espérances pour ses douleurs, d'autres fleurs pour honorer le tombeau de ses pères, d'autres chants à chanter sur le berceau de ses petits enfants [. Mettons bien haut notre amour, notre culte, notre Dieu afir de forcer notre cœur à s'élever et à s'ouvrir. De trop de côtés, on nous dit : les cœurs en bas : *Corda deorsum !* Aimons toutes les voix qui nous disent : *Sursum corda*, les cœurs en haut ! »

Littré n'assista pas régulièrement aux séances de l'Académie française. Il y avait cependant, parmi les membres qui siégeaient alors, des hommes capables de l'intéresser. Des savants célèbres comme le physiologiste Claude Bernard ou le chimiste Jean-Baptiste Dumas. Des critiques littéraires comme Jules Janin ou

Désiré Nisard. Des dramaturges comme Émile Augier et Jules Sandeau, auteurs à succès du *Gendre de monsieur Poirier*. Des politiques comme Thiers, Guizot ou le gendre de la comtesse d'Agoult, Émile Ollivier. Mais Littré garde sa crainte de paraître et de parler dans une assemblée, même de nombre restreint. En outre, il est fort occupé ailleurs. Dans l'année qui suit sa réception, il ne vient que cinq ou six fois. Il est là le 29 janvier 1874, jour où l'on élit le dramaturge Alexandre Dumas fils. Ce jour-là, il voit entrer dans la salle un vieillard à barbe blanche, un des académiciens les plus illustres, que l'on n'avait pas revu depuis plus de vingt ans. C'est Victor Hugo. Littré l'entend déclarer solennellement : « N'ayant pas voté pour le père, j'ai voulu du moins voter pour le fils. » A la vérité, la mémoire du grand homme lui jouait des tours, il n'aurait pu voter pour Dumas père, qui s'était retiré pour faciliter l'élection de Hugo et ne s'était pas représenté depuis lors.

Les demi-livres

Littré continue, plus que jamais, à être hanté par le désir d'écrire, de publier, de s'adresser aux autres par le seul truchement qu'il connaisse : il ne sait pas discourir, il ne peut pas professer, l'unique leçon qu'il lut péniblement aux polytechniciens est restée sans lendemain, le livre est son seul recours. Mais il se sent déjà fatigué par l'âge, il est hanté par son vieillissement, il s'interroge sans cesse sur le temps qu'il lui reste à vivre. Dans la préface du troisième volume du *Dictionnaire*, on trouve cette réflexion :

> « Celui qui veut faire un emploi sérieux de la vie doit toujours agir comme s'il avait à vivre longuement, et se régler comme s'il lui fallait mourir prochainement. »

Dans « Comment j'ai fait mon dictionnaire », il avoue qu'il rêve, malgré sa fatigue, d'entreprendre avec quelques collaborateurs une *Histoire universelle*, dont il a déjà tout le plan.

Certes, il a beaucoup écrit dans sa vie. Mais de longues chroniques plus souvent que des livres. Les chroniques passent, les livres restent. Le temps presse. Pourquoi ne pas rassembler ces chroniques éparses ? Littré va entreprendre la publication de ce qu'il nomme des *demi-livres* : réunion d'articles, publiés au cours de sa vie et groupés par thèmes.

Et d'abord le thème qu'il n'a jamais abandonné : la médecine. En 1872, paraît, chez Didier, *Médecine et Médecins*. Ce sont vingt et un articles, déjà publiés dans la *Revue des Deux-Mondes*, le *National*, *La Philosophie positive*, le *Journal des débats*. Les sujets sont aussi divers que l'hygiène, l'anatomie, l'hérédité, le système nerveux, les blessures de guerre, des maladies infectieuses comme le choléra, la morve chevaline ou la peste, des médecins comme Celse ou Magendie, des traitements comme l'électrisation, etc. Les textes témoignent d'une érudition médicale étonnante. Ils ont souvent comme points de départ des ouvrages qui viennent de paraître, mais ce ne sont que des prétextes pour glisser des idées personnelles. Çà et là reviennent, comme un leitmotiv, les mots *positif, positivisme, doctrine positive*. Il assaisonne de ces mots les thèmes les plus variés, comme un cuisinier qui aurait pris l'habitude de jeter un grain de girofle dans tous ses plats. A la vérité, quand il dit *positif*, il évoque seulement la rigueur scientifique, la crainte des appréciations subjectives, des hypothèses incontrôlables, des imaginations débridées. Le mot positif, tel qu'il l'entend, ne gêne pas dans la lecture de ces articles médicaux, car il est simple appel à une application sévère de la méthode expérimentale et à une interprétation rigoureuse des observations et des expériences. Littré apparaît ainsi comme un de ceux qui ont plaidé pour l'introduction de l'esprit scientifique en médecine : il est un de ceux qui ont contribué à faire du xixᵉ siècle l'époque d'un grand tournant dans les méthodes de recherche biologique et médicale, et préparé l'explosion de découvertes qu'allait permettre au siècle suivant cette nouvelle approche de la médecine.

Il me semble que, si Littré tient encore à clamer ses attaches positives, c'est qu'il aperçoit la résistance que la doctrine rencontre. Il n'avait pas soupçonné à quel point les hommes tiennent à leurs rêves, à leur foi, à leur quête de l'absolu. On dirait qu'il a sans cesse devant lui l'image du rang serré de ses adversaires de tous bords. Il se sent comptable de la défense d'un système qui a illuminé sa vie.

Après la médecine, la science. Sous le titre *La Science au point de vue philosophique*, il publie chez le même éditeur et la même année, un recueil de dix-sept articles déjà parus entre 1834 et 1872, sur le cosmos, les étoiles filantes, Ampère, la chaleur de la terre, Cuvier, la physiologie, mais aussi sur l'idée de justice, l'ancien Orient ou la civilisation en Angleterre. Ici encore, dès la préface, il se place sous l'égide de la philosophie positive.

> « Ce recueil, tel qu'il est disposé, est la mise en pratique [...] de la classification des sciences selon le principe de la philosophie positive [...].
> Cet arrangement n'est ni fortuit, ni arbitraire ; il est réglé par un principe général de subordination. Une science est subordonnée à une autre, quand elle n'a pu prendre naissance et se constituer sans les notions et les secours que cette autre lui fournit ; il n'y a pas de subordination plus effective. Ainsi, l'astronomie et la physique ne peuvent se constituer sans la mathématique, qui ne figure pas dans ce recueil, mais qu'il faut supposer en tête de tout ; la chimie, sans la physique ; la biologie sans la chimie ; enfin la sociologie, sans la biologie. »

La sociologie ne peut se constituer sans la biologie, mais elle ne peut en être déduite, contrairement à ce que Comte avait affirmé. Le volume contient un long article intitulé « De la condition essentielle qui sépare la sociologie de la biologie. » La sociologie a droit à une autonomie de méthode. Et cette méthode, c'est la recherche de l'évolution générale des sociétés humaines. L'évolution, « lumière de l'histoire », ne permet pas de diriger le politique, mais lui « enseigne le cours des choses, l'impossibilité de le remonter, le danger de se méprendre sur sa direction ». La sociologie de Littré s'écarte de celle de Comte : c'est une science qui veut étudier, sur des fondements historiques et anthropologiques, l'histoire des sociétés, alors qu'Auguste Comte y voyait une sorte d'épanouissement final de tout son système, incluant la science, la morale, la politique, la religion. Sans doute la sociologie de Littré serait-elle qualifiée par les sociologues d'aujourd'hui de simple balbutiement, si même ils n'usaient pas d'épithètes moins bénignes. Littré prend l'histoire au ras des événements. Il a une telle passion pour les découpages, les classements, les hiérarchies qu'il en arrive à des schémas simplifiés. Tellement simplifiés qu'ils en deviennent simplistes. En même temps, il fait montre d'une foi si ingénue dans le progrès de l'humanité qu'elle frôle la naïveté.

Voici le schéma simpliste :

> « Il suffit de passer en revue, dans leur ordre hiérarchique, les quatre grands domaines qui embrassent toute notre activité. D'abord, dans le domaine des besoins, l'homme crée des outils, des armes, des métiers, des abris contre l'intempérie des saisons, des tissus pour se garantir et se parer [...]. Le second domaine embrasse le rapport de l'homme avec la famille et la société, et les rapports de l'homme avec les puissances naturelles sous la domination desquelles il est placé [...]. Le troisième domaine, celui de la poésie et des beaux-arts, offre le même spectacle ; il s'y forme à la fois des procédés et des modèles ; il faut savoir les procédés et il faut étudier les modèles ; ainsi s'établit la tradition du beau. Enfin le domaine le plus récent, celui du savoir abstrait, complète cette série et constitue le dernier membre des choses qui peuvent et doivent être apprises. »

Et voici la foi dans le progrès :

> « L'esprit collectif de l'humanité avait à produire inconsciemment [...] tout un organisme de civilisation. Cet organisme a commencé petitement, il a grandi lentement, et désormais il s'entretient et croît par le labeur incessant de tout ce qu'il y a de meilleur dans l'humanité. Il est tout entier dans l'enchaînement nécessaire qui le porte de la satisfaction des plus humbles besoins aux hauteurs de la morale, de l'art et de la science. »

L'enthousiasme de Littré était si grand, à cette époque, pour la science sociologique qu'il décida de fonder, avec son vieil ami

Charles Robin, la Société de sociologie. Il fit même le projet d'écrire un *Traité de sociologie*, mais ce projet ne fut jamais réalisé.

L'hypothèse Dieu

Le dernier article de *La Science au point de vue philosophique* est intitulé « Les hypothèses positives de cosmogonie ». Le texte commence par ces mots :

> « On donne, dans les choses scientifiques, le nom d'hypothèses positives à celles qui résultent de faits expérimentaux. »

Et il se termine par la conclusion suivante :

> « Le lecteur qui m'aura suivi dans cette exposition a compris que la cosmogonie positive entend seulement exposer quelques phases d'évolution, mais qu'elle renonce délibérément à rien expliquer au-delà. Le domaine ultérieur est celui des choses qui ne peuvent pas être connues. La science positive professe de n'y rien nier, de n'y rien affirmer ; en un mot, elle ne connaît pas l'inconnaissable, mais elle en constate l'existence. Là est la philosophie suprême ; aller plus loin est chimérique, aller moins loin est déserter notre destinée. »

Littré était-il donc, à ce moment de son existence, totalement détaché de toute pensée religieuse ? Assurément non. Mais le sens que Littré donne à la « religion » n'est pas le sens ordinaire. Il écrira lui-même que « la religion est un ensemble de doctrines et de pratiques qui constitue le rapport de l'homme avec un idéal ». Dans cet « idéal », point de Dieu. Dieu n'est ni contesté ni affirmé : il est une hypothèse digne du plus grand respect, trouvant tout naturellement dans l'âme humaine une place douillette et chaleureuse ; mais une hypothèse indémontrable et nullement nécessaire pour une haute vie spirituelle et morale. Les religions révélées, singulièrement le christianisme, ont été un merveilleux support du progrès spirituel et moral, l'histoire du Moyen Âge est là pour le prouver. Littré ne cesse d'en faire l'apologie. Mais elles furent des moments de l'histoire, des moments du progrès. Et l'effacement du surnaturel est partie intégrante de ce progrès.

> « Le jour et la lumière s'avancent, et les nuages se dissipent. L'humanité apporte un nouveau type de beauté. Poètes, elle vous demandera des chants; peintres et sculpteurs, elle vous demandera des toiles et des marbres; architectes, elle vous demandera des temples; musiciens, elle vous demandera des harmonies. Et de cette inspiration commune donnée à tous les génies créateurs, il naîtra pour les siècles à venir ce qui nous manque à nous, générations révolutionnaires, ce qui fut accordé dans une certaine mesure à l'âge polythéistique et à l'âge catholico-féodal, un idéal connu de tous et senti de tous. »

Et cet idéal suffit à délivrer Littré de toute angoisse transcendantale. La mort de Dieu (ou plutôt sa mise entre parenthèses) ne l'affecte pas. Un de ses amis, lui aussi détaché de la foi chrétienne, se plaint de la tristesse qu'il en éprouve. Pour Littré et ceux qui pensent comme lui, « la tristesse est tout à fait étrangère ».

> « Ils vivent leur vie telle que la nature la leur accorde, avec ses joies et ses douleurs, l'occupant par le travail, la rehaussant par les arts, les lettres et la science, et lui assignant un idéal dans le service de l'humanité. »

Cette quiétude va de pair avec la neutralité qu'il entend conserver quant à l'existence de Dieu. Bientôt il va trouver l'occasion de préciser à nouveau sa position de positiviste : la doctrine positive

> « ... réserve la question suprême d'une intelligence divine, en ce sens qu'elle reconnaît être dans une ignorance absolue [...] de l'origine et de la fin des choses [...]. Si elle ne nie pas une intelligence divine, elle ne l'affirme pas, demeurant parfaitement neutre entre la négation et l'affirmation [...]. Expérimentalement nous ne savons rien sur l'éternité de la matière ni sur l'hypothèse Dieu ».

A *l'hôtel du Grand Orient*

A cette époque, la Franc-Maçonnerie connaissait en France des années agitées. Au Grand Orient, on se souvenait de la compétition mouvementée qui avait opposé, en 1860, le prince Murat et le prince Jérôme Napoléon, pour la fonction de Grand Maître. Un décret impérial avait fini par imposer un tiers candidat. Au sein des loges maçonniques, libres-penseurs et croyants, hommes de gauche et hommes de droite tiraient à hue et à dia pour orienter la philosophie du groupe. La Franc-Maçonnerie était violemment attaquée par le clergé, dans des prédications retentissantes. Pour apaiser les esprits, une nouvelle constitution du Grand Orient de France avait été proposée en 1865 : on pouvait y lire que « la Franc-Maçonnerie, institution essentiellement philanthropique [...] a pour principes l'existence de Dieu, l'immortalité de l'âme et la solidarité humaine ». Ce texte avait, comme on pouvait s'y attendre, soulevé de véhémentes protestations chez les maçons libres-penseurs. On cherchait un compromis. Bref, la société maçonne était en quête de son équilibre et de sa respectabilité.

Elle comptait pourtant déjà d'illustres membres : des politiques comme Ledru-Rollin, Jules Favre, Arago, Gambetta, Louis Blanc ; des écrivains comme José Maria de Heredia, Jules Claretie, Edmond About. Mais elle rêvait de conquérir Littré, maintenant célèbre. Son arrivée constituerait, avait déclaré l'un des hauts dignitaires, « une réponse réfléchie, sérieuse, solennelle aux attaques injustes et malveillantes dont notre grande famille est l'objet de la part de ses ennemis ». Littré se laissa convaincre sans difficulté et fut reçu à la Loge de la *Clémente Amitié*, en même temps que Jules Ferry.

La réception eut lieu le 8 juillet 1875, à dix heures, dans l'hôtel du Grand Orient, rue Cadet. Une foule considérable de francs-maçons de toutes obédiences avait envahi la salle. Deux mille personnes se pressaient dans le temple, plusieurs milliers d'autres avaient en vain essayé d'y pénétrer. Après les formalités usuelles dans ce genre de cérémonie, Littré franchit la grande porte gardée, l'épée à la main, par un frère couvreur. Il pénétra dans une longue pièce rectangulaire. De chaque côté, les membres, debout, en rangs serrés, lui faisaient la haie. Il s'avança entre les douze colonnes qui symbolisent les douze mois de l'année, sous la voûte peinte en bleu et parsemée d'étoiles. Au fond siégeait, sur une estrade élevée de trois marches, entre l'image du soleil et celle de la lune, le Vénérable entouré de ses assesseurs. Littré prêta le serment réglementaire. Puis, le président du Conseil de l'Ordre de la Franc-Maçonnerie lui souhaita la bienvenue et lui donna l'accolade au milieu des applaudissements de toute l'assemblée. Enfin, le Vénérable lui donna la parole.

Le thème du discours d'entrée était imposé au récipiendaire. Littré avait été invité à répondre à une question qu'on peut juger singulière, s'adressant à un agnostique : *Quels sont les devoirs de l'homme envers Dieu ?* Dans un profond silence, il commença ainsi :

> « Messieurs,
> J'ai à exposer quels sont les devoirs de l'homme envers Dieu. Un sage de l'Antiquité, qu'un roi interrogeait sur la notion de Dieu, lui demanda un délai qu'il prolongea de jour en jour, reculant ainsi une réponse qu'il ne se sentit jamais en mesure de donner. Ma réponse, à moi, ne tardera pas aussi longtemps. »

L'idée de Dieu, poursuivit-il en substance, s'impose aux intelligences sous deux formes, l'une historique, l'autre philosophique.

Sous la forme historique, Dieu a parlé aux hommes, il s'est révélé. C'est un vrai miracle, et comme tout miracle, il doit être passé au crible de l'analyse scientifique. Je ne le nie pas, ajouta Littré, mais, jusqu'à présent, aucun miracle n'a jamais résisté à son analyse scientifique positive.

Sous la forme philosophique, le monde est une œuvre achevée, magnifique : il faut donc qu'il ait une cause, un ouvrier. A nouveau, dit-il, je ne le nie pas.

> « Aucune science ne nie une cause première, n'ayant jamais rien rencontré qui la lui démentît ; mais aucune ne l'affirme, n'ayant jamais rien rencontré qui la lui montrât. »

La science ne nie pas qu'une cause soit à l'origine du monde, mais elle est, par essence, incapable de remonter aux causes premières, elle « n'est jamais passée de l'autre côté » : le royaume des causes premières m'est donc impénétrable.

Ce que je sais, poursuivit Littré, c'est que la croyance en Dieu — et en particulier le christianisme — ont été des germes étonnants de civilisation et de morale. Je n'éprouve pas seulement, à leur endroit, une totale tolérance, mais une admiration profonde pour ce qu'ils ont apporté à l'humanité. Cependant, nous n'avons pas besoin de l'espoir du paradis ou de la crainte de l'enfer pour que le tribunal de notre conscience nous impose des devoirs, pour que nous nous sentions obligés par l'amour d'autrui et les vertus morales, pour que nous tentions de faire mieux aujourd'hui qu'hier et de travailler sans cesse au progrès de l'humanité.

> « Que si l'on demande davantage, c'est-à-dire une pénalité effective après que l'âme a subi le trépas, nous n'avons rien à répondre, rien à nier, rien à affirmer, ignorant absolument et ce qui est après le tombeau et ce qui est avant la vie ; mais nous constatons que la conscience, développée selon le degré de culture collective et individuelle, est l'œil vigilant toujours ouvert, même sur les actes les plus secrets. »

C'était le discours positiviste le plus orthodoxe, le discours qu'il avait tenu toute sa vie. Il se déclarait encore, sans réserve, le disciple de l'Auguste Comte du *Cours de philosophie positive*. Pour rien au monde, devant ces centaines d'hommes qui l'écoutaient, il n'aurait accepté d'apparaître comme un renégat. Il était loyal, et la moindre restriction sur la vérité positiviste lui aurait semblé trahison. Il était fidèle, et tout manquement à ses convictions de toujours lui aurait paru forfaiture. Il était simple, et persuadé que la doctrine n'était convaincante qu'entière et indivisible. Un homme de son âge ne change pas d'opinion après trente-cinq ans de certitudes. Mais cela n'est la règle que pour les hommes ordinaires. Pour Littré, la probité intellectuelle était si active, le scrupule dans la recherche de la vérité si puissant, que notre homme allait faire mentir la règle. Par une contestation tardive, mais inouïe, il allait bientôt reconnaître que de nombreux points de la doctrine appelaient des retouches, sinon des repentirs.

Chapitre XIII

REPENTIRS

Littré continuait à se rendre régulièrement aux séances de l'Assemblée nationale. Il avait assisté, cette année-là, au vote de la constitution qui devait, cinq ans après la guerre de 1870, transformer une république de fait en un État de droit. Mais le mot même de république n'était pas dans les textes constitutionnels soumis au vote. Il fallut qu'un amendement, proposé par le député Henri Wallon, l'introduisît presque à la dérobée, en précisant que députés et sénateurs s'uniraient pour élire le chef de l'État, désigné par Wallon comme le « Président de la République ». La république allait-elle être ainsi votée ? Elle le fut, à une voix de majorité. Ces parties serrées bouleversaient Littré, même s'il n'en laissait rien paraître. Après des votes comme celui-là, il avait une façon de plisser les commissures des lèvres en une moue ironique, comme pour dire : quels sont ces jeux dérisoires où les représentants d'un pays qui fut si souvent malmené par des pouvoirs tyranniques hésitent à choisir la liberté, c'est-à-dire la république ? Une voix de majorité ! S'il avait été retenu chez lui, ce jour-là, par quelque maladie, la République française aurait manqué son entrée.

Monsieur Littré au Sénat

En juillet et août, la constitution fut définitivement votée. Une chambre double, un Sénat à côté de la Chambre des députés, la France avait enfin, pensait Littré, des structures républicaines selon son cœur. A sa grande surprise, il fut élu sénateur à une forte majorité, le 16 décembre. Il en fut heureux et il s'amusa de voir son vieil ennemi, Monseigneur Dupanloup, refusé à ce premier tour pour n'être nommé que l'année suivante. Juste retour des choses, pensa-t-il. George Sand écrivit à Flaubert, le 19 décembre 1875 :

> « Comment ! Littré sénateur ? C'est à n'y pas croire, quand on sait ce que c'est que la Chambre. Il faut tout de même la féliciter pour cet essai de respect d'elle-même. »

A l'évidence, Littré était maintenant un homme fort célèbre et de grande influence.

Cette même année, il avait fait à nouveau paraître chez Didier, sous le titre *Littérature et Histoire,* un recueil d'articles déjà publiés dans divers journaux et revues. Il avait ajouté cinq poésies de Schiller, traduites par lui, et six morceaux en vers de son cru. Une fois de plus, ces mélanges étaient disparates. Mais, une fois de plus, ils montraient l'étonnante diversité des sujets que Littré pouvait aborder et l'étendue de son érudition. Il traitait d'Aristophane, de Shakespeare et de Cervantès, aussi bien que du bouddhisme indien, de l'hôtellerie du Pic du Midi de Bigorre, de l'usage pratique du grec ou de l'histoire du canton de Vaud.

L'amour de la vérité

C'est un peu plus tard que Littré devait comprendre à quel point il n'était plus le même qu'autrefois. Quelques-unes des idées qu'il avait défendues avec ardeur allaient être l'objet d'une sorte de révision déchirante. L'événement eut pour prétexte la réédition d'un ouvrage qu'il avait publié en 1852, sous le titre *Conservation, Révolution et Positivisme*. Ce livre réunissait une trentaine d'articles parus dans le *National* entre 1849 et 1851. Avec le recul du temps, disaient ses amis, nous aimerions bien le relire. Un document écrit au jour le jour pendant la révolution de 1848 et durant les premiers mois d'un Bonaparte à la présidence de la République doit être riche d'enseignement. Puisque la sociologie positive se déclare instrument de prévision, la relecture de ces notes, vingt ans plus tard (vingt ans d'événements si souvent dramatiques), aurait grand intérêt.

Littré avait un peu oublié la teneur de ces articles. Il s'isola pour les relire. Et ce fut un saisissement. Presque aucun des commentaires de ce temps-là ne lui apparaissait acceptable aujourd'hui. Il y trouvait (ce sont ses propres mots) « mainte erreur et maint faux jugement ». S'il en faisait une seconde édition, il lui faudrait, après chaque article, rédiger une note rectificative. Et c'est finalement ce qu'il fit. Peut-être est-ce le seul exemple d'un auteur qui, publiant à nouveau une de ses propres œuvres, a le courage de déclarer que, d'un bout à l'autre, il s'est trompé. Il y faut une probité, une modestie peu communes. Placer son appétit de la vérité au-dessus de tout amour-propre, voilà Littré.

En 1852, il n'avait en rien retouché, dans le livre, les articles du *National* qui s'y trouvaient réunis. Dans la préface, il écrivait :

> « Je n'ai rien à changer pour me mettre d'accord soit avec les événements, soit avec moi-même [...] et si j'éprouve une vive et sincère satisfaction de n'avoir pas à me démentir [...], j'en reporte toute la reconnaissance à la philosophie positive dont la cohésion intime m'a préservé des aberrations. »

Et dans la préface de l'édition de 1878, il confesse :

> « Quand on parle de la sorte, on mérite d'être châtié, et je l'ai été. »

Il ne remet pas en question les principes de la philosophie positive. Au contraire, il les invoque plus d'une fois, comme pour montrer que les fondements de sa pensée n'ont pas varié. Les critiques portent sur la science que Comte avait placée en tête de toutes les autres sciences, et pour laquelle il avait forgé le nouveau terme de sociologie. Littré avait cru que la sociologie positive permettrait d'expliquer l'histoire de l'humanité, de prévoir l'avenir des hommes et de le guider. Aujourd'hui, il s'aperçoit que ces affirmations n'étaient qu'hypothèses, émises avant que l'expérience ait pu les confirmer. Or, l'histoire des vingt dernières années apporte cette expérience. Et la leçon est claire. Rien de ce que la philosophie positive a prévu ne s'est réalisé.

> « On ne s'est point avancé d'un pas vers la réalisation des systèmes [...] construits de toutes pièces pour la future organisation sociale. Ces systèmes restent des systèmes, c'est-à-dire des plans faits par déduction et par raisonnement, et auxquels toute expérience manque. »

C'est donc au nom même des principes du positivisme — ne tenir pour vrai que ce que l'expérience et l'observation ont vérifié — qu'il découvre les lourdes erreurs qu'il a commises.

La sociologie positive annonçait que la république, en 1848, ne pourrait être mise en danger, puisqu'elle était dans la droite ligne du progrès normal des sociétés. Trois ans plus tard, c'était l'Empire.

La sociologie positive prévoyait l'extinction des guerres : en 1851, Littré avait écrit :

> « La paix est prévue par la sociologie depuis plus de vingt-cinq ans ; prévue avant juillet, prévue avant les menaces de 1840, prévue avant février 1848 ; et toujours, malgré les apparences les plus graves, l'événement lui a donné raison. Aujourd'hui encore elle la prévoit pour tout l'avenir de notre transition, au bout de laquelle une confédération républicaine aura uni l'Occident, et mis un terme aux conflits les armes à la main. »

Dans la seconde édition du livre, vingt-huit ans plus tard, il note :

« J'avoue que j'ai hésité à reproduire l'article sur la paix occidentale. Ces malheureuses pages sont en contresens perpétuel avec les événements qui se sont déroulés. Elles respirent une confiance qui me fait mal, même après tant d'années. Elles feront mal aussi au lecteur, qui plaindra un tel aveuglement ou haussera les épaules, selon les sentiments dont il sera animé. C'est pourquoi, en définitive, je n'ai pas voulu les supprimer. Sans doute, quelque curieux aurait toujours pu les aller dénicher là où elles ont paru pour la première fois ; j'ai mieux aimé que ce fût moi qui les remisse au jour, pour compléter ma confession politique et philosophique. Je me suis trompé [...]. A peine avais-je prononcé dans mon puéril enthousiasme qu'en Europe il n'y avait plus de défaites militaires, désormais remplacées par des défaites politiques, que vinrent la défaite militaire de la Russie en Crimée ; celle de l'Autriche en Italie ; celle de l'Autriche encore en Allemagne ; celle de la France à Sedan et à Metz, et tout récemment, celle de la Turquie dans les Balkans. Est-ce la fin ? Qui le sait ? »

Et d'expliquer que c'est sa confiance aveugle en la parole de Comte qui l'a égaré.

Mais l'égarement porte sur bien autre chose que la guerre et la paix. Il avait écrit, en 1850, un article intitulé « La décadence du bonapartisme », et, en fait de décadence, Napoléon III s'était fait sacrer empereur.

Il avait suivi Comte affirmant que le suffrage universel n'avait pas d'avenir, et, maintenant, il est sûr du contraire.

Comte condamnait « la science pour la science » et interdisait les recherches dont le but social n'est pas évident, par exemple l'étude des étoiles n'appartenant pas au système solaire. Littré s'était laissé convaincre et, dans la première édition de *Conservation, Révolution et Positivisme,* il avait écrit :

> « On fait de la science pour la science, stérile exercice, dont le public [...] appréciera bientôt sévèrement la vanité. La science, si elle était condamnée à n'avoir que cette destination que j'appellerai égoïste, s'affaisserait sur elle-même. »

En 1879, il renie cette opinion comtiste, revenant d'ailleurs à ce qu'il pensait avant d'être influencé par le créateur du positivisme. Il réclame pour la science « sa pleine liberté ». Le destin de l'homme est la recherche de la vérité, et non d'une vérité utilitaire. Au reste, condamner le désir de connaître pour connaître est inacceptable pour deux raisons :

> « En premier lieu, [...] l'esprit humain gagne en grandeur et en fermeté, alors qu'il étend le champ de la vérité, quand bien même cette vérité ne lui apporterait aucun avantage direct ; en second lieu, il n'est jamais possible de savoir d'avance si une découverte, insignifiante ou même futile en apparence, ne produira pas des applications fécondes. »

On ne peut mieux défendre la recherche fondamentale et les dangers de toute exclusivité donnée à la recherche appliquée.

Quant au socialisme, qui lui était autrefois apparu comme un frère naturel du positivisme,

> « ... combien était chimérique ma prétention de le transformer en proche parent de la philosophie positive, tout disposé à se ranger sous sa discipline. Il est trop métaphysicien, trop révolutionnaire, trop ennemi des lois de l'histoire, trop direct adversaire de l'évolution des civilisations, pour que les deux doctrines se rencontrent et s'allient. »

Il en veut au socialisme de n'être pas hanté, comme il l'est lui-même, par la crainte du désordre. Il a beau être attaché aux exigences du progrès social, être républicain ardent, siégeant sur les bancs de gauche du Sénat, il n'a qu'une idée en tête : de l'ordre avant toute chose. Sans ordre, pas de progrès possible. Il est républicain, mais il est maintenant républicain conservateur.

L'ombre du scientisme

Si courageux, si rares, si honnêtes que soient ces revirements chez un homme de son âge, ils n'entament nullement sa fidélité intransigeante aux principes d'un positivisme pur et dur. Et ce n'est pas que de la fidélité. C'est l'homme tout entier. Il a été séduit pour toujours par la rigueur de la science, par l'étonnant progrès de la science, par l'enseignement qu'on peut tirer de ce progrès (affirmer n'est rien, vérifier est tout, être objectif toujours et toujours craindre les pièges du subjectif), au point de ne plus concevoir de connaissance assurée qui ne soit scientifique. Libre aux autres de *croire*, en dehors des limites de cette épure. Pour lui, hors l'objectif, hors le connaissable, seul est honnête le *je-ne-sais-pas*.

Il y a de la probité dans cette attitude. Il y a même de l'humilité. Mais le malheur est qu'en cette fin du xixe siècle, elle allait engendrer, chez d'autres, des dispositions d'esprit beaucoup plus agressives et totalitaires, qu'on appellera plus tard le *scientisme*.

Ce fut d'abord ce qu'on peut dénommer le *scientisme populaire* : attitude politique simpliste de l'homme qui ne jure plus que par la science, place en elle tous ses espoirs de progrès, ironise sur le Christ et les Évangiles et, du même coup, se sent porté à un anticléricalisme primaire. Dans *Madame Bovary*, paru en 1857, Flaubert met les paroles que voici dans la bouche du pharmacien Homais. Comme la maîtresse d'auberge l'accuse d'être un impie, qui n'a « pas de religion », Homais répond :

> « J'ai une religion, ma religion, et même j'en ai plus qu'eux tous, avec leurs mômeries et leurs jongleries ! J'adore Dieu, au contraire ! Je crois en l'Être suprême, à un Créateur, quel qu'il soit, peu m'importe, qui nous a placés ici-bas pour remplir nos devoirs de citoyen et de père de famille ; mais je n'ai pas besoin d'aller, dans une église, baiser des plats d'argent et engraisser de ma poche un tas de farceurs qui se nourrissent mieux que nous ! Car on peut l'honorer aussi bien dans un bois, dans un champ, ou même en contemplant la voûte éthérée, comme les anciens. Mon Dieu, à moi, c'est le Dieu de Socrate, de Franklin, de Voltaire et de Béranger ! Je suis pour la *Profession de foi du vicaire savoyard* et les immortels principes de 89 ! Aussi je n'admets pas un bonhomme du bon Dieu qui se promène dans son parterre la canne à la main, loge ses amis dans le ventre des baleines, meurt

en poussant un cri et ressuscite au bout de trois jours : choses absurdes en elles-mêmes et complètement opposées, d'ailleurs, à toutes les lois de la physique ; ce qui nous démontre en passant, que les prêtres ont toujours croupi dans une ignorance turpide, où ils s'efforcent d'engloutir avec eux les populations. »

Mais, plus gravement, des penseurs éminents se laissèrent aussi prendre. Ce fut l'illusion d'une *morale scientiste* et d'une *politique scientiste*. Comte, plus que Littré, avait donné l'exemple, en faisant de la morale la septième science dans sa dernière classification et en écrivant son traité de *Politique positive*. Bien d'autres, en cette seconde moitié du XIXe siècle, pensèrent que la science n'était pas seulement capable de faire le progrès, mais aussi de le dire : dire ce qui est bien et ce qui est mal, ce qui est beau et ce qui est laid, ce que l'homme doit entreprendre pour trouver le bonheur et comment les hommes doivent s'organiser pour une société harmonieuse, pacifique et juste. Le très grand chimiste Marcelin Berthelot, père de la synthèse des substances organiques, écrivait :

« La science domine tout : elle rend seule des services définitifs. Nul homme, nulle institution désormais n'aura une autorité durable, s'il ne se conforme pas à ses enseignements [...]. C'est la science qui établit les seules bases inébranlables de la morale [...]. Quand l'éducation scientifique aura produit tous ses effets, la politique elle-même en sera transformée. »

Et, plus tard, le grand mathématicien Painlevé, fondateur de la théorie analytique des équations différentielles, écrira :

« C'est la science qui assura aux sociétés humaines des lois et une organisation juste et rationnelle. Elle résoudra les problèmes sociaux de l'homme. »

Le propre du scientisme est donc d'avoir cru pouvoir placer la morale, d'une part, la politique, de l'autre, sous l'égide de la science. Ce sera l'honneur des scientifiques du XXe siècle que d'avoir tué ce scientisme-là et de n'avoir pas abandonné aux seuls philosophes le soin de remettre la science à sa place : place éminente, aventure somptueuse, accomplissement inouï dans l'histoire des êtres vivants ; mais place tout à fait impropre à fournir aux hommes une échelle de valeurs morales ou politiques — impropre par conséquent à guider les choix.

Pour la *morale*, Littré s'est laissé prendre au piège. Il a cru pouvoir écrire que l'éducation morale doit être fondée sur un positivisme rationaliste. La raison et la science précepteurs de morale ! L'erreur est si grossière qu'elle demande à peine réfutation. Qu'est-ce que la morale, sinon l'expression de certaines valeurs : cet acte est bon, cet autre est mauvais. La mission de la science est de décrire le comment des choses, elle n'est pas de leur décerner des cotes de sagesse ou de perversion. Si la morale édicte qu'il est bon d'aimer ses parents ou de pardonner à ses ennemis, ce n'est pas la recherche scientifique qui peut vous le confirmer. Si vous jugez condamnable la non-assistance à personne en danger, aucune science n'en peut faire la démonstration.

La morale, comme la science, est une aventure surprenante de l'homme : aucun autre être vivant n'a claire conscience du bien et du mal. La morale est création humaine, de toutes pièces. Peut-être faut-il chercher le secret de cette création dans les lois de l'évolution. L'espèce chez qui l'instinct moral devait apparaître n'était pas une espèce ordinaire : son intelligence (sa science) allait lui permettre de violer les instincts primitifs de comportement. La survie de cette étrange espèce réclamait donc quelque substitut, quelques directives capables de remplacer partiellement ce qui, chez l'animal, est inscrit en commandements impératifs dans le patrimoine héréditaire. Dans cette hypothèse, la morale est une compensation, un contrepoids de la science, plutôt qu'une de ses filiales. De toute façon, prendre la science pour une machine à fabriquer de la morale, c'est prendre un ordinateur pour une machine à faire de l'amour maternel. Littré a donc été, sur ce point, victime de l'illusion comtiste.

Illusion explicable, pour deux raisons. D'abord, parce que, dans l'esprit de Littré, la morale est une propriété physiologique du cerveau de l'homme, comme tout le reste de son univers spirituel, si bien que la science physiologique peut et doit s'en mêler. Dans le numéro de janvier 1870 de la *Philosophie positive*, il écrit un article intitulé « Des origines organiques de la morale », où l'on peut lire :

> « Mes études m'ont conduit à penser que la théorie des phéno-mènes intellectuels et moraux appartient à la physiologie céré-brale, ou, si l'on veut, à la physiologie psychique, en donnant le nom de psychique à la partie du cerveau à laquelle la production de ces phénomènes est particulièrement dévolue. »

Une seconde raison est que les données scientifiques éclairent parfois le choix moral : pour prendre un exemple médical de notre temps, on ne peut décider s'il est bien ou mal de recourir à tel ou tel moyen de procréation artificielle, en cas de stérilité, sans connaître les principes, les techniques, les résultats du moyen considéré. L'information scientifique peut ainsi baliser la décision éthique, mais elle ne suffit pas à la mener à bon port.

Pour la *politique*, l'organisation des sociétés, les prétendues lois de l'histoire et les prédictions d'avenir, Littré a réussi, on l'a vu, à échapper tardivement à l'emprise comtienne. Les « remarques » qu'il ajoute à la deuxième édition de *Conservation, Révolution et Positivisme* sont l'image même de cette évasion. Ici encore, il est clair que la science peut guider les choix politiques, mais elle ne peut les décréter. Elle peut indiquer les moyens de parvenir au but choisi, en dire les avantages et les inconvénients, mais elle ne peut définir ce but. Elle peut guider l'itinéraire, mais nullement décider du voyage. Ce n'est pas mauvaise volonté, c'est un *non possumus* inscrit dans les limites mêmes du jeu de la science. Le choix, lui, viendra de ces régions de l'esprit où naissent les désirs et les dégoûts, les « je crois » et les « je doute », les impératifs moraux, les valeurs esthétiques, le sens que chacun croit pouvoir donner à sa vie, bref un univers intérieur qui s'évade du carcan purement rationnel, dans lequel la science est, par essence, enfermée.

Un appétit de transcendance

Même si on absout partiellement Littré de la déviation scientiste, il reste que sa philosophie peut laisser sur sa faim l'homme affamé de transcendance. Cet appétit-là, Littré n'en est pas dépourvu. Ou plutôt, il a un urgent besoin d'idéal, un idéal dont il veut faire une religion, même s'il met Dieu entre parenthèses :

> « Il faut plonger le regard dans l'immensité et se représenter la terre, frêle esquif, naviguant dans les espaces infinis sous la conduite de son soleil, lui-même lancé dans une course sans fin. Il faut déterminer ces forces immanentes à la matière qui la rendent pesante, chaude, lumineuse, électrique, magnétique, sonore. Il faut suivre d'un œil patient l'échange moléculaire qui compose et décompose sans relâche les agrégats naturels. Il faut, de la chimie inanimée, passer à la chimie animée, et tracer les conditions de structure et de développement de la vie individuelle. Enfin, arrivant, pour couronnement de toutes nos spéculations réelles, à la vie collective, il faut suivre dans la longue durée des siècles la croissance des sociétés, leur civilisation graduelle et la formation de l'idée suprême d'humanité à mesure que tout s'améliore autour de nous et au-dedans de nous. Ce seul tableau suffit pour constater combien l'idéal nouveau l'emporte sur l'ancien. Que l'on compare la stérilité des notions vagues et contradictoires que suggèrent les êtres théologiques avec la fécondité des notions positives que suggère l'humanité, et l'on aura mesuré exactement l'intervalle qui sépare le régime théologique du régime positif. »

Et de proposer aux hommes une nouvelle divinité, réelle, objective, moralement admirable, unissant ceux d'aujourd'hui à leurs aïeux et à leurs enfants dans un grandiose ensemble : l'humanité.

> « L'homme n'a jamais été sans religion, et il l'est aujourd'hui moins qu'en aucun temps. Le sentiment religieux, pour vivre et s'exercer, a besoin de se fixer sur quelque être qui paraisse ou qui soit réel, et dont on se sente sérieusement dépendant. Jadis il se

fixa sur des êtres fictifs dont l'imagination primitive peupla le ciel ; de nos jours, il s'éprend de la personne réelle de l'humanité. [...]

Pour avoir la pleine et religieuse notion de l'humanité, il ne suffit pas de vouloir la servir ; il faut encore savoir que nous vivons sous sa dépendance étroite, que nous tenons d'elle tout ce que nous sommes, et qu'elle seule nous donne, avec le pain de la vie corporelle, le pain de la vie spirituelle. Ce sont là les deux termes nécessaires auxquels conduit toute l'histoire. Ces deux termes, la volonté de servir et l'étroite dépendance, se confondent en un seul sentiment, l'amour de l'humanité. »

Ces lignes avaient été écrites en 1851. Les remarques qu'il y adjoint en 1878 semblent, au premier abord, le montrer envahi par le doute :

« J'embrassai il y a vingt-six ou vingt-sept ans avec une grande ardeur la conception de M. Comte, faisant de l'idée de l'humanité le centre d'un ordre moral qu'il appela religion. Toutes les pages de ce chapitre en témoignent. Depuis, cette ardeur s'est refroidie [...]. Je recherche avec soin comment je me crus autorisé à affirmer, et comment je me crois autorisé à douter. »

On s'attend à une rétractation pure et simple. On est déçu. Les dernières lignes de ces remarques, qui s'annoncent critiques, n'en aboutissent pas moins à une déification de l'humanité :

« Des générations mal informées ont pu penser que l'homme était quelque chose sans l'humanité ; le fait est qu'il n'est rien sans elle. Personne n'a fait plus que M. Comte pour proclamer et établir cette grande vérité. »

Or, la question est là : peut-on déifier l'humanité ? Est-elle objet légitime d'adoration et de reconnaissance ? Même en y ajoutant pêle-mêle nos aïeux et nos descendants, le concept d'humanité apparaît moins comme une divinité que comme un ensemble naturel, dont nous faisons partie et qui réclame au mieux tout notre intérêt et tous nos soins. Il faut se donner bien du mal pour y trouver une exaltation transcendantale. La choisir pour centre d'une religion nouvelle, c'est prendre un juste intérêt pour de la ferveur religieuse. La religion de Littré ne paraît guère capable de répondre à la quête d'absolu que réclament les âmes inquiètes.

C'est bien là le drame de la condition humaine. Le besoin de croire et l'emprise du doute ignorent la coexistence pacifique. Certes, à mes yeux, selon les arguments personnels développés dans les chapitres précédents, on peut aujourd'hui penser que bien des pourquoi angoissants ne sont que des questions anthropomorphes, illusoires, non recevables. C'est ce que suggère une critique rigoureuse de la logique humaine, à la lumière des aventures scientifiques récentes. Mais il se trouve que le raisonnement le plus rigoureux a toujours moins de prise sur notre pensée que nos passions instinctives et toute l'histoire des hommes montre que, contrairement à ce que croyait Littré, la passion du mystère et de la foi reste une flamme vivace, chaleureuse, probablement indestructible, au moins dans une large partie de cette humanité que Littré rêvait d'unir en un même idéal positiviste.

Chapitre XIV

POUR LA DERNIÈRE FOIS

A cette époque, la santé de Littré commença de décliner. Il fut pris d'une fièvre intermittente, d'une altération de l'état général, de bronchites à répétitions et de douleurs rhumatismales pénibles, qui ne le quittèrent plus et finirent par le condamner à garder la chambre.

> « Je représentai assez bien le misérable Scarron que nous connaissons, avec un peu moins d'impotence peut-être mais sûrement avec un opiniâtre catarrhe en plus, conservant comme lui la lucidité d'esprit et l'employant comme lui aux distractions du travail intellectuel. »

Il souffrait tant qu'il renonça, non sans crève-cœur, à se rendre au repas qu'il avait organisé pour remercier les collaborateurs et l'éditeur du *Dictionnaire*. Le succès dépassait maintenant toutes les espérances, les retirages se succédaient, un cinquième volume était paru, un *supplément* où Littré avait accumulé toutes les définitions, étymologies, formes dialectales, expressions nouvelles, citations récentes, qui manquaient dans le corps de l'ouvrage. Mais le banquet eut lieu sans lui. La maladie l'immobilisait.

Il est difficile de reconnaître, après plus d'un siècle, la nature de cette maladie. Littré, si instruit en médecine, si méticuleux dans la description de la maladie des autres, reste imprécis quant à la sienne. Il invoque une hérédité goutteuse, mais aucun des symptômes dont il semble souffrir ne ressemble à ceux de la goutte. Peut-être n'était-il atteint que d'une polyarthrite chronique accompagnée de bronchites banales, telles qu'on peut les voir se développer chez l'homme âgé. Mais il peut aussi s'agir d'une de ces maladies aujourd'hui bien connues, groupées parfois sous le nom d'ailleurs impropre de « maladies de système ». Faute d'informations suffisantes, on ne saura jamais pourquoi il allait être, pendant de longues années, cloué dans son appartement parisien.

Quand venaient les beaux jours, il se faisait transporter au Mesnil. Là, il restait dans la chambre haute de sa petite maison. Les visiteurs le trouvaient attablé à son bureau, amaigri, les jambes presque paralysées par la douleur, mais la plume à la main dans son désir infatigable d'écrire. Il poursuivait le dessein de rassembler tous ses textes épars, dans des livres au destin moins éphémère. Il l'avait déjà fait pour ses articles de médecine et de science. Il décida de continuer par une série d'ouvrages consacrés à ses autres passions, la philosophie, la langue française, la politique. Ce furent : *Fragments de philosophie positive, Études sur le progrès du positivisme, Études et Glanures* (ouvrage qui complétait son *Histoire de la langue française*).

Il traduisit aussi *L'Enfer* de Dante en vieux français, avec notes et glossaire. Il avait vivement critiqué la traduction de Mesnard en un français facile et trop élégant, ainsi que celle de Lamennais en un français rude et recherché. Il pensait que *L'Enfer* ne peut être transposé que dans la langue d'oïl, qui était contemporaine de Dante et que ce dernier connaissait. Voici les premiers vers de la traduction de Littré :

> En mi chemin de ceste nostre vie
> Me retrouvais en une selve obscure ;
> Car droite voie ore estoit esmarrie.
> Ah ! ceste selve, dire m'est chose dure,
> Com ele estoit sauvage et aspre et fort,
> Si que mes cuers encor ne s'asseüre :
> Tant est amere que peu est plus la mort.

Hélas! Qui connaît de nos jours la langue d'oïl? Littré lui-même le confessait, une telle traduction, pour que chacun la comprenne, devrait à son tour être traduite en français.

Enfin, en 1880, soucieux de porter témoignage sur l'histoire de son temps, il publie *De l'établissement de la Troisième République*. L'ouvrage réunit les articles que lui ont inspirés les événements politiques dont il a été le témoin ou même l'acteur depuis 1870. Mais l'agencement de ces textes est si bien venu, le témoignage si documenté, le récit si vivant, qu'on croit lire une histoire ininterrompue des débuts de la Troisième République. Et toujours éclate le républicanisme fervent de Littré, allié à son éternel goût de la modération et de l'ordre, qui le rapproche de Thiers plus que des républicains de gauche.

Les confins de la vie

Et maintenant, il ne pense plus qu'à la mort. Pour la première fois, l'avenir manquait.

> « La jeunesse songe peu à la mort; mais l'idée en devient de plus en plus présente à mesure qu'on avance dans la vieillesse. [...] Je l'ai dit plus d'une fois, je pense comme si je devais mourir demain, et j'entreprends comme si je devais vivre beaucoup. [...] Se préparer à ce dernier passage est difficile; il comporte tant de diversités et de hasards! [...] On meurt comme on peut, non comme on veut. »

Littré écrit ainsi de longues pages de méditation sur ce thème. Comme lui, bien des hommes sont à la recherche, difficile, impossible, d'une totale sérénité devant l'image de leur propre mort. Ce n'est pas la disparition physique qui fait peur. Si, au moment où nous rendons l'âme, notre apparence demeurait inchangée, si les principaux organes de notre corps demeuraient intacts, mais vides de pensée, nous n'en aurions pas moins disparu. Non, c'est bien le passage de la pensée au néant qui peut paraître intolérable. L'homme effrayé refuse que sa pensée, si imaginative, si exubérante, si distincte de celle des autres, puisse d'un coup disparaître. Même dans le malheur, il lui arrivait de trouver du plaisir à l'idée d'être encore en vie. Le monde, sans lui, ne sera plus le même. Le néant spirituel, voilà bien le scandale. Et pourtant le néant n'a rien d'affreux en soi, nous le côtoyons chaque jour sans protester, l'être ne se définit que parce qu'il y a néant.

Ces réflexions annonçaient l'évolution de notre concept de la mort. Du temps de Littré, la définition de la mort était l'arrêt du cœur. Il ne pouvait deviner que l'on serait amené à changer cette définition. Mais l'on peut être assuré qu'il aurait acquiescé d'enthousiasme aux nouveaux critères médicaux définissant le moment où un homme a cessé de vivre. Quand fut créée la discipline que j'ai proposé en 1954 de nommer *réanimation médicale*, on vit de nombreux patients en danger de mort passer le cap critique de leur maladie et guérir totalement. Mais parfois, bien entendu, ces méthodes échouent. Alors l'artifice thérapeutique peut maintenir en survie apparente des hommes et des femmes dont le cœur continue de battre, dont les poumons se gonflent et se dégonflent rythmiquement par le jeu d'un appareil de respiration artificielle, mais dont le cerveau est déjà mort. Dans ces conditions, poursuivre la réanimation est non seulement inutile, mais dérisoire et contraire à la mission de la médecine. On tient donc aujourd'hui pour décédé celui dont le cerveau est irrémédiablement détruit (les progrès de la technique permettent de le vérifier sans erreur possible). Il est devenu clair que la médecine se bat pour que l'esprit vive, et non pas pour que survive la dernière cellule d'un corps définitivement privé de son cerveau. Littré aurait assurément accepté ces limites de l'acharnement thérapeutique, puisqu'il en concevait déjà les fondements en déclarant que, sans cerveau, il n'y a pas de pensée. Et sans pensée, plus de personne.

Un testament spirituel

Cette même année 1880, Littré écrit pour sa revue, *La Philosophie positive*, un article de tête qu'il intitule « Pour la dernière fois ».

Remonte à sa mémoire la crise religieuse de son adolescence. Il l'a déjà racontée plusieurs fois. Il avait puisé sa jeune croyance, non chez son père qui n'était que « nominalement catholique », pas davantage chez sa mère « protestante peu zélée », mais plutôt au lycée « dans le milieu qui l'entourait » : Dieu, l'âme et l'immortalité n'éveillaient chez lui aucun doute.

> « Un soir, dans ma petite chambre, où, sorti du collège, je commençais à me livrer à l'étude, je m'arrêtai tout à coup, et, sans que rien n'eût préparé la question, je me demandai sur quel fondement je croyais ce que je croyais. A ma grande surprise, non sans quelque effroi, ma réponse fut que ma croyance ne reposait que sur des arguments plus ou moins bien conduits, mais qu'elle n'avait pour soi aucun fait objectif qui lui donnât réalité et certitude. Ce fut un coup inattendu et qui pénétra fort avant. »

A soixante-dix-huit ans, « pour la dernière fois », malade, fatigué, dolent, il éprouve le désir de raconter comment ceux que le doute n'effleure pas, qu'ils soient hommes de foi ou athées totalement « négateurs », voulurent l'attirer à eux, les uns et les autres pour l'amour de la vérité.

Il s'étend longuement sur la démarche qui mène tant d'âmes généreuses vers la foi chrétienne. Il analyse dans le détail l'histoire de Pierre Olivaint qui, au sortir d'une jeunesse agressivement antireligieuse, se convertit, devint catholique ardent et prêtre de la Compagnie de Jésus, pour finir assassiné au moment de la Commune « victime de sa robe et de ses croyances ». Littré ne manque pas l'occasion de dire sa fraternité pour les croyants et plus encore son admiration pour ce que le catholicisme apporta au monde des hommes. Mais cet apport est un fait historique, non une preuve. Et de preuve de l'existence de Dieu, il n'en a pas. De démonstration des dogmes de l'Église, il n'en trouve aucune. Il tente même de découvrir le ressort secret de la croyance à des objets surnaturels, qu'il retrouve chez les juifs, les musulmans, les brahmanistes, les bouddhistes, et même dans l'Antiquité païenne. Xénophon, disciple de Socrate, condisciple de Platon, commandant héroïque de l'armée d'Athènes, est sûr, preuves à l'appui, que ses succès militaires sont le résultat d'une obéissance entière aux dieux et à leurs oracles. Il conduit l'armée à Seuthès parce que l'interprétation des sacrifices le commande, et il obtient la victoire. Le devin Basias lui dit que les entrailles prédisent le succès d'une expédition contre le persan Asitadès, et le succès couronne en effet l'expédition. Les entrailles désapprouvent formellement le projet d'un déplacement destiné à chercher des vivres par voie de terre, et bientôt Cléandre arrive par voie de mer pour permettre un déplacement beaucoup plus efficace. L'oracle de Delphes recommande une expédition en Asie aux côtés de Cyrus le jeune, et l'expédition réussit. Xénophon manque d'argent au point de vendre son cheval, le devin conseille de sacrifier des porcs à Jupiter Milichius, aussitôt Biton et Euclide arrivent porteurs d'argent pour l'armée et rendent à Xénophon le cheval qu'il avait vendu. L'éternuement aussi est un signe propice et ne trompe jamais. D'autres preuves encore, démontrant que devins, oracles et sacrifices sont toujours efficaces, amènent Littré à conclure :

> « Si j'étais un des anciens chrétiens du IIe ou du IIIe siècle, je n'aurais pas assez d'ironie et de mépris pour accabler ce grand homme bigot (Xénophon), ce célèbre disciple de Socrate tout confit en absurdités superstitieuses. Mais je ne suis pas un premier chrétien ; et, la sociologie, qui est une science positive, m'ayant enseigné d'une façon péremptoire que les croyances religieuses des hommes dépendent des lieux et des temps, je ne commettrai pas la faute d'imputer à tel ou tel personnage historique la responsabilité absolue de son état mental. [...]
> Je n'hésite pas à transporter cet antique exemple, où la démonstration de la légitimité du scepticisme est manifeste, aux temps modernes, où cette démonstration est contestée. Les Xénophons catholiques ou protestants, quelle que soit leur supériorité d'ailleurs, ne valent pas plus en philosophie, en théorie sur l'origine et la fin des choses, que notre vieux païen. Leur manière de voir, hors de leur spécialité, mérite sans doute d'être examinée plus attentivement que celle du premier venu ; mais elle ne mérite que cela. Leur verdict n'emporte pas le plateau de la balance. La discussion reste ouverte. »

Mais « Pour la dernière fois » devient un texte pathétique quand Littré évoque le cas de ces hommes et de ces femmes qui, n'ayant plus le soutien de la foi, « ce bien très précieux pour ceux qui le possèdent », en éprouvent un grand désarroi. « Oh ! dit l'un d'entre eux, que ceux qui ont une foi véritable sont heureux ! si elle pouvait s'acheter à prix d'or, que ne la payerait-on pas ! » Littré s'interroge. Ressent-il le regret de son je-ne-sais-pas ? Souffre-t-il de quelque dénuement moral ? A-t-il manqué d'une irremplaçable paix de l'âme ? A la veille d'une mort qu'il croit prochaine, revoyant sa vie comme dans un miroir, il affirme qu'il n'en est rien. Il se sent envahi d'une grande sérénité. Certes il souffre de sa maladie et ses douleurs sont quelquefois atroces.

> « Depuis bien des mois, la douleur m'accable avec une permanence désespérante [...]. Tous les soirs, quand il faut qu'on me mette au lit, ma peine s'exaspère, et bien des fois je n'ai pas la force de retenir des plaintes douloureuses pour moi et douloureuses aussi à qui m'assiste. [...]
> [Mais] la philosophie positive, qui m'a tant secouru depuis trente ans et qui, me donnant un idéal, la soif du meilleur, la vue de l'histoire et le souci de l'humanité, m'a préservé d'être un simple négateur, m'accompagne fidèlement en ces dernières épreuves. »

L'abbé Huvelin

Madame et Mademoiselle Littré étaient, on s'en souvient, de foi catholique ardente. Mais elles toléraient différemment l'impiété du grand homme. L'épouse, Pauline, l'admirait, le soignait comme un être précieux et fragile, l'aimait en silence. Elle regrettait peut-être qu'il n'eût pas été touché par la grâce, mais n'en disait mot. Elle ne se sentait d'ailleurs pas de force à parler de ces choses avec lui. Leur fille, Sophie, était bien davantage attristée par l'incroyance de son père. Elle en souffrait d'autant plus qu'elle avait pour lui une admiration passionnée. Il lui arriva probablement d'en parler plus d'une fois à sa mère. Elle la persuada de s'en ouvrir à un prêtre. Finalement, les deux femmes s'adressèrent à un des vicaires de Saint-Augustin, l'abbé Huvelin.

L'abbé était un prêtre assez exceptionnel. Ancien élève de

l'École normale, homme de haute culture, il avait une charité de tous les instants, une grande piété, une vive intelligence et une extrême sensibilité. Il connaissait fort bien l'œuvre de Littré. On parlait souvent de cette œuvre parmi les prêtres de Saint-Augustin. Un journaliste catholique, qui se rendait régulièrement dans cette église, raconte :

> « Au mois de juillet (1880), au moment de quitter Paris, faisant ma visite d'adieu au clergé de ma paroisse — Saint-Augustin — l'un de nos vicaires me mit sous les yeux plusieurs articles de M. Littré et m'engagea à lire *Le Moyen Âge et les Barbares*. Il se fait, me dit-il, un grand travail dans cette grande âme. Dans le monde scientifique, on ne connaît pas bien la qualité maîtresse de M. Littré : c'est la tendresse. C'est par là que le Ciel aura accès dans ce cœur d'élite. »

Littré accepta de recevoir l'abbé Huvelin. Il ne voulait, en aucun cas, peiner Pauline et Sophie qui semblaient tenir à cette visite. En outre, il ne détestait pas entendre ceux qu'il savait fort éloignés de lui par leurs convictions. La foi de ceux qui en étaient restés à l'*âge théologique* demeurait pour lui un mystère, qu'il ne se lassait pas d'essayer de comprendre. L'entretien avec l'abbé Huvelin se déroula fort bien. L'abbé était venu sans endosser son habit de prêtre. Il ne dit mot de l'Église, ni rien qui puisse ressembler à un désir de ramener le malade dans le chemin de Dieu. « J'étais à cent lieues de vouloir le convertir », écrira-t-il plus tard. Ils parlèrent de leurs souvenirs, de leurs études, de leurs regrets. L'abbé demanda conseil pour une série de conférences d'histoire ecclésiastique, qu'il donnait dans la crypte de Saint-Augustin. Littré disserta sur le Moyen Âge chrétien, qu'il n'avait cessé d'admirer. Toute la période allant jusqu'au xve siècle et même un peu au-delà le passionnait.

L'abbé revint assez souvent. Entre ses visites, il écrivait. Un jour, il n'y tint plus et envoya la lettre que voici, telle que Littré la rapporte dans « Pour la dernière fois » :

> « Il est impossible que vous n'ayez pas au moins un commencement de foi, impossible, sentant aussi les maux et les besoins des

hommes, mettant au-dessus de tout la bonté, en face d'un mal qui soulève toutes les questions et fait songer à tous les problèmes, que la prière ne soit pas venue souvent en votre cœur. Je crois sentir qu'elle y est, discrète, profonde. Oh ! qu'elle soit seulement plus confiante, croyant davantage en la bonté de Dieu ! Peut-être me trouverez-vous indiscret. J'ai pensé qu'on ne l'était pas quand on ne demandait rien pour soi-même, quand on exprimait seulement l'ardent désir de son âme. On vient souvent vous demander l'aumône d'argent ou de science. Aujourd'hui je suis venu vous supplier, au nom d'une affection que je ne m'explique même pas, mais réelle, de ne pas vous oublier vous-même. »

Littré fut attendri par cette missive, bien qu'elle lui prêtât des émotions qu'il ne ressentait aucunement. Ce n'était pas une de ces invitations menaçantes à rentrer dans le droit chemin, mêlées d'injures, qu'il recevait souvent et qui le laissaient indifférent. Ou encore de ces paroles doucereuses se faisant un devoir de ramener au bercail la brebis égarée. « Les ecclésiastiques, note Littré, possèdent une grande expérience des procédés qui, suivant les cas, ont prise sur les âmes. » Mais, de la sincérité de l'abbé Huvelin, il était sûr. De même qu'il était sûr de ne pas croire en Dieu. Il y avait belle lurette que cette affaire-là était résolue et ce n'est pas à son âge qu'il allait changer.

Dans les mois qui suivirent, Littré continua sans déplaisir à recevoir l'abbé. C'était à peu près les seules visites qu'il acceptait, avec celles de Barthélemy Saint-Hilaire et de Wyrouboff.

Auprès du prêtre, il laissait parfois apparaître, en termes violents, son regret d'avoir beaucoup péché dans sa vie. Cet étrange sentiment de contrition, chez un homme dont l'existence avait été si droite, si simple, si éloignée de toute compromission et de toute impureté, n'était peut-être qu'une des manifestations de l'état dépressif où l'entraînait sa maladie. Mais son repentir éclatait avec tant d'émotion qu'un jour l'abbé Huvelin lui donna l'absolution, bien qu'il sût que Littré n'avait pas été baptisé et n'appartenait pas à la communauté chrétienne. Huvelin rapporte, dans un mémoire resté inédit jusqu'en 1962, comment il tenta d'expliquer à Littré qu'on pouvait être agréable à Dieu par un grand repentir, plus encore que si l'on n'avait pas péché :

« Mais à qui, me dit-il, demander pardon ? Si j'ai fait de la peine à ma femme ou à ma fille, je leur demande pardon mais Dieu ? — Je ne crois pas — Je n'aime pas Dieu — Je ne désire pas voir Dieu — et je désire revoir ma mère. »

En mai 1881, l'état de Littré s'aggrava encore. L'abbé vint le voir dans la soirée du 31 mai et le trouva si mal qu'il osa lui parler de baptême. Il revint deux fois dans la journée du 1er juin. Le 2 juin, à l'aube, ce fut l'agonie. Pauline, Sophie et une religieuse étaient dans la chambre. Mais le prêtre était absent. Sophie raconte :

« La mort approchait et mon père s'en rendait parfaitement compte. Ma mère lui proposa de le baptiser. Il parlait encore et il demanda : " Que dit Sophie ? " Dans mon extrême douleur, et comme pour lui laisser sa liberté complète, je répondis : " Sophie ne dit rien. " La religieuse dit :
" Madame, baptisez-le. " Ma mère le baptisa. Ses yeux qui s'étaient fermés se rouvrirent et j'y vis passer un éclair.
Il ne parla plus, mais la mort n'arriva qu'un quart d'heure ou vingt minutes après. »

Chapitre XV

LE CAS LITTRÉ

L'homme du siècle ?

Une semaine après la mort de Littré paraissait à la première page du *Figaro*, sur trois colonnes, un article d'Émile Zola proclamant que Littré, bien plus que Victor Hugo, méritait le titre d' « homme du siècle ».

« Deux faits ont marqué ces dernières semaines : la publication des *Quatre Vents de l'esprit* de Victor Hugo, et la mort d'Émile Littré. Il semble qu'il y ait là une rencontre voulue, que nécessairement les circonstances devaient établir un jour un parallèle décisif entre ces deux hommes, pour faire, dans nos esprits encore troublés, le procès suprême au romantisme. L'heure est venue.

Pour moi, depuis huit jours, ces deux hommes me hantent. L'un est ma jeunesse, l'autre mon âge mûr. Ils se heurtent et s'excluent. Littré a pris toute la place dans ma raison, Hugo n'est plus à mon oreille qu'une lointaine musique. Le positivisme a scellé la pierre sous laquelle le romantisme dort à jamais. [...]

Les voilà donc face à face : l'un avec ses colossales machines de théoricien affolé, son abus des mots, ses idées troubles, son continuel cabotinage, sa défroque de prophète en zinc, son piétinement sur place au milieu de grands mots vides, son humanitairerie finale de bon vieillard gâteux ; l'autre avec ses grands travaux de logicien impeccable, la rectitude de sa méthode, l'unité et la clarté de son œuvre, la modestie et la simplicité du travailleur que la passion de la vérité attache à la terre, le progrès réel déterminé par chacun de ses ouvrages, poussant tous à l'avenir.

Je le demande sans passion, je le demande aux gens de bonne foi : lequel des deux est le penseur original, lequel des deux est l'homme du siècle ? Oui, qu'on me dise si notre siècle de science s'incarne dans le poète lyrique qui veut recommencer Isaïe, ou dans le savant qui élargit et règle nos connaissances, à l'aide de la méthode positive. »

Zola n'était pas le seul à tenir Littré pour un des grands esprits du siècle. Quelques-uns le détestaient, mais beaucoup l'admiraient, même parmi les hommes d'opinion opposée. Pasteur, dans son éloge académique posthume, le traitait de « saint laïque ». L'image de Littré était celle d'un juste, austère, intègre, tolérant, modeste. On se racontait avec émerveillement l'aventure de ce fils de sous-officier sans fortune, de cet étudiant médecin incertain de sa vocation, de cet obscur journaliste au *National*, qui, à force de travail et de volonté, avait gravi peu à peu les échelons de la célébrité, était devenu le meilleur exégète de la médecine, le meilleur traducteur de la pensée positiviste, le plus grand lexicologue de son temps, qui avait été successivement élu, presque sans l'avoir cherché, membre de l'Académie des Inscriptions et Belles-Lettres, député, membre de l'Académie française, sénateur inamovible, et qui avait refusé d'être ministre. On se répétait les phrases de ce chantre de la science triomphante :

« La destination de la science est le vrai, l'utile ne vient qu'ensuite. Il ne faut pas changer en humble servante une divinité radieuse. »

Saint laïque ou converti de la dernière heure ?

Dans ce siècle finissant, Littré est un personnage si célèbre qu'on continue à se le disputer après sa mort. Certains catholiques veulent qu'au terme de sa vie, repentant, il soit rentré dans le giron de l'Église. Le 4 juin 1881, une cérémonie religieuse, à Notre-Dame-des-Champs, précède l'inhumation dans le caveau de famille, au cimetière Montparnasse. Le jour même, la controverse s'allume. A la maison mortuaire, avant le départ du convoi, on entend les amis du défunt, notamment le docteur Galopin, déclarer qu'un enterrement religieux est indécent pour un héros de la libre pensée. On rétorque que Littré a supprimé de ses dernières volontés, deux ans plus tôt, la phrase où il exigeait un enterrement civil. On ajoute que, dans les derniers mois, il y eut conversion et, dans les derniers moments, baptême. Ce n'était là que simulacre, répondent les autres, simple concession à l'amour conjugal. Au cimetière, Wyrouboff, le disciple fidèle, prononce un discours indigné contre ces bruits de conversion. Mais, le lendemain, *Le Figaro* publie un long article affirmant le miracle d'une réconciliation tardive avec l'Église : le chroniqueur a reconstitué, comme s'il y avait assisté, les dernières semaines de la vie de Littré, il le fait parler, il décrit son repentir. Aussitôt Wyrouboff crie au mensonge. Comme le rappelle Durand-Gréville, dans *La Nouvelle Revue* du 1er août, Littré lui-même a écrit qu'un enterrement religieux est parfois désirable dans la seule intention de « ne pas affliger une femme, une famille » profondément attachées au catholicisme. En octobre de la même année, le journaliste catholique Laverdant fait paraître un petit volume intitulé *La Mort de Littré*, où l'on peut lire que « Dieu voulait cette âme et l'a attirée dans sa gloire ». Littré est maintenant l'enjeu d'une bataille politique autant que religieuse.

Dix-huit ans plus tard, la polémique n'est pas éteinte. L'abbé Huvelin meurt le 10 juillet 1910. Le surlendemain, *Le Figaro* reprend la thèse de la conversion : selon Julien de Narfon, signataire de l'article, l'abbé Huvelin, ayant appris que Pauline Littré a baptisé son époux mourant, s'est rendu en hâte rue d'Assas et a demandé à Littré la permission de recommencer la cérémonie ; Littré aurait répondu :

> « Comme je ne veux pas déplaire à la cause suprême s'il y en a une, et à Jésus, s'il est son Verbe incarné, je consens à recevoir le baptême. »

La contre-attaque ne se fait pas attendre. Le 10 août 1910, Paul-Hyacinthe Loyson, fils d'un illustre prédicateur de Notre-Dame, publie dans *La Grande Revue* « La vérité sur la mort de Littré ». Il déclare qu'il a lu les notes prises par l'abbé Huvelin après ses entretiens avec Littré et que la « conversion » est une légende. Il cite les paroles de l'abbé : « Je vous répète que Littré ne croyait même pas en Dieu. » L'abbé n'est arrivé au chevet de Littré qu'après sa mort, il n'a donc pu le baptiser.

Ces rebondissements successifs d'une bataille où l'on s'arrache le malheureux Littré de part et d'autre du mur de la foi ne sont pas terminés. En 1962, l'abbé Jean-François Six publie son *Littré devant Dieu ;* on y trouve, reproduites pour la première fois, les notes de l'abbé Huvelin ; l'auteur relate les faits avec beaucoup de mesure, mais n'en conclut pas moins que, dans les dernières heures, quelque chose est survenu, « un surgissement inexplicable », « une nouvelle naissance dans le cœur et l'esprit d'un homme ». Tandis qu'Alain Rey, dans son *Littré, l'humaniste et les mots* paru en 1970, retrouve un numéro de *La Dépêche de Toulouse* où l'on peut lire, sous la signature de Gourmont :

> « Ce qu'on lègue aux générations futures [...] ce n'est pas un mot de la fin, mais l'ensemble d'une vie de travail et de pensée, et que le Littré sans volonté [...], sans réaction contre les larmes de deux femmes aimées, ait reçu sur la tête une ondée d'eau bénite, cela ne révoque pas toute une existence de science positive, agnostique ou matérialiste. »

L'homme du Dictionnaire

Littré aurait détesté ces polémiques. Il aurait sans doute voulu qu'on voit d'abord en lui l'auteur du *Dictionnaire de la langue française*. Avec ce monument, il réalisa le rêve que tout écrivain porte en lui, un livre qui défie le temps. Un livre surhumain, des milliers de pages, le travail d'un seul homme ou presque, un livre à la gloire de la langue française, une œuvre qui s'identifie à son nom, le *Littré*. Et ce ne fut pas une mince affaire. Il eut sans cesse

le sentiment d'une lutte de vitesse contre la vieillesse et la mort.
« La vie est brève, et longue la besogne » avait écrit Hippocrate.
Plus la tâche avançait, et plus semblait reculer le point final. La
vie lui laisserait-elle assez d'années pour achever son œuvre ? Il me
semble que Littré trouva un certain bonheur dans ce combat
contre le temps. Peut-être même y puisa-t-il la sérénité et
l'enthousiasme dont il faisait si souvent état, bien que la certitude
d'une mort sans au-delà fût toujours présente à son esprit. Tant il
est vrai que créer contre vents et marées, faire lentement naître un
objet nouveau à force de travail, faire échec au néant en se
prouvant à soi-même qu'on peut construire, sont sources de joie
et de paix. En cela la vie de Littré est exemplaire. C'est en créant
que l'homme trouve son aplomb. On peut méditer cette leçon
dans une société où le recul de l'artisanat, l'organisation indus-
trielle et bureaucratique engendrent tant de non-créateurs et peut-
être, par là, tant d'angoisse et de morosité.

L'homme tolérant

Il fallait bien de la fermeté, de la constance, de la rigueur pour
mener le dictionnaire à son terme. Cette même fermeté, il la
montrera sa vie durant dans la défense de sa philosophie. Une
fermeté qui aurait pu, chez tout autre, s'apparenter au sectarisme.
Chez lui, au contraire, rien de sectaire. La tolérance est peut-être
le trait le plus original de son caractère. La tolérance, vertu
maîtresse et pourtant si fragile.

La tolérance de Littré ne se définit pas comme une tolérance
universelle, acceptant tout d'autrui, y compris l'intolérable. Il
accorde qu'on ne pense pas comme lui à la condition que la pensée
de l'autre ne soit pas agressive. Dans une lettre conservée aux
archives de l'Institut de France, il refuse la dédicace d'un livre
pour la seule raison qu'il pourrait offenser les chrétiens. Cet
agnostique ne cherchera jamais querelle aux convictions religieuses. Plus même, il aura pour ceux qui les professent une sorte
d'amitié complice. Il craindra sans cesse de les blesser. Il essayera
souvent de convaincre, mais jamais d'attaquer. Il ne s'indignera

que des faits et gestes qu'il juge attentatoires. Et pourtant ses idées politiques, philosophiques, scientifiques, sont solides comme roc. Sa volonté n'est pas molle. Voilà sans doute la vraie tolérance, respect de ceux qui respectent les autres, même si l'on est persuadé qu'ils ont tort. La vie de Littré est l'illustration de cette tolérance-là.

Le défenseur de l'esprit scientifique

Restent ses positions philosophiques. On ne peut oublier qu'elles donnèrent des leçons de prudence dans l'affirmation, de rectitude dans la méthode, de condamnation du charlatanisme intellectuel. En ce XIXᵉ siècle qui cherchait toutes les évasions de l'intelligence et toutes les routes de l'irrationnel, c'était montrer les bienfaits de l'empirisme et de l'humilité de pensée. L'honnêteté et la rigueur de Littré étaient telles qu'il finit par s'apercevoir des faiblesses du positivisme de Comte. Événement inouï! A un âge où l'on avoue rarement avoir vécu jusque-là dans l'erreur, Littré comprend les égarements du système auquel il a donné sa foi depuis tant d'années. Il est un de ces hommes d'exception chez qui l'amour inquiet de la vérité pèse plus lourd que l'amour-propre. Ses yeux se dessillent. Il a été floué par une confiance aveugle dans les paroles d'un homme qu'il admirait de toute la force de son ingénuité. Il s'est trompé et n'hésite pas à le reconnaître publiquement. Vingt-six ans après avoir écrit *Conservation, Révolution et Positivisme,* il en publie une nouvelle mouture où chaque chapitre est suivi d'une critique impitoyable des illusions premières. Alors que Comte prétendait « expliquer le passé et prévoir l'avenir », Littré déclare :

> « Bientôt les faits eux-mêmes me montrèrent que M. Comte était aveugle. »

Il voit donc s'effondrer un pan entier de la doctrine positive, pour laquelle il s'est battu toute sa vie durant. Il a toutes les raisons de prendre avec elle ses distances. Toutes les raisons de renier, septuagénaire, ce qu'il avait adoré.

Cependant Littré est aussi un homme fidèle. Fidèle à ses engagements de jeunesse, du temps où la philosophie positive avait déchaîné en lui un coup de foudre, une illumination, un don de soi. Une âme loyale et droite ne peut se détacher de la passion de sa vie pour la seule raison qu'elle en voit les erreurs. Reste, dans le positivisme, un corps de doctrine qui, convenablement épuré, est encore, aux yeux de Littré, une grande vérité, *la vérité*. Une pleine confiance dans la force de l'esprit scientifique en est le noyau et la science sort intacte de la révision nécessaire. Hors de la science point de salut. La politique, la morale, l'art lui-même doivent demeurer dans l'orbite de la science sociologique. Littré sera envers et contre tout le défenseur ardent de ce positivisme-là.

Le philosophe fourvoyé

Or ce positivisme épuré de Littré souffre encore de cruelles faiblesses.

Voilà un homme sensible et sensé, érudit et intelligent, passionné de vérité et de probité intellectuelle, et qui, pourtant, s'entêta jusqu'à la mort dans un système confondant les chemins rigoureux de la science et les voies irrationnelles des passions humaines ; un système qui se veut esclave des faits, ignorant qu'il n'y a de faits, pour l'homme, qu'interprétés ; un système qui se bat contre la recherche de l'absolu, comme si l'absolu était bel et bien une réalité extérieure inconnaissable, et non l'expression subjective d'un besoin de l'âme humaine ; un système qui ne veut consentir qu'aux choses « objectives », oubliant que l'homme ne peut sortir de lui-même, ne peut regarder le monde avec d'autres yeux que les siens, ne peut atteindre l'objet sans passer par une démarche de son esprit.

Certes Littré a compris les limites de la connaissance scientifique. Il écrit qu'elle peut donner une image « relative » de l'objet étudié, mais non prétendre à une connaissance « absolue » du

monde. Dans un passage intitulé « Bornes de l'esprit humain », il
note :

> « L'esprit humain est enfermé dans les bornes les plus étroites de
> la relativité [...]. Qui dit relativité dit limites. L'esprit humain a
> eu bien de la peine à comprendre cette position relative et limitée
> qui lui est prescrite par sa propre constitution. »

C'était affirmer la claire distinction entre l'objet lui-même et le
reflet que nous en recevons et que nous qualifions imprudemment
de réalité objective. Bien des philosophes l'avaient suggéré avant
Littré, peu l'avaient déclaré avec autant de force.

Pourtant il n'a pas pleinement perçu que le monde « objectif »,
pour prendre une qualification à laquelle il tient, n'est et ne sera
toujours pour nous que le résultat d'un dialogue entre l'observateur et le réel, un dialogue où l'observateur et ses méthodes sont
aussi importants que le réel. Le fossé est moins grand que ne le
croyait Littré entre l'objectif et le subjectif, le premier paré par lui
de toutes les vertus et le second de tous les vices. Littré ne
soupçonnait pas que le chercheur fabrique la réalité autant qu'il la
découvre.

Il est vrai qu'il n'avait pas à sa disposition les leçons qu'ont
apportées depuis lors la microphysique et l'astrophysique, révélant de nouveaux mondes que nos cervelles étroites ont bien du
mal à intégrer dans notre imagerie intuitive des choses, démontrant que cette imagerie n'est valable qu'à notre échelle et qu'elle
est défaillante aux échelles de l'infiniment petit ou de l'infiniment
grand. Il est devenu clair maintenant que notre logique ordinaire
ne vaut qu'aux dimensions de l'homme. Voilà pourquoi, bien
qu'ayant parfaitement reconnu les limites de la connaissance
scientifique, Littré commet, à mes yeux, une nouvelle faute
d'interprétation. Sur les questions cruciales des sources premières
et des fins dernières, il se borne à déclarer que ces questions sont
« incognoscibles » (*sic*), hors de portée de la connaissance
humaine. Il n'aperçoit pas qu'en soulevant ces questions, il risque
d'extrapoler à des échelles infinies une logique questionneuse qui
n'offre de sécurité qu'à notre petite échelle quotidienne. Il ne

s'interroge pas sur l'absurdité possible d'une recherche de l'origine et de la signification du monde, il la juge simplement vaine parce qu'au-dessus de nos pouvoirs.

Or, loin de déclarer notre impuissance à donner la réponse, on peut aujourd'hui, me semble-t-il, douter de la validité de la question. Le débat s'est déplacé depuis qu'ont éclaté à nos yeux les faiblesses de nos concepts usuels appliqués à des dimensions infiniment différentes de la nôtre. On n'aperçoit pas seulement les limites de la connaissance scientifique. On entrevoit la limite de certains de nos *concepts logiques :* concept de déterminisme, concept de début et de fin, concept de création, concept de signification. Avons-nous encore le droit de parler de création du monde sous le prétexte que, dans notre vie quotidienne, tout a une cause et toute réalisation humaine est le résultat d'une création ? Est-il licite de s'interroger sur la signification du monde et de notre vie, sous le prétexte qu'à notre échelle, pour tout acte, pour tout événement, le jeu des *pourquoi - parce que* est si souvent fructueux ? Telles m'apparaissent les interrogations pressantes de notre temps. Littré les a totalement ignorées. Il est vrai que, de nos jours encore, pareille méconnaissance demeure habituelle.

La tentation du scientisme

Une autre erreur fut de voir dans la science l'unique ressource de l'homme. A en croire Littré, l'histoire admirable de l'humanité est une suite d'étapes vers le progrès, toutes également respectables, et chacune préparant la suivante. Le ciel fut d'abord empli de dieux innombrables. Puis vint un Dieu unique, créateur et annonciateur d'espérance et de civilisation. Ensuite ce fut, avec ou sans Dieu, la poursuite d'une quête de l'absolu, qu'on nomme métaphysique. Enfin naît le temps des sciences, qui ne nie pas l'inconnaissable, mais refuse de s'y engager. La science remplace toutes les philosophies du monde. La science *est* la philosophie. Elle devient la route unique, la route somptueuse, après des siècles et des siècles d'errements. Elle substitue aux constructions imaginaires et fallacieuses de l'esprit les splendeurs de l'univers réel. Elle montre à la fois le chemin de la connaissance vraie et de l'action efficace, pour un inéluctable progrès.

Là est l'erreur de Littré. La science est instrument de connaissance et, par voie de conséquence, source d'un pouvoir d'action, mais elle est totalement incapable d'*évaluer* cette action, l'idée même de valeur lui est étrangère. Elle ignore le bon et le mauvais, le bien et le mal, le beau et le laid. Ces élans viennent à l'homme de régions profondes où la démarche scientifique serait incongrue. Si Auguste Comte, Émile Littré et leurs disciples n'avaient pas été des autodidactes en matière de philosophie, ils auraient su que ces idées simples avaient été déjà exprimées avant leur naissance dans maints textes philosophiques. Littré a parfaitement aperçu les limites de la *connaissance* scientifique. Mais il a méconnu les limites de ses *pouvoirs*. La science est incapable de dicter les règles morales, les options politiques, les passions et les choix des hommes. Ce sont d'autres voies de l'esprit. Littré a eu tort d'écrire :

> « L'ordre moral est rangé sous la catégorie de la science positive [...], qui résoudra tôt ou tard les problèmes fondamentaux relatifs à l'organisation des sociétés. »

Croire qu'on peut tirer de la science une morale et une politique, c'est prendre une machine à découvrir des faits pour une machine à dicter des comportements.

Un ersatz de transcendance

Une autre faiblesse du système est d'avoir imparfaitement apprécié le besoin de transcendance de l'âme humaine. Littré a cru que la beauté de l'univers, telle que la recherche scientifique la découvre, suffirait à tarir la soif naturelle d'absolu. Mais cette soif n'est autre que le désir de sortir des frontières de la démarche purement scientifique. Littré a senti cette source vive de frustration, il n'a pas hésité à l'exprimer plusieurs fois, mais, par une sorte de pudeur, il a refusé comme illicite et peu convenable ce qui échappe au joug rationnel.

Certes les positivistes, à défaut de trouver un sens à la vie, proposèrent aux hommes un dessein capable de donner un sens à *leur* vie. Comme Dieu était mort, ils leur offrirent l'Humanité. Ils évoquèrent, ce qui est beau, une image à laquelle les biologistes sont sensibles, à savoir l'ensemble que forment, d'un seul tenant, les hommes qui nous précédèrent, ceux qui vivent en même temps que nous et ceux qui nous succéderont. Voilà ce que Comte désigne, lorsqu'il déclare que l'amour de l' « humanité » doit être l'ambition des hommes. Et voilà la cible que, fidèle, leur assigna Littré.

> « L'amour de l'humanité est né parmi les générations modernes et n'a pu naître que parmi elles. Il faut le distinguer de l'amour des hommes, si noblement fondé par le christianisme et que nous recevons comme notre meilleur héritage. L'amour des hommes est cette charité qui les porte à se secourir les uns les autres et à se traiter en amis et en frères. L'amour de l'humanité, qui comprend en soi l'amour des hommes, est cet intérêt vif et puissant, bien qu'impersonnel, qui nous attache à son progrès, à ce qu'elle fut dans le passé, à ce qu'elle sera dans l'avenir, qui nous donne une joie profonde quand cette grande cause prospère et une non moins profonde tristesse quand elle subit quelque revers, et qui nous fait tant désirer de contribuer, pour si peu que ce soit, à cette œuvre reçue de nos aïeux, transmise à nos descendants. »

Mais l'amour de l'humanité est-il suffisant pour combler l'appétit de transcendance inscrit dans la nature humaine ? Peut-on adorer l' « humanité » comme les croyants adorent Dieu ? Littré le pense :

> « Le temps, qui est beaucoup pour les individus, n'est rien pour ces longues évolutions qui s'accomplissent dans la destinée de l'humanité. Déjà, du sein de la vie individuelle, il est permis de s'associer à cet avenir, de travailler à le préparer, de devenir ainsi, par la pensée et par le cœur, membre de la société éternelle, et de

trouver en cette association profonde, malgré les anarchies contemporaines et les découragements, la foi qui soutient, l'ardeur qui vivifie, et l'intime satisfaction de se confondre sciemment avec cette grande existence, satisfaction qui est le terme de la béatitude humaine. »

Pour unir l'homme et le monde, Littré n'accepte que des liens rationnels. Il met sous la tutelle de la connaissance scientifique des passions que la science n'a pas à connaître et qui se nomment l'art, la haine et l'amour, la joie et la peine de vivre, la passion de la justice et cent autres chemins étonnants de notre pensée. Il n'aperçoit pas que ces chemins, non seulement n'appartiennent pas à la science, mais sont autant de moyens de sortir du carcan de nos connaissances purement scientifiques. Là se situe le paradoxe de Littré, car, en plus d'une occasion, malgré sa mine faussement revêche, il laisse deviner une sensibilité extrême à toutes ces choses. Son erreur est de vouloir que la science s'en empare et les colonise.

Une sociologie baignée d'optimisme

La « sociologie » de Littré est baignée d'optimisme. Il a, ancrée en lui, l'image d'une pente naturelle de l'humanité vers un progrès continu. Des accidents malheureux peuvent masquer cette marche ascensionnelle, mais ce ne sont là qu'épisodes cachant une tendance permanente. Même quand Littré comprendra à quel point Comte s'est fourvoyé dans ses prédictions, il gardera intacte sa foi dans un avenir heureux de la communauté humaine. Le cheminement vers des lendemains meilleurs lui semble inscrit dans la nature de l'homme. L'âme humaine est spontanément saisie par le désir de lutter contre la souffrance, de réprouver la cruauté, de libérer l'individu, de corriger les inégalités flagrantes et ce désir latent est un moteur puissant, originel, ineffaçable. Il peut être entravé par des accidents éphémères ; mais il demeure, permanent ; il assure l'avenir. Les pouvoirs grandissants de la science se mettront au service de ces impulsions profondes. Elles en accéléreront l'accomplissement. L'équilibre, l'harmonie, la plénitude, la paix d'une humanité réconciliée avec son destin sont au bout de la route.

Si Littré revenait parmi nous, s'il jugeait de ces choses avec un plus grand recul, s'accrocherait-il encore à cette image ? Il me semble que c'est l'inverse qui se dessine aujourd'hui : si la société des hommes doit un jour atteindre l'harmonie dont rêvait Littré, ce ne sera pas le fait d'une pente *naturelle,* mais bien d'un effort actif, imaginatif, gigantesque, contre une descente *naturelle* aux enfers. Quel est le constat ? Des guerres aux quatre coins du monde, cent fois plus meurtrières que du temps de Littré. Le fanatisme envahissant des populations entières. Partout l'intolérance. Des laboratoires secrets étudiant des armes chimiques ou bactériologiques. Des réserves de bombes atomiques dix fois supérieures à ce qui serait suffisant pour détruire toute vie sur terre. Un phénomène envahissant d'autodestruction par l'alcool et la drogue. La famine qui tue chaque année des millions d'hommes, de femmes et d'enfants. N'y a-t-il pas matière à un état d'alerte plutôt que d'optimisme ? Aux yeux du biologiste, la question est de savoir si la pente naturelle n'est pas descendante, si le phénomène n'est pas constitutif du caractère humain, inscrit comme promesse dans les gènes de l'homme, donné avec le capital de passions et d'intelligence dont il a été doté et que ne détient aucune des millions d'autres espèces vivantes.

Ce qui apparaît avec éclat, c'est que les malheurs des hommes ne sont pas seulement le résultat de leurs tares morales, agressivité, égoïsme, réserves de haine et impuissance d'amour. Leurs passions les plus généreuses, celles-là mêmes auxquelles Littré accordait pleine confiance, peuvent se retourner contre eux. Les progrès bénéfiques qu'elles engendrent sont très souvent suivis, comme leur ombre, par de grands périls. La découverte de l'aviation a rapproché les peuples, en même temps qu'elle permettait de les bombarder. L'ordinateur aide les hommes à créer et à vivre, comme aussi à diriger les engins de mort. La physique nucléaire permet de guérir des cancers et de détruire Hiroshima. La médecine et l'hygiène font reculer la maladie et la souffrance, elles doublent la durée de vie, elles réalisent donc la mission bienfaisante que les hommes leur ont confiée, mais, du même coup, elles bousculent dangereusement l'équilibre démographique, multipliant par six la population humaine en moins de deux siècles et renversant la pyramide des âges par un nombre sans cesse croissant de vieillards. Nos actions les plus généreuses peuvent être, elles aussi, des actions d'apprentis sorciers.

Tout cela ressemble fort à un destin naturel, contraire à celui qu'imaginait Littré. L'univers moral de l'homme, dotation génétique inouïe que nul autre animal ne possède, a tous les airs d'une rébellion contre des lois biologiques qui, avant l'apparition de l'espèce humaine, régnaient sans contestation depuis trois milliards d'années dans le monde vivant. L'homme est le premier animal révolté, contre ce qu'il juge cruel, inique, inacceptable dans la sélection naturelle, dans le sacrifice de l'individu au profit de la survie de l'espèce. Cette révolte est assurément un somptueux dessein, elle est le sel et la noblesse de l'aventure humaine. Mais elle est pleine de risques autant que de grandeur. L'urgence est aujourd'hui d'analyser ces risques et de chercher la parade.

L'histoire que j'ai racontée est donc, pour moi, celle d'une faute contre l'esprit, l'histoire d'un homme qui s'enferma dans un système et, comme tous les captifs d'un système, y trouva le confort de l'âme, le sentiment de cohérence, la joie des certitudes, et n'aperçut point les œillères qui rétrécissaient le champ de son regard. Sans doute cette faiblesse s'explique-t-elle par le tempérament même de Littré. Sous ses dehors d'homme fort et assuré, il cache, comme certains mélancoliques, un besoin de s'appuyer sur un canevas directeur, sur une doctrine qui lui serve d'arc-boutant, sur une philosophie qui ait des allures structurées et solides. Cet homme énergique m'émeut par sa fragilité et sa candeur.

Rêveur à la fois ferme et naïf dans ses rêves, vivant tout d'une pièce pour un idéal de vérité et de générosité, le personnage est admirable et pathétique. L'utopie ne lui fait pas peur. L'optimisme est son fait. Le combat pour un monde plus juste est son combat. Il est de ces êtres rares, qui ne doutent pas de la victoire prochaine d'une humanité lucide et raisonnable, qui croient que le progrès des âmes suivra le progrès des sciences, qui repoussent le désenchantement des hommes découragés, et qui cachent sous des dehors sévères une foi tranquille en l'avenir.

REMERCIEMENTS

REMERCIEMENTS

Nombreux sont ceux qui m'ont aidé à réunir sur la vie d'Émile Littré des documents dont certains sont inédits, notamment des lettres qui n'avaient jamais été publiées. J'aimerais exprimer ma reconnaissance à Françoise Dumas et à Claude Richebé, conservateurs de la bibliothèque de l'Institut, ainsi qu'à Mme Laffitte-Larnaudie, conservateur des archives de l'Institut ; à Pierrette Casseyre et Monique Chapuis, conservateurs de la bibliothèque de l'Académie nationale de médecine ; à la Bibliothèque interuniversitaire de médecine ; à la Bibliothèque nationale, où j'ai été aidé par André Miquel, qui était, pendant mes recherches, administrateur général, par Mme Sébille et par le département des Manuscrits ; à M. Roidot, de la Bibliothèque municipale de Versailles, dépositaire du fonds Charnacé qui contient de nombreuses lettres de Littré ; à M. Lanthoinnette, responsable des archives de la Librairie Hachette ; à Mme Florence Greffe, qui dirige les archives de l'Assistance publique de Paris. Je souhaite également remercier M. Henri Gouhier, qui connaît si bien Auguste Comte et le positivisme, et qui a pu me fournir d'utiles informations.

Je tiens à remercier tout particulièrement la Maison d'Auguste Comte et son président, M. Trajano Carneiro, qui ont mis à ma disposition cent deux lettres inédites de Littré, ainsi que quelques lettres d'Auguste Comte non encore publiées. Des lettres manuscrites inédites de Marie d'Agoult à Littré m'ont aimablement été communiquées par M. Charles Dupêchez et le comte Josserand de Saint-Priest-d'Urgel, descendant de Marie d'Agoult : je leur en suis très reconnaissant. Mes remerciements vont également à Mme Élizabeth Fevret-Renié, arrière-petite-nièce d'Émile Littré, qui a bien voulu me fournir une photographie de la fille de celui-ci, Sophie Littré.

Ma collaboratrice principale fut Hélène Bourgeois, depuis la conception de l'ouvrage jusqu'à son point final. Elle a notamment été d'une aide précieuse dans les enquêtes bibliographiques et documentaires qui furent très nombreuses.

Mme le docteur Béatrice Descamps-Latscha, Mme Françoise Verny, directrice littéraire des éditions Flammarion, sa collaboratrice Mme Monique Nemer, ont bien voulu relire le manuscrit avec attention et formuler d'utiles suggestions. Qu'elles trouvent ici l'expression de ma gratitude.

BIBLIOGRAPHIE
NOTES ET COMMENTAIRES

Bibliographie
des principaux ouvrages
de Littré

Livres

Le Choléra oriental (Paris 1832, Baillière).

De la philosophie positive, six articles parus dans le *National* en 1844, le tout réuni en Hollande, à Utrecht, en 1845 (sous le titre *Analyse raisonnée du cours de philosophie positive de M. Auguste Comte*), puis publié à nouveau à Paris chez Ladrange la même année, ensuite dans la première édition de *Conservation, Révolution et Positivisme* (1852) et dans *Fragments de philosophie positive* (1876) (références ci-dessous).

Application de la philosophie positive au gouvernement des sociétés, et en particulier à la crise actuelle (Paris 1849, Ladrange).

Conservation, Révolution et Positivisme (Paris 1852, Ladrange. 2e édition Paris 1879, Bureaux de la philosophie positive).

Dictionnaire de médecine, de chirurgie, de pharmacie, des sciences accessoires et de l'art vétérinaire, avec Ch. Robin, refonte du dictionnaire de P. H. Nysten (Paris 1855, Baillière).

Paroles de philosophie positive (Paris 1859, Delahaye).

Histoire de la langue française (2 vol., Paris 1862, Didier).

Auguste Comte et la philosophie positive (Paris 1863, Hachette).

Dictionnaire de la langue française contenant pour la nomenclature tous les mots qui se trouvent dans le Dictionnaire de l'Académie française, et tous les termes usuels des sciences, des arts, des métiers et de la vie pratique. (Publié d'abord en 30 fascicules, de 1863 à 1873, puis en 4 volumes, Paris 1873, Hachette). Des réimpressions successives furent réalisées par la Librairie Hachette jusqu'en 1943, la dernière étant épuisée depuis 1956.

L'Encyclopaedia Britannica a réalisé une nouvelle édition du *Dictionnaire* en septembre 1987, complétée par un volume ajoutant 5 000 mots récents aux 80 000 mots de l'édition d'origine. Cette édition ne reproduit pas la partie étymologique.

Études sur les Barbares et le Moyen Âge (Paris 1869, Didier).

Médecine et Médecins (Paris 1872, Didier).

La Science au point de vue philosophique (Paris 1873, Didier).

Littérature et Histoire (Paris 1875, Didier).

Fragments de philosophie positive et de sociologie contemporaine (Paris 1876, Bureaux de la philosophie positive).

Supplément au Dictionnaire de la langue française (d'abord publié en 12 fascicules, de 1878 à 1879, puis en un volume, Paris 1879, Hachette ; réimpressions successives jusqu'en 1939).

De l'établissement de la Troisième République (Paris 1880, Bureaux de la philosophie positive).

Études et Glanures, pour faire suite à l'Histoire de la langue française (Paris 1880, Didier).

Traductions

Histoire naturelle de Pline l'Ancien (2 vol., Paris 1848, Coll. des classiques latins de Nisard).

Vie de Jésus, Examen critique de son histoire de David-Frédéric Strauss (Paris 1839, Ladrange. 2ᵉ éd. avec préface de Littré en 1856).

Œuvres complètes d'Hippocrate, avec texte grec en regard et annotations (10 vol., Paris 1839-1861, Baillière).

L'Enfer de Dante Alighieri, mis en vieux langage françois et en vers, accompagné du texte italien, contenant des notes et un glossaire (Paris 1879, Hachette).

Préfaces

Littré écrivit de nombreuses préfaces. Outre celles qui figurent en tête de ses livres et traductions mentionnés ci-dessus, on peut citer entre autres les préfaces des ouvrages suivants :

Johannes Peter Müller, *Manuel de physiologie*, traduit par Jourdan, 2ᵉ éd. revue et annotée par Littré (2 vol., Paris 1851, Baillière).

Eusèbe de Salverte, *Des sciences occultes* (Paris 1856, Baillière).

Armand Carrel, *Œuvres politiques et littéraires*, en cinq volumes, annotées et précédées d'une notice biographique, par MM. Littré et Paulin (Paris 1857-1859, Chamerot).

Auguste Comte, *Principes de philosophie positive*, précédé d'une préface de Littré de mars 1864 (sous le titre « Préface d'un disciple ») et suivi dans une édition ultérieure d'une nouvelle préface de Littré (sous le titre « Étude sur les progrès du positivisme ») (Paris 1876, Baillière).

Auguste Brachet, *Grammaire historique de la langue française* (Paris 1868).

Louis André-Nuytz, *Le Positivisme pour tous* (Paris 1868, Le Chevalier).

Prosper Pichard, *Doctrine du réel, catéchisme à l'usage des gens qui ne se paient pas de mots* (Paris 1873, Hurtau).

Alphonse Leblais, *Matérialisme et Spiritualisme* (Paris 1875, Baillière).

Eugène Noël, *Mémoires d'un imbécile écrits par lui-même* (Paris 1875, Baillière).

Bibliographie
des principaux ouvrages et articles
consacrés à Littré

Les ouvrages consacrés à la vie et à l'œuvre d'Émile Littré sont peu nombreux. La biographie la plus complète est parue en langue anglaise, chez un éditeur hollandais, sous la signature de Stanislas Aquarone (S. Aquarone, *The Life and Works of Emile Littré*, Leyden 1958, A.W. Sythoff, 217 pages). Un remarquable essai, commentant surtout le *Dictionnaire*, mais comportant aussi une analyse critique du reste de l'œuvre et une longue « Esquisse d'un portrait », est dû à la plume du lexicographe Alain Rey (A. Rey, *Littré, l'Humaniste et les Mots*, Paris 1970, Gallimard, 349 pages); cet auteur atténue par un attachement chaleureux à l'homme une analyse technique très sévère de son dictionnaire. Deux ans après la mort de Littré, un de ses confrères de l'Académie française, Edme-Marie Caro, publiait un livre critiquant sévèrement les défenseurs du positivisme (E. Caro, *Littré et le Positivisme*, Paris 1883, Hachette, 304 pages). Ce même Caro avait d'ailleurs déjà écrit, du vivant de Littré, divers articles attaquant Auguste Comte, et j'ai retrouvé une lettre de Littré datant du 9 avril 1855 et adressée à Hachette, annonçant qu'après avoir longtemps écarté l'idée de protester contre ces articles, il se décidait enfin à y faire réponse. Enfin l'abbé Jean-François Six a consacré sa thèse de doctorat, sous la direction d'Henri Gouhier, au problème discuté d'une éventuelle conversion de Littré sur son lit de mort; l'ouvrage s'ouvre sur une longue introduction biographique (J.-F. Six, *Littré devant Dieu*, Paris 1962, Le Seuil, 221 pages). Du vivant de Littré, Sainte-Beuve avait publié une *Notice sur M. Littré, sa vie et ses travaux* (Paris 1863, Hachette, 107 pages), opuscule reproduisant des textes déjà parus, la même année, dans les *Nouveaux Lundis* du célèbre critique. On peut encore mentionner une courte brochure de 28 pages, intitulée *Littré, sa Vie et ses Œuvres, Historique du Dictionnaire français*, éditée par l'auteur, L. Duplais, en 1891.

Ont également été publiés de nombreux articles biographiques, portant souvent sur un aspect particulier de la vie ou des publications de Littré. On peut citer notamment le « Littré » de J. M. Guardia (*Revue politique et littéraire*, 2 juillet 1881, p. 13-23), celui de Georges Daremberg (*in* G. Daremberg, *Les Grands Médecins du XIXᵉ siècle*, Paris 1907, Masson, p. 173-249), l' « Éloge d'Émile Littré » prononcé par Maurice de Fleury à l'Académie de médecine, le 16 décembre 1919 (Bulletin de l'Académie de médecine, 1919, tome LXXXII, p. 433-458); « Un médecin lexicographe, Émile Littré », de Paul Ganière (*in* Dr. Paul Ganière, *Ils étaient aussi médecins*, Paris 1968, Librairie Académique Perrin, p. 249-275).

A l'occasion du centenaire de la mort de Littré, un colloque lui fut consacré les 7, 8 et 9 octobre 1981, sous la présidence d'Henri Gouhier; les actes en ont été publiés dans un numéro spécial triple de la *Revue de synthèse* (Paris 1982, Albin Michel); ils portent sur tous les aspects de l'activité de Littré, philosophiques, médicaux, lexicographiques, politiques, etc.

Parmi les autres travaux étudiant tel ou tel point particulier de l'œuvre de Littré, les plus importants sont signalés, avec leur référence bibliographique, dans les notes et commentaires qui suivent.

Notes et commentaires
(Les chiffres indiquent la page correspondante)

INTRODUCTION

9 La phrase complète de Renan sur Littré, dans sa réponse au Discours de réception de Louis Pasteur à l'Académie française le 27 avril 1882, est :

« Par sa science colossale, puisée aux sources les plus diverses, par la sagacité de son esprit et son ardent besoin de vérité, Littré a été à son jour une des consciences les plus complètes de l'univers. »

Sainte-Beuve avait écrit de Littré, dans sa *Notice sur M. Littré, sa vie et ses travaux* (*op. cit.*, p. 54) :

« Aucune ambition, aucune gloriole, aucun luxe, aucun besoin factice ou sensuel ; le brouet des Spartiates lui suffit. Dans ce XIXe siècle, qui sera réputé en grande partie le siècle du charlatanisme littéraire (*sic*), et où c'est généralement à qui fera le plus valoir sa marchandise, ces sortes d'hommes originaux et singuliers sont une exception criante. »

Voir aussi les autres citations de Renan et George Sand mentionnées dans le chapitre XII et, pour l'appréciation de Zola, la citation plus complète de l'article du *Figaro* à la première page du chapitre XV.

10 L'anecdote de la chute accidentelle en Bretagne est racontée par Littré lui-même dans *Conservation, Révolution et Positivisme*, 2e éd. (*op. cit.* p. 432) :

« En 1872, visitant un phare sur la côte de Bretagne, et considérant avec ma lorgnette les îles de Jersey et de Guernesey que j'apercevais au loin dans la mer, je tombai (car imprudemment je marchais en regardant) par le pertuis qui sert d'accès à la plate-forme ; la chute fut d'un étage ; j'en fus quitte pour des contusions et un accès de fièvre. Un journal des environs regretta que je ne me fusse pas tué, non pas qu'il m'en voulût personnellement, mais nous ne pensions pas de même sur les croyances théologiques, et telle est la forme que prenait son dissentiment. Si ma tête avait porté, je finissais sur le coup. »

CHAPITRE I — ENFANCE

11 Sur les parents et ascendants de Littré, on dispose de diverses sources provenant de ses amis (voir Sainte-Beuve, *op. cit.*) et de sa famille. Stanislas Aquarone (*op. cit.*) a retrouvé des notes manuscrites qu'avait rédigées la fille de Littré, Sophie, après la mort de son père. Sophie avait également demandé à l'un de ses cousins des informations sur ses grands-parents et avait reçu deux lettres détaillées, datées des 23 et 28 novembre 1886. Ces lettres peuvent être consultées *in extenso* dans le livre d'Aquarone, p. 166 à 170.

12 La citation « J'aime la Normandie... » est extraite de la préface que Littré donna au livre d'Eugène Noël, *Mémoires d'un imbécile* (*op. cit.*, p. XIV).

14 La lettre de M. Fontanas peut être consultée *in extenso* dans Aquarone (*op. cit.*, p. 170).

15 Les prénoms de Littré traduisaient la double admiration de son père pour la Révolution française et pour l'Antiquité romaine. Maximilien en mémoire de Robespierre. Paul-Émile en mémoire des trois Aemilius Paulus, qui s'illustrèrent comme hommes politiques ou comme généraux du IVe au IIe siècle avant J.-C.

17 La maison de la rue des Maçons-Sorbonne, comme aussi le caractère de Michel-François Littré père, sont évoqués dans une lettre adressée à la fille d'Émile Littré par le cousin auquel elle avait demandé s'il lui restait quelques souvenirs sur son grand-père, Michel-François Littré :

« Ton grand-père avait la bonté et l'emportement d'un Littré. Il avait bien voulu être mon parrain, et m'avait nommé Éleuthère ; il désira, fin 1826, voir son filleul alors âgé de 10 ans. Avec quel soin paternel il me palpait, m'examinait intus et extus ; avec quelle complaisance il me menait aux Musées, aux jardins publics, au petit théâtre, m'instruisant, me corrigeant ! — Il y avait à faire — me donnant par exemple à apprendre une tirade d'Esther, dont je ne pus jamais, au bout d'une 1/2 heure, réciter que le premier vers " Aman, l'impie Aman, de race amalécite ", ce qui me valut un coup de pied ou le simulacre d'un coup de pied au derrière. La famille habitait alors un vieil hôtel, 3 ou 5 rue des

Maçons-Sorbonne. Je vois encore l'aspect de la maison sous-louée en partie pour un pensionnat, dont les fillettes précisément m'avaient empêché d'étudier ma leçon. Il y avait une cour plantée, servant de préau aux pensionnaires, jardin réservé pour la famille, loge du concierge (Pivert), vaste cuisine, cabinet et salle à manger ; à gauche de la porte cochère en entrant, escalier monumental à rampe de fer forgé ; au-dessous, l'entrée de caves qui me semblaient d'affreux souterrains en communication avec les catacombes. C'est là qu'un soir le cher oncle mit mon courage à l'épreuve. »

Le lycée Louis-le-Grand se nommait lycée impérial au moment où Littré y commença ses études. Mais bientôt, en 1814, il reprit son ancienne appellation de collège Louis-le-Grand.

18 Que Littré ait été un bon élève à Louis-le-Grand n'est guère douteux. Mais certains déclarent qu'il tenait, et de loin, la tête de sa classe et qu'il obtenait tous les prix (« La dernière année, écrit Sainte-Beuve, le nombre des volumes obtenus en prix dépassait de beaucoup cent volumes »), alors que la réalité semble un peu moins brillante. J'ai pu consulter, au département des manuscrits de la Bibliothèque nationale, les *Cahiers de classe de l'élève Littré*, avec les résultats scolaires de chaque fin d'année. Ils indiquent que Littré était loin de remporter tous les prix. C'est dans ces mêmes cahiers que j'ai trouvé la composition française sur Constantin Paléologue, citée dans le texte.

La vie de Louis Hachette (1800-1864), ses rapports affectueux avec Littré et les nombreuses manifestations de sa générosité sont détaillés dans l'ouvrage que Jean Mistler a consacré à la grande maison d'édition (J. Mistler, *La Librairie Hachette de 1826 à nos jours*, Paris 1964, Hachette, 407 pages).

Eugène Burnouf (1801-1852) devait devenir professeur de sanscrit au Collège de France en 1832. Il publia entre autres une *Introduction à l'histoire du bouddhisme*, un *Essai sur le Pali, ou langue sacrée de la presqu'île du Gange* et tenta de découvrir la clé du Zend, langage sacré de la Perse, à l'aide du sanscrit. Il fut élu à l'Académie des Inscriptions et Belles-Lettres en 1832, quatre ans avant son père Jean-Louis Burnouf, professeur d'éloquence latine au Collège de France. Il fut choisi comme secrétaire perpétuel de l'Académie le 14 mai 1852, mais mourut le 28 mai.

Bascou devait finir professeur de littérature française à Montpellier.

19 Jules Barthélemy Saint-Hilaire (1805-1893) se fit connaître par sa traduction des œuvres d'Aristote, devint professeur au Collège de France (1838) et membre de l'Académie des Sciences morales et politiques (1839). Républicain fervent, il fut chef du secrétariat du gouvernement provisoire de 1848, député (1871), chef de cabinet de Thiers pendant sa présidence de la République, sénateur (1875) et ministre des Affaires étrangères du gouvernement Jules Ferry (1880-1881). Une douzaine de lettres adressées par Littré à Barthélemy Saint-Hilaire, écrites entre avril 1873 et novembre 1876, ont été publiées dans la *Revue bleue* du 22 juillet 1911.

CHAPITRE II — SEPT ANNÉES DE MÉDECINE

22 Le détail des études médicales de Littré est fort bien décrit *in* Roger Rullière, « Les études médicales d'Émile Littré », (Actes du colloque du centenaire de la mort de Littré, *Revue de synthèse, op. cit.*, p. 255 à 262).

26 La demande d'inscription de Littré à l'École des chartes est conservée aux Archives de France. L'École fut fondée en 1821 par l'Académie des Inscriptions et Belles-Lettres, mais fermée peu après. Elle fut réorganisée en 1823, mais Littré, qui avait été un de ses premiers élèves, n'y revint pas (« Trois siècles de recherche historique à l'Académie des Inscriptions et Belles-Lettres », *Le Monde*, 24 avril 1963).

27 Le discours du professeur Rayer lors de la proclamation des résultats de l'externat et de l'internat a été trouvé aux archives de l'Assistance publique, 7 rue des Minimes, Paris (3ᵉ). Ces archives renferment également une importante documentation sur les hôpitaux parisiens de cette époque, tels que je les ai évoqués.

28 Le poème intitulé « Les lits d'hôpital » fut publié dans *Littérature et Histoire* (*op. cit.*, p. 444).

29 C'est Georges Daremberg qui rapporte les mots de Littré « Je ne connais pas de sentiment plus douloureux... ».

30 La citation de Georges Canguilhem est extraite de : « Émile Littré, philosophe de la biologie et de la médecine », *in Revue de synthèse*, Paris 1982 (*op. cit.*, p. 283).

Les citations de Littré des pages 30 à 34 sont tirées de *Médecine et Médecins* (*op. cit.*). On les trouvera p. 325, 321, p. VI de la préface, p. 361 et p. V de la préface.

32 Pierre François Olive Rayer (1793-1867) fut un des grands médecins du XIXᵉ siècle. Il eut une vie mouvementée. Sous la Restauration, on lui refusa le droit de se présenter au concours d'agrégation parce qu'il s'était allié à une famille protestante. Il fut cependant élu à l'Académie de médecine en 1823, devint médecin de l'hôpital Saint-Antoine (1825), puis de l'hôpital de la Charité (1825), médecin consultant du roi Louis-Philippe, membre de l'Institut en 1842. Il fonda la Société de biologie. Il signala dès 1850, rapporte Daremberg (p. 239 de *Les Grands Médecins du XIXe siècle*), la présence de petits corps filiformes dans le sang des animaux morts du charbon, se montrant ainsi le précurseur de la découverte des bactéridies charbonneuses. Napoléon III, dont il était le médecin ordinaire depuis 1852, créa pour lui une chaire de pathologie comparée et le fit doyen de la Faculté de médecine de Paris : ces nominations imposées lui valurent tant de huées et de déboires qu'il finit par démissionner en janvier 1864. Le même mois, il était promu Grand Officier de la Légion d'honneur. On lui doit de nombreux ouvrages, dont un *Traité des maladies des reins* en 3 volumes (1839-1841) et, sur ces mêmes maladies, un *Atlas* de 300 figures en couleur (1841).

34 Sophie Littré donne une autre interprétation de la mort de son grand-père Michel-François. Dans ses notes, retrouvées par Aquarone (*op. cit.*, p. 165), on peut lire le passage suivant qui montre également que, pour la catholique fervente qu'elle était, avoir un père non baptisé était une grave préoccupation :

« Monsieur Michel-François Littré mourut de la gravelle, maladie longue et douloureuse. Avant de mourir, il avertit son fils Émile Littré qu'il n'avait pas reçu le sacrement de Baptême. Mme Littré, fille Johannot, femme de Michel-François Littré et mère d'Émile Littré, avertit aussi Pauline Lacoste, femme d'Émile Littré, que son fils Émile Littré n'avait pas été baptisé. Mme Natalis Guillot, femme du professeur de ce nom, avait été aussi avertie par Mme Littré mère que son fils Émile n'était point baptisé. »

CHAPITRE III — JOURNALISTE AU NATIONAL

37-38 Les citations de Littré sont tirées de *Conservation, Révolution et Positivisme* (2e éd., *op. cit.*, p. 492 et 493).

41 Le *National* fut un grand journal politique de l'époque, malgré un tirage relativement restreint (4 300 exemplaires en 1846). Ce quotidien fut créé le 3 janvier 1830 par Thiers, Mignet, Sautelet et Carrel, dans le dessein précis d'inciter au renversement de Charles X. Il soutint d'abord le duc d'Orléans, puis, à partir de 1832, se déclara républicain et prit la tête des journaux d'opposition. Après le départ de Thiers, c'est Armand Carrel qui dirigea le journal, jusqu'à ce qu'il fût tué en duel en 1836. A partir de 1841, Armand Marrast en devint le rédacteur en chef. Le

National était l'organe de la bourgeoisie libérale. Lors de la chute de Louis-Philippe en 1848, le gouvernement provisoire, qui devait proclamer la Deuxième République, fut constitué dans les bureaux du journal et Marrast en fit partie. Le journal fut supprimé par Napoléon III après 1852.

42 L'épisode durant lequel Armand Carrel est enthousiasmé par l'article sur William Herschel est raconté par Littré lui-même dans *Conservation, Révolution et Positivisme* (2ᵉ éd., *op. cit.*, p. 200 à 202).

44-45 L'article de Littré sur « Le choléra à Paris en 1832 » parut dans le *National* du 3 octobre 1834. Il est reproduit dans *Médecine et Médecins* (*op. cit.*, p. 184). Le rapport de la commission désignée pour étudier cette épidémie avait été publié sous le titre *Rapport sur la marche et les effets du choléra-morbus dans Paris et dans le département de la Seine* (un vol. in 4°, Paris 1834). Dès 1832, Littré avait fait paraître un petit volume sur le choléra oriental. C'est que cette maladie était, à l'époque, un des fléaux les plus redoutés de l'humanité. Le progrès des échanges et voyages au xixᵉ siècle avait favorisé l'explosion, à partir de 1817, de la première grande épidémie frappant le monde entier. Partie d'Asie, elle avait franchi en 1823 les frontières de l'Europe, où elle fit plus d'un million de victimes. Le choléra était signalé à Calais le 15 mars 1832, le 26 mars il était à Paris, d'où il rayonnait dans toute la France épouvantée. Dans le même temps, il atteignait aussi l'Amérique du Nord et l'Australie.

48 La citation de Sainte-Beuve sur la mère de Littré est tirée de sa *Notice sur M. Littré* (*op. cit.*).

Selon Caro (*op. cit.*), Émile Littré avait souffert, avant son mariage, d'une longue période de dépression et d'incertitude, au cours de laquelle il aurait songé à trois solutions possibles : le suicide, un long voyage à l'étranger ou... le mariage. Sa mère le pressa de choisir la troisième solution. Selon le même auteur, le mariage eut lieu dans un temple protestant, où l'absence de certificat de baptême ne faisait pas obstacle. Cette interprétation d'un contemporain de Littré est pourtant inexacte, car le mariage a été enregistré à l'église Saint-Étienne-du-Mont le 26 octobre 1835, avec « dispense de religion », Littré s'étant fait passer pour protestant. La cérémonie se tint dans la sacristie. Le mariage civil se déroula le même jour, à la mairie du XIIᵉ arrondissement.

CHAPITRE IV — HIPPOCRATE

49-55 Certaines des informations sur la préparation des *Œuvres complètes d'Hippocrate*, notamment des précisions sur la « vulgate hippocratique », sont tirées de : Jacques Jouanna « Littré, éditeur et traducteur d'Hippocrate », in *Revue de synthèse*, avril 1982, p. 285-301. La citation « Je ne laisse point Hippocrate tel que je l'ai trouvé » (*page 51*) se trouve dans la préface du tome X de la traduction de Littré, paru en 1862.

54 La description par Hippocrate de l'affection dont fut atteinte la sœur d'Harpalidès est assez précise pour qu'on puisse reconnaître avec une quasi-certitude une complication de la grossesse aujourd'hui désignée sous le nom de toxémie gravidique, entraînant des œdèmes et une élévation de la tension artérielle.

55 Jean-Eugène Dezeimeris (1799-1851) était médecin et conservateur-assistant de la bibliothèque de la Faculté de médecine de Paris. Il abandonna la direction de *L'Expérience* en 1840 pour une carrière politique. Il fut élu à la Chambre des députés en 1842.

57 Deux versions contradictoires ont été fournies sur l'activité du frère cadet d'Émile, Barthélemy Littré. Pour Alain Rey (*op. cit.*, p. 70), il poursuivait des études de médecine, ce qui expliquerait aisément la piqûre anatomique dont il serait peut-être mort. Mais Littré lui-même (*Conservation, Révolution et Positivisme*, 2e éd., *op. cit.*, p. 14) écrit que son frère était employé, comme son père, dans l'administration des contributions indirectes, ce qui explique mal qu'il ait pu s'infecter pendant la dissection d'un cadavre. Et pourtant chacun semble s'accorder sur une telle origine de sa maladie et de son décès. L'interprétation que j'ai donnée de ce paradoxe est tout à fait hypothétique.

59 Ce sont Sainte-Beuve (*op. cit.*) et Aquarone (*op. cit.*) qui rapportent le détail des visites académiques de Littré et la campagne qui tenta d'empêcher son élection à l'Académie des Inscriptions et Belles-Lettres.

61 La citation de Littré « Il y a dans la petitesse de l'homme... » est extraite de « Nouvelles Recherches des géomètres sur la chaleur de la terre », article paru dans la *Revue républicaine* de novembre 1834.

62 C'est Hauréau qui raconte lui-même comment il questionna Littré sur l'immortalité de l'âme et la réponse qu'il reçut (B. Hauréau, « Notice sur Maximilien Paul Émile Littré », in *Histoire littéraire de la France*, 1885, tome XXIX) :
« J'ai toujours eu présent à l'esprit ce que je vais raconter. C'était vers l'année 1835. J'avais alors l'honneur de travailler avec M. Littré à la partie littéraire du *National* et, ayant l'un et l'autre quitté de bonne heure, selon notre coutume, les bureaux du journal, nous faisions route ensemble. M. Littré regagnait son logis au-delà des ponts ; moi, je

l'accompagnais et l'accablais de questions. La jeunesse est questionneuse. J'étais surtout curieux de savoir quelle était l'opinion de cet
homme si cultivé, si réfléchi, mon ancien, sur le point qui m'intéressait
le plus dans la *Profession de foi du vicaire savoyard*, l'immortalité de l'âme
définie substantielle. Je récitais mon auteur, je discourais, j'interrogeais ;
M. Littré, marchant la tête basse, ne répondait rien. Enfin, après un
long silence, il me dit d'un ton sec : " Je ne parle jamais des choses qui
me sont inconnues ! » Il m'ordonnait ainsi de ne pas continuer mon
interrogatoire et me déclarait en même temps, de la façon la plus nette,
qu'il avait déjà pris parti contre les métaphysiciens. »

62-64 La citation de Littré « Des esprits dédaigneux... », ainsi que les
deux citations suivantes, sont tirées de « Cuvier et les ossements
fossiles », article paru dans la *Revue républicaine*, supplément du 10 juin
1834. La citation « A ceux qui aiment à trouver... » se trouve dans
« Discours sur l'étude de la philosophie naturelle », le *National*,
14 février 1835. La citation « Une nouvelle lueur... » est extraite des
« Nouvelles Recherches des géomètres sur la chaleur de la terre » (*in La
Science du point de vue philosophique*, *op. cit.*, p. 110). Du même article
est extraite la citation suivante (sur les hommes du passé). Enfin la
citation « Les chefs-d'œuvre des arts et des lettres... » est tirée du
« Discours sur l'étude de la philosophie naturelle » (*op. cit.*).

CHAPITRE V — AUGUSTE COMTE

66 Le *Cours de philosophie positive* de Comte était paru en six volumes,
de publication étalée entre 1830 et 1842. La citation de Littré,
« incapable de trouver par moi-même... », est tirée de l' « Étude sur le
progrès du positivisme », publiée en postface dans les *Principes de
philosophie positive* d'Auguste Comte, qui parurent en 1876 (p. 211).

71 La citation d'Annie Petit est tirée de sa contribution au colloque du
centenaire de la mort d'Émile Littré : « Philologie et Philosophie de
l'histoire », *in Revue de synthèse*, avril 1982 (*op. cit.*)

74-82 J'ai développé les arguments qui, depuis le temps de Littré, ont
accentué la prise de conscience des limites de la connaissance scientifique, dans *La Raison et la Passion* (1 vol., Paris 1984, Le Seuil).

Les deux citations de la page 76 sont tirées de *La Science au point de
vue philosophique* (*op. cit.*, p. 14 et 324).

81 Les deux citations de Littré sont tirées de l'article « De quelques
points de physiologie psychique » reproduit dans *la Science au point de
vue philosophique*, respectivement p. 325 et 327.

82 La citation de Littré est tirée de *Conservation, Révolution et Positivisme* (*op. cit.*, 2ᵉ éd., p. 310).

83 L'appartement de la rue Monsieur-le-Prince a été transformé en musée et peut être visité. Les meubles, leur disposition, et même le grand tableau noir de la petite salle de réunion sont restés tels qu'ils étaient du vivant d'Auguste Comte.

86 Le cercle vicieux manque de sommeil-abattement mélancolique, si bien décrit par Littré, est souligné par tous les spécialistes ; W. Schulte, R. Jung et d'autres lui ont consacré d'importants travaux.

87-89 Les quatre articles sur la philosophie d'Auguste Comte, parus dans le *National* en novembre et décembre 1844, furent ensuite réunis en un volume intitulé *De la philosophie positive* (*op. cit.*).

CHAPITRE VI — LA FIN DE LA LUNE DE MIEL

91 Que penser de Caroline Comte ? Les uns la portent aux nues, les autres la traînent dans la boue. Littré parle longuement d'elle dans *Auguste Comte et la Philosophie positive*. L'affection et l'estime qu'il lui porte sont évidentes. Il la tient pour une femme de devoir, généreuse, désintéressée, attachée à défendre les intérêts de son mari, même après leur séparation. Certains biographes d'Auguste Comte, au contraire, la considèrent comme une fille de rien, sans vergogne ni moralité. On a retrouvé son inscription comme prostituée dans les registres de la police, à une date il est vrai bien antérieure à son mariage avec Auguste Comte. Dans sa *Notice sur l'œuvre et la vie d'Auguste Comte* (2ᵉ éd., Paris 1864, Librairie Richelieu, 668 pages), le docteur Robinet, médecin d'Auguste Comte, son disciple fervent et l'un de ses treize exécuteurs testamentaires, qualifie son mariage de « seule faute vraiment grave de toute sa vie et dont les terribles conséquences le poursuivirent jusqu'au-delà du tombeau » (page 168) ; il faut dire que ce livre hagiographique ne pardonne pas à Littré ses réserves sur l'évolution mystique tardive d'Auguste Comte, stigmatise l'attachement qui unit Littré et Caroline Comte, et vilipende l'un et l'autre. Maurice Wolff, dans *Le Roman de Clotilde de Vaux et d'Auguste Comte* (3ᵉ éd., Paris 1929, Librairie Académique Perrin) parle de son ménage comme de « la plus triste des expériences conjugales » et dit pis que pendre de Caroline Comte (p. 5 et 277). Mais les êtres apparaissent différents selon le regard qu'on leur porte : sans doute certaines femmes peuvent-elles être à la fois mauvaises et généreuses, sottes et intelligentes, capables d'une méchanceté sordide et d'un dévouement admirable.

91-93 Nombre d'informations fournies dans ce chapitre on été rapportées par Littré lui-même dans *Auguste Comte et la Philosophie positive* (*op. cit.*) : les désordres mentaux de Comte en 1826 (p. 108), ses relations avec Saint-Simon et les saint-simoniens (p. 11 et 185), la théorie de Gall modifiée par Comte (p. 524), les attaques de Spencer contre Comte (p. 277) et l'hypothèse de la vierge-mère (p. 570). La phrase de Littré « La physiologie me suffit... » est dans ce même ouvrage, p. 571.

95 Sur la préparation du *Dictionnaire*, on peut consulter « Comment j'ai fait mon dictionnaire », texte que Littré avait préparé en 1880 pour une causerie que sa maladie l'empêcha de tenir. Il le publia dans *Études et Glanures* (*op. cit.*). Cette causerie figure également en tête de certaines éditions ultérieures du *Dictionnaire*.

La lettre de Voltaire à Duclos date du 11 août 1760. Évoquant le *Dictionnaire de l'Académie*, il écrit : « Il me semble qu'on s'était fait une loi de ne point citer ; mais un dictionnaire sans citation est un squelette. »

97 La comtesse d'Agoult, née Marie de Flavigny (1805-1876), s'était mariée en 1827 avec le comte d'Agoult, dont elle eut deux filles, Louise, morte à l'âge de six ans, et Claire, qui devait devenir la comtesse de Charnacé. Mais le mariage de Marie d'Agoult fut vite décevant pour son esprit d'indépendance et ses humeurs romantiques. Elle rencontra Franz Liszt dans le cercle qui s'était formé autour de Chopin, Berlioz, Heine, Delacroix, George Sand. De sa liaison orageuse avec Liszt, qui dura une dizaine d'années, naquirent trois enfants : deux filles, dont l'aînée, Blandine, se maria avec Émile Ollivier, et la seconde, Cosima, épousa Wagner ; et un fils, Daniel, mort à vingt ans. Ralliée d'enthousiasme aux idées qui triomphèrent en février 1848, la comtesse d'Agoult écrivit, sous le pseudonyme de Daniel Stern, *Nélida*, roman presque autobiographique (1846), *Lettres républicaines* (1848), *Histoire de la révolution de 1848* (1851-1853), *Trois Journées de la vie de Marie Stuart* (1856), etc. Après sa rupture avec Liszt, elle fit de son salon un des hauts lieux de rencontre d'écrivains et d'hommes politiques de tendance républicaine. Elle avait un grand art pour séduire les hommes, mais n'allait sans doute pas au-delà des frontières de l'amitié : il en fut sûrement ainsi pour Littré. Les six tomes de *La Comtesse d'Agoult et son temps*, de Jacques Vier (Paris 1955, Armand Colin), ont été pour moi une source inépuisable de renseignements ; j'ai aussi consulté avec intérêt un échange de correspondance entre Littré et Marie d'Agoult, conservé à la Bibliothèque de Versailles.

100 Mme Adam (Juliette Lamber) (1836-1936) était une femme de lettres, dont le salon réunissait des écrivains et hommes politiques de la IIIe République. La citation est extraite de *Mes premières armes littéraires et politiques* (Paris 1904, Lemerre, p. 110).

CHAPITRE VII — LA RUPTURF

Toutes les lettres de Littré à Comte reproduites dans ce chapitre (*p. 104 à 131*) sont inédites. Elles sont tirées de la correspondance manuscrite qu'a bien voulu me communiquer la Maison d'Auguste Comte, avec l'autorisation de son président, M. Trajano Carneiro.

105-120 C'est une fois de plus dans *Auguste Comte et la Philosophie positive* (*op. cit.*) que Littré rapporte lui-même les conditions de création de la Société positiviste (p. 578) et la séance de cette Société où Comte lut des fragments de sa *Politique positive* (p. 513), les difficultés d'argent de Comte et l'ouverture par Littré d'une souscription en sa faveur (p. 389).

107 Le baron Adolphe de Ribbentrop était connu pour ses positions antibonapartistes, qui ne pouvaient que séduire Littré. Il était membre de la Société positiviste, qu'il abandonna lorsqu'il vit Auguste Comte développer ses théories mystiques. Dans une lettre inédite à Littré, datée du 28 février 1852, il écrit :

Mon cher Monsieur Littré,
Voici de nouveau cent francs de ma part pour M. Comte. Suivant vos désirs, je ne cesse de stimuler le zèle de mes amis, et j'ai lieu d'espérer que mes efforts seront de plus en plus couronnés de succès. Seulement, dans l'intérêt de la vérité et de la loyauté qui président à nos relations, je vous dirai que ceux de mes amis qui ont déjà souscrit, comme ceux qui sont disposés à le faire, n'entendent nullement alimenter l'activité sacerdotale de M. Comte. Ils veulent se borner à garantir de la misère, dans la mesure de leurs forces, le plus grand penseur de l'époque, le fondateur de la philosophie positive.
Je donne copie de cette lettre à M. Comte, qui, d'après ce qu'il m'a écrit récemment, semble ignorer que la majeure partie des membres de la Société positiviste, ainsi que les 19/20e de ses auditeurs du palais royal, tout en se ralliant à ses principes scientifiques, refusent de le suivre sur le terrain de ses applications religieuses.
Recevez, mon cher Monsieur Littré, mes salutations fraternelles.

Adolphe de Ribbentrop

Il resta néanmoins très attaché à la doctrine originelle. Après la mort d'Auguste Comte, il écrit à Pierre Laffitte, qui a repris la direction de la Société positiviste, qu'il ne peut plus « être compris au nombre des croyans (*sic*) », mais se contente « de la position plus modeste de simple disciple » (lettre inédite du 12 avril 1859). Plus tard, sa fille Marie de Ribbentrop devait, elle, se montrer sans réserve une ardente propagandiste du comtisme.

114 La maison de Mesnil-le-Roi fut détruite par un bombardement durant la Seconde Guerre mondiale.

125 La lettre du 10 janvier 1847, à laquelle Comte fait allusion, est une lettre écrite à sa femme Caroline. Elle contient un long rappel des séparations répétées du couple. Comte accuse Caroline d'abandons successifs. Il la menace d'une « demande légale en séparation de corps » si jamais elle s'avise de revenir. Il écrit : « Ne vous faites aucune illusion, Madame, je ne vous reverrai jamais » et il signe « Votre mari ».

131 Le *Catéchisme positiviste*, publié initialement en 1852, a été réédité plusieurs fois depuis lors, notamment en 1891 (édition dite « apostolique »). Cette dernière édition fut reproduite à Rio de Janeiro en 1957, à l'occasion du centenaire de la mort d'Auguste Comte, par le Temple de l'Humanité de cette ville.

133 Le détail du Calendrier positiviste est annexé à l'édition du centenaire du *Catéchisme positiviste*.

CHAPITRE VIII — MÉDECINE

134 Le texte de Littré cité en épigraphe de ce chapitre est tiré de la préface de : Eugène Noël, *Mémoires d'un imbécile (op. cit.)*.

135 Dans le *Dictionnaire de médecine* de Nysten, réédité par Émile Littré et Charles Robin, Littré avait notamment écrit ou réécrit les articles : « Âme », « Biologie », « Homme », « Intelligence », « Liberté », « Maladie », « Mort », « Psychologie », « Sociologie » et « Vie ».

136 La citation de Littré « Comment sut-on que je m'étais occupé de médecine... » est tirée de la préface des *Mémoires d'un imbécile*, d'Eugène Noël (*op. cit.*, p. XII-XIII). Le docteur Georges Daremberg, fils d'un médecin ami de Littré, donne un témoignage émouvant sur l'exercice de la médecine par Littré à Mesnil-le-Roy dans son ouvrage posthume intitulé *Les Grands Médecins du XIXᵉ siècle (op. cit.)* :

« Il y a une trentaine d'années, si vous aviez traversé le petit village de

Mesnil-le-Roy, vous auriez pu rencontrer un vieillard robuste, alerte, marchant d'un pas ferme et rapide, la tête nue, les longs cheveux noirs collés aux tempes, le regard profond et incliné à terre. C'était Littré qui allait visiter un paysan malade de son cher Mesnil, qu'il aimait tant et qui le lui rendait bien. Pendant vingt-cinq ans, il y fut la providence des malades. C'est là que j'ai appris à l'aimer et à le vénérer ; car mon père, son élève, était venu se fixer auprès du maître, qui devint et resta son ami dévoué jusqu'à l'heure douloureuse de la séparation éternelle. Ce modeste village du Mesnil aura eu la gloire d'avoir été le seul endroit où Littré ait pratiqué la médecine. »

138 L'article paru dans la *Revue des Deux-Mondes* sur les grandes épidémies fut à nouveau publié dans *Médecine et Médecins* (*op. cit.*, p. 1). Le « morbus cardiacus » ou « maladie cardiaque » ou « diaphorèse », selon les noms que lui donne Littré, de même que la suette miliaire dont il semble le rapprocher, ne correspond à aucune entité morbide actuellement définie ; la description de Littré, malgré sa précision, ne permet pas un diagnostic rétrospectif de ce que représentait cette (ou ces) maladie(s). Une hypothèse possible est qu'il s'agisse des formes sudoro-algiques de brucellose.

140 La citation de Celse est tirée de l'article de Littré sur ce médecin romain du siècle d'Auguste, paru dans le *National* des 11 et 12 avril 1846. Le texte sur Magendie fut publié dans le *Journal des débats* des 30 mai et 28 juin 1856, celui sur la mort d'Alexandre le Grand dans la *Revue des Deux-Mondes* du 14 novembre 1853 et celui sur la mort d'Henriette d'Angleterre dans *La Philosophie positive* de septembre 1867. Tous ces articles furent reproduits dans *Médecine et Médecins* (*op. cit.*, respectivement p. 147, 154, 393 et 429).

Les remarques de Littré sur la mort naturelle se trouvent, en particulier, dans un article intitulé « De la condition essentielle qui sépare la sociologie de la biologie », paru en mars 1868 dans *La Philosophie positive* et reproduit dans *La Science au point de vue philosophique* (*op. cit.*, p. 355). Mes réflexions personnelles sont tirées d'une communication que j'ai fait paraître dans la revue *Médecine-Science* (1985, t. 1, p. 203). Les explications de Littré ne sont pas très claires, car il invoque une « résistance moléculaire » progressive, dans le cycle de « composition et décomposition » de la matière vivante. Mais les connaissances biologiques du moment ne permettaient guère un langage plus précis.

142 Les réflexions de Littré sur les maladies mentales et sur les rapports du cerveau et de la pensée (en particulier l'extrait que je cite) sont consignées par lui, sous le titre « De quelques points de physiologie psychique », dans *La Philosophie positive* de mars 1869 et dans le volume *La Science au point de vue philosophique* (*op. cit.*, p. 306). La seconde citation sur le même thème est extraite de la même revue, *La Philosophie positive*, dans le numéro de janvier 1880. Mes commentaires reprennent les analyses que j'avais faites de ce même sujet dans *La Raison et la Passion* (*op. cit.*) et *L'Homme et les Hommes* (Paris 1976, Flammarion).

144 Les conclusions de Littré sur le démon de Socrate et sur l'apparition d'un feu étrange devant les yeux de Blaise Pascal se trouvent dans « Socrate et Pascal, pathologie mentale », paru dans le *National* du 1er août 1836 et du 29 mai 1848. Ces articles furent reproduits dans *Médecine et Médecins* (*op. cit.*, p. 82 et 95). C'est dans ce même ouvrage (p. 41) qu'on trouvera l'étude intitulée « Des tables parlantes et des esprits frappeurs », primitivement publiée dans la *Revue des Deux-Mondes* du 15 février 1856.

A l'époque où Littré écrit son article sur les tables parlantes, la mode en France est, en effet, de faire tourner les tables. Delphine de Girardin avait initié Victor Hugo qui, durant son exil à Jersey, conversait ainsi avec Bonaparte, Chateaubriand, Dante, Racine, Jésus-Christ, Jeanne d'Arc, Aristote, Platon et bien d'autres (Cf. A. Decaux, *Victor Hugo*, Paris 1984, Perrin, p. 821-845).

146 Le détail des affaires de sorcellerie observées par le médecin anglais William Harvey au xviie siècle se trouve dans : J. Hamburger, *Le Journal d'Harvey* (Paris 1983, Flammarion).

Littré fut élu à l'Académie de médecine le 2 février 1858 par 63 voix, contre 5 à Isidore Geoffroy Saint-Hilaire, fils du célèbre naturaliste, et 3 à l'hygiéniste Trébuchet. Il ne prit que rarement la parole dans cette compagnie. Le 4 juin 1861, il y donna une communication intitulée « De la paralysie consécutive de la diphtérite (*sic*) et de la paralysie consécutive dans les œuvres d'Hippocrate ». En 1862, il présenta à l'Académie le *Cicéron médecin* de Ménière en le commentant :

« Cicéron n'a point de science médicale qui lui soit propre ; mais, homme éclairé, esprit pénétrant, observateur attentif de sa santé et de ses maladies, il a des idées saines, parle congrûment de médecine, et ne s'égare ni dans les déceptions du charlatanisme ni dans celles de la superstition. »

Et Littré, une fois de plus, en profite pour dire son admiration pour la société cultivée de la Rome antique.

CHAPITRE IX — LE DICTIONNAIRE

147 En 1845, paraissait chez Baillière, en deux volumes, la traduction française par A. J. L. Jourdan du *Manuel de physiologie* de l'Allemand J. Müller, professeur d'anatomie et de physiologie à l'université de Berlin. Dans la *Revue des Deux-Mondes* du 15 avril 1846, Littré lui consacre un article intitulé « De la physiologie », reproduit plus tard dans *La Science au point de vue philosophique* (*op. cit.*, p. 245 à 305). Comme à l'habitude, l'analyse de l'ouvrage est, pour Littré, un prétexte pour exposer ses idées : on sait l'importance qu'il attachait à la physiologie normale comme fondement de la médecine. Sans doute avait-il été séduit par l'auteur allemand, qui subordonnait toute psychologie à la physiologie cérébrale (« *psychologus nemo, nisi physiologus* »). Littré écrit que la biologie est en passe de
« ... réclamer la doctrine des facultés affectives et intellectuelles. Si on lui conteste ce droit, la première réponse qu'elle ait à faire est celle de Diogène aux philosophes qui niaient le mouvement : Diogène marcha. La biologie traite de l'intelligence et du moral de l'homme ; il n'est plus de livre de physiologie qui n'ait une section consacrée à cet objet. »
Littré marquera son intérêt pour ce manuel en acceptant de préfacer la seconde édition (1851).

148 Le détail des entretiens, échanges de lettres et signatures de contrats entre Littré et Hachette peut être trouvé dans : Jean Mistler, *La Librairie Hachette de 1826 à nos jours* (*op. cit.*)

149 Amédée Beaujean fut inspecteur d'Académie et professeur au lycée Louis-le-Grand. C'est lui qui préparera, après la parution du *Dictionnaire*, une édition abrégée, en un volume, avec l'accord de Littré.

151 Sur les méthodes et le rythme de travail de Littré, préparant son *Dictionnaire de la langue française*, on pourra consulter « Comment j'ai fait mon dictionnaire » (*op. cit.*)

152 La citation « La vieille Juisy... », extraite des *Mémoires de Saint-Simon*, fut finalement classée par Littré au mot « Amitié », pour illustrer le sens n° 7 : « Bon office, service de bienveillance, don. »

153 Froissart est curieusement écrit Froissard dans l'article « Aventurier » du *Dictionnaire*.

155 La lettre que Littré adressa à Alfred Maury, membre de l'Académie des Inscriptions et Belles-Lettres, est inédite. Je l'ai découverte parmi les manuscrits conservés à la bibliothèque de l'Institut. En voici la teneur intégrale :

Mesnil, le 18 mai 1868
A M. Alfred Maury, de l'Institut

Monsieur,

Il y a longtemps déjà que j'ai examiné certains échantillons de votre dictionnaire de la vieille langue française et le nouvel échantillon que vous venez de mettre sous mes yeux a confirmé le jugement favorable que j'avais porté des premiers, et le vif intérêt que je prends à votre entreprise. De cette façon, j'ai suivi votre travail à différents degrés d'avancement, et me suis convaincu que tous les jours il s'agrandit, il se complète et s'améliore. Faire un dictionnaire est un rude labeur, je le sais comme vous ; aussi ai-je toujours été prêt à reconnaître combien il vous est impossible de marcher vite, et nécessaire d'être soutenu.

L'œuvre dont vous avez déjà accompli une si grande part est destinée à combler une regrettable lacune dans l'érudition. Nous n'avons point de dictionnaire de la langue d'oïl. Ai-je besoin d'en faire ressortir l'utilité et l'importance ? Un pareil dictionnaire sera un répertoire pour notre vieux français qui est l'origine du français moderne, pour notre littérature du moyen âge qui sort, en éveillant tant d'intérêt, des manuscrits et bibliothèques, et pour l'histoire elle-même qui reçoit maints éclaircissements par la nomenclature et l'interprétation des mots liés aux choses. Tous ceux qui sont au courant des études du moyen âge disent que je ne surfais rien en parlant ainsi.

La bonne exécution gît tout entière dans la collection des textes. Il faut lire, lire beaucoup, lire toujours afin d'être complet autant du moins que le permet l'infinité des sources et des matériaux. J'ai assez suivi votre travail pour savoir que vous n'avez reculé devant aucune recherche. Dans les pages qui, à différentes reprises, ont passé sous mes yeux, j'ai vu cités non seulement la masse des auteurs imprimés, mais encore les manuscrits des grandes bibliothèques de Paris et de beaucoup de bibliothèques départementales et de l'étranger, ainsi que le dépôt si important pour la langue des archives de l'Empire et de plusieurs archives départementales. Je suis convaincu comme vous l'êtes que, pour un dictionnaire de la vieille langue, il n'y a de salut que dans cette manière de procéder.

Beaucoup d'années ont été employées, quelques années sont encore nécessaires. Mon opinion est, vous le savez, car je vous l'ai exprimée plus d'une fois, que le moment approche d'arrêter le dépouillement. C'est une limite qu'il faut vous mettre devant les yeux tant pour vous garder contre les tentations de se perdre dans l'infini, que pour assurer ceux qui s'intéressent à votre œuvre que le terme n'en est plus éloigné.

Pourquoi entré-je avec vous dans ces détails ? C'est que je sais deux choses ; l'une que vous n'auriez pas porté votre travail au degré d'avancement qu'il a présentement atteint, sans d'honorables secours qui ont pris fin en grande partie ; l'autre, que vous ne pouvez pas l'achever sans quelque intervention tutélaire. On est toujours heureux de recommander les œuvres qui se recommandent d'elles-mêmes. La petite part d'autorité que le public m'accorde en ces matières, je la mets sans hésitation à votre service. Je le répète : un dictionnaire de la vieille langue manque à la France, vous avez mis courageusement la main à l'œuvre et tant de travail est déjà accompli que ce serait un vrai dommage pour l'érudition s'il demeurait inachevé ou perdu.

Agréez, Monsieur, l'assurance de ma haute considération.

É. Littré

Les premiers essais d'impression du Dictionnaire de Littré sur les presses de Lahure eurent lieu en septembre 1859. La lettre de Jullien est transcrite *in extenso* dans l'ouvrage de Jean Mistler (*op. cit.*). Je n'ai pu éclaircir le problème soulevé par la typographie finalement adoptée pour les citations : nombreux sont ceux qui regrettent qu'elles soient imprimées comme le reste du texte, si bien qu'on a du mal à distinguer l'endroit où les exemples de Littré font place à des exemples tirés de textes classiques. Or, une lettre de Littré à Hachette datée du 14 décembre 1858 et retrouvée par Aquarone (*op. cit.*, p. 177) suggère qu'ils s'étaient mis d'accord pour une impression des citations en caractères italiques — ce qui aurait amélioré, en effet, la facilité de lecture.

156 Est-ce parce qu'il aimait beaucoup sa fille Sophie que Littré, dans son *Dictionnaire*, choisit comme exemple de l'usage du mot *fille :* « Le ciel a comblé mes vœux en me donnant une fille » ?

157 Les articles que Littré écrivit pour le *Journal des savants*, entre septembre 1857 et octobre 1873, ont été pour la plupart reproduits ultérieurement dans l'un des trois recueils suivants : *Histoire de la langue française (op. cit.)*, *Études sur les Barbares et le Moyen Âge (op. cit.)*, et *Études et Glanures (op. cit.)*.

La seconde édition de la traduction par Littré de la *Vie de Jésus* de Strauss parut avec une longue préface de Littré, en 1856. Elle avait été primitivement destinée par l'auteur allemand aux théologiens. Il devait publier en 1865 une *Nouvelle Vie de Jésus* pour le grand public, que traduiront en français Auguste Nefftzer et Charles Dollfus, fondateurs de la *Revue germanique*.

158-159 Les trois études de Littré sur Dante parurent sous les titres

« Style de Dante », « Différents modes de traduction » et « Grandeur et caractère de la *Divine Comédie* », les 11, 12 et 17 janvier 1857 dans le *Journal des débats*. C'est dans le deuxième de ces trois articles que se trouve la citation que j'ai placée dans le texte.

160   Les détails sur la mort d'Auguste Comte sont en partie tirés de : Henri Gouhier, *La Vie d'Auguste Comte* (Paris 1931, Gallimard).

162   Les détails sur le testament de Comte et le procès intenté par sa femme sont racontés d'après le livre de Littré, *Auguste Comte et la philosophie positive*.

La citation où Littré exprime son attachement à Caroline Comte est tirée d'un article intitulé « Madame Comte », écrit à l'occasion du décès de celle-ci et paru dans *La Philosophie positive* de mars-avril 1877, p. 290.

163-164   Dans l'échange de lettres entre Littré et Marie d'Agoult au sujet de la souscription pour Caroline Comte, la lettre de Littré appartient au fonds Charnacé de la bibliothèque de Versailles; le texte de la lettre de Marie d'Agoult est inédit et m'a été aimablement fourni par M. Charles Dupêchez qui la tenait du comte Josserand de Saint-Priest d'Urgel. Dans cette dernière lettre on aura compris que celui que Marie d'Agoult nomme ironiquement « le bienfaiteur de l'Italie », « Bonaparte », « le Maître » n'est autre que l'empereur Napoléon III. « V. Emmanuel » est bien entendu Victor-Emmanuel II qui devait devenir roi de l'Italie unifiée en 1861. Quant à Anselme Petétin, c'était un journaliste qui, d'abord républicain, se mit ensuite au plein service de Napoléon III dans l'affaire de l'annexion de la Savoie, et fut, à titre de remerciement, nommé Préfet de la Savoie en juin 1860.

Dans la lettre de Prosper Mérimée, ce dernier appelle Littré « Mon cher confrère » comme il est de coutume entre membres de l'Institut, car Mérimée appartenait à l'Académie française depuis 1844.

165   Le don du comte Walewski est attesté par une lettre de remerciement inédite de Littré, du 11 avril 1861, que j'ai trouvée dans les archives de l'Institut de France.

CHAPITRE X — AVERTISSEMENT A LA JEUNESSE
ET AUX PÈRES DE FAMILLE

168   Marie-Charles-Joseph de Pougens (1755-1833), fils naturel du prince de Conti, perdit la vue à l'âge de vingt-quatre ans à la suite d'une petite vérole. Il n'en consacra pas moins sa vie aux lettres, à la philologie et à la philosophie. Il fut élu membre de l'Institut. Ruiné par la

Revolution, il se fit imprimeur-libraire. Il publia notamment un *Trésor des origines et Dictionnaire grammatical raisonné de la langue française* (1819) et une *Archéologie française ou vocabulaire des mots anciens tombés en désuétude et propres à être restitués au langage moderne* (1821-1824). Le « fonds Pougens », qui se trouve à la bibliothèque de l'Institut comporte cent cinquante in-folio bourrés d'exemples établis par Charles Pougens et complétés, après sa mort, par son élève Théodore Lorin.

Littré puisa également des citations d'ancien français dans les quarante volumes in-folio du *Dictionnaire des antiquités françaises* de Jean-Baptiste de La Curne de Saint-Palaye (1697-1781), qui se trouve à la Bibliothèque nationale ; dans les vingt-trois volumes in-folio de la collection de quatre mille pièces inédites ou peu connues ramenées d'Italie et de Provence, du même auteur ; et, toujours de Saint-Palaye, le *Glossaire de l'ancienne langue française* qui rassemble de très nombreux documents sur la langue provençale. M. de La Curne de Saint-Palaye fut membre de l'Académie des Inscriptions et Belles-Lettres et de l'Académie française.

170 La lettre de Victor Hugo du 26 février 1863 est reproduite dans *Aquarone* (*op. cit.*, p. 181).

171 Un grand nombre de détails et de lettres inédites sur l'élection de Littré à l'Académie française peuvent être trouvés dans Henri Welshinger « L'Élection de Littré à l'Académie française » (*Revue des Deux-Mondes*, 15 mars 1918, p. 394-423).

172 L'*Avertissement à la jeunesse et aux pères de famille* a été publié à Orléans en 1863 par l'imprimeur Blanchard.

173 « L'orang-outang plus intelligent qu'un natif de Tasmanie » est cité en note dans l'*Avertissement*, p. 67, comme extrait d'une conférence faite par un professeur de faculté de médecine et rapportée dans la *Gazette du Midi*.

174 L'extrait de la lettre de Dupanloup au lendemain de l'échec de Littré est rapporté par Paul Ganière *in Ils étaient aussi médecins* (*op. cit.*).

La citation de Sainte-Beuve est mentionnée par Zola dans son article « Le Dictionnaire de M. Littré », paru dans *L'Événement* du 18 octobre 1866.

175 La lettre de Littré à Hachette du 2 février 1863 se trouve dans l'ouvrage de Jean Mistler *La Librairie Hachette de 1826 à nos jours* (*op. cit.*, p. 170).

177-179 Tous ces poèmes de Littré sont reproduits dans *Littérature et Histoire* (*op. cit.*).

180   L'ouvrage de Stuart Mill, paru en anglais en 1865, fut publié dans une traduction française de G. Clemenceau, sous le titre *Auguste Comte et le Positivisme* (Paris 1868, Alcan).

Créée en 1867, la revue *La Philosophie positive* devait paraître régulièrement pendant dix-sept ans, pour cesser d'exister en 1884, trois ans après la mort de Littré.

183   Une analyse plus détaillée de mes réflexions sur ce problème figure dans plusieurs de mes livres et dans « Réflexions sur la liberté des décisions humaines » (in *Treize Savants redécouvrent Paul Valéry*, Paris 1983, Hermann, p. 103 et 290).

184   Le travail du professeur François Lhermitte a été publié dans *Annals of Neurology* (1986, t. XIX, p. 326 et 335).

185   La phrase de Paul Valéry est dans les *Cahiers* (éd. de la Pléiade, Paris 1973, Gallimard, t. I, p. 761).

Le *Traité du libre arbitre* fut sans doute écrit par Bossuet dans les années 1670.

187   Les nombres de synapses (aires de jonction) entre neurones et le calcul de C. H. Herrick sont reproduits d'après les chiffres fournis par Guy Lazorthes, in *Le Cerveau et l'Esprit*, Paris 1982, Flammarion, p. 53.

La collection complète de *La Philosophie positive* peut être consultée à la bibliothèque de l'Institut de France sous la référence 4° AA 2572.

CHAPITRE XI — LA TROISIÈME RÉPUBLIQUE

190   Dans la correspondance du temps, Mesnil-le-Roi s'écrit tantôt Ménil, tantôt Mesnil-le-Roy.

L'anecdote sur le refus de visiter l'Exposition universelle est racontée par le docteur Maurice Genty (*Les Biographies médicales*, Paris 1934, Baillière et fils).

191-193   L'exil de Littré en Bretagne est raconté dans « Comment j'ai fait mon dictionnaire » (*in Études et Glanures, op. cit.*). L'échange de lettres avec Gambetta se trouve dans *Aquarone* (*op. cit.*, p. 187 et 188).

193   Le cours de Littré aux polytechniciens est reproduit dans *La Science au point de vue philosophique* (*op. cit.*, p. 410 à 436).

195   La citation de Littré est tirée de la préface de l'ouvrage *De l'Établissement de la Troisième République*, page III).

200-201   Les deux citations de Littré « J'avais alors en effet rue de l'Ouest... » et « On avait ouvert chez M. Hachette... » sont tirées de

« Comment j'ai fait mon dictionnaire » (*op. cit.*, p. 429 et 436 d'*Études et Glanures*).

203 Littré, malade, finit même par juger si fatigant le trajet de Paris à l'Assemblée versaillaise qu'il prit domicile à Versailles, 5 rue Maurepas. J'ai trouvé, en effet, dans les archives de l'Académie française, une lettre du 21 septembre 1877 adressée à M. Pingard, chef du secrétariat de l'Académie, demandant qu'on lui envoie à Versailles les émoluments académiques. Il écrit :

« Ma mauvaise santé m'a forcé à prendre résidence auprès de l'assemblée ; et elle m'empêche d'aller à Paris. J'ai en ce moment de la fièvre, et il m'est impossible de bouger. »

Et il indique sa nouvelle adresse, à Versailles.

CHAPITRE XII — AMIS ET ENNEMIS

204 La citation de Littré mise en exergue est tirée de *Littérature et Histoire* (*op. cit.*, p. VI).

Le 8 avril 1873, Littré écrivait à Barthélemy Saint-Hilaire :

« Je t'informe que mon *Dictionnaire de la langue française* réussit bien au-delà de toutes mes prévisions. Il y en a quinze mille exemplaires complets vendus, et dix mille pris par livraisons et souscriptions ; et ce n'est pas fini. C'est énorme pour un livre qui se vend cent francs. »

Jean Mistler, dans son livre sur la Librairie Hachette (*op. cit.*), signale que lors de la réimpression faite en 1935 le total des exemplaires vendus s'élevait à 89 140 pour les 4 volumes du *Dictionnaire*.

L'article de Zola était paru dans *L'Événement* du 18 octobre 1866.

La lettre de George Sand est citée dans *Aquarone* (*op. cit.*, p. 191).

205 Le texte intégral des discours prononcés au cours du grand banquet offert à Littré, sur l'initiative des rédacteurs de *La Philosophie positive,* se trouve dans cette revue, dans le numéro de mars-avril 1873, p. 302.

La citation du *Journal* des Goncourt se trouve dans le t. V, p. 75 en date du 26 février 1873.

206 Le R.P. Célestin-Joseph Félix (1810-1891), de la Compagnie de Jésus, était un célèbre prédicateur, qui fut nommé en juin 1871 supérieur de la maison des pères jésuites de la rue de Sèvres, à Paris, pour remplacer le R.P. Olivaint tombé sous les balles de la Commune. Il avait publié *L'Athéisme à la porte de l'Académie* (Paris 1863, C. D. Dillet), à propos de la candidature de Littré.

En diverses occasions, Littré s'était montré réservé sur le transformisme de Lamarck et de Darwin, en particulier à propos de la parution du livre *Anatomie et Physiologie cellulaires* de son ami Charles Robin, qu'il analyse dans *La Philosophie positive* de janvier 1874 (article reproduit dans *Fragments de philosophie positive et de sociologie contemporaine, op. cit.*, p. 508). Et pourtant la rumeur publique prétendait, sans le moindre fondement, que Littré voyait dans l'homme un descendant du singe : beaucoup de dessins humoristiques du temps s'en inspirèrent.

On possède de très nombreuses caricatures de Littré. Outre celles mentionnées dans le texte, on peut citer celle de *L'Éclipse* du 1er février 1871 où Alfred Le Petit le représente en fleur desséchée, dans la série Fleurs, fruits et légumes du jour, avec comme légende :

> « Littré, la fleur de la science,
> D'un Dictionnaire accouche ;
> A ce travail de patience,
> La pauvre fleur se dessèche. »

D'autres dessins amusants parurent dans *La Timbale* du 7 juin 1873 sous la signature de Reyem, dans *L'Éclipse* du 18 octobre 1874, sous la signature de Gill, dans *Le Grelot* du 25 juillet 1875 sous la signature de Honer, dans les *Hommes d'aujourd'hui* du 11 janvier 1879, encore de Gill qui semble en avoir réalisé plusieurs autres. Dans un numéro du *Trombinoscope* de janvier 1872, après le dessin d'un Littré sortant comme un diable d'une boîte à malices, on lit sous la signature de Touchatout :

« Au physique, M. Littré n'est pas superbe ; n'ayant aucun motif pour faire de la peine aux singes, nous nous abstenons de toute comparaison ; il a la lèvre inférieure et les opinions politiques très avancées, les sourcils sont larges et épais ; les gens qui ont besoin de bourrelet pour le dessous de leurs portes les contemplent avec envie. Il est de petite taille ; mais quand il est à côté de Jules Ferry, qui a cinq pieds six pouces, il paraît presque aussi grand que lui, tant ce dernier lui fait hausser les épaules. »

Cependant, nombreux sont ceux qui trouvent au visage de Littré une certaine beauté. On possède de lui un buste de G. Deloye conservé au musée d'Avranches, quelques dessins et photographies. Sur la photographie que réalisa le célèbre Nadar vers 1860, les traits sont loin d'avoir la laideur effrayante que lui prêtent les caricaturistes. Paul Imbs dit que ce portrait montre :

« Non pas cette tête à la chevelure mal peignée, aux sourcils broussailleux, au regard sombre et à la mâchoire lippue, (mais) un grand front dégagé, sous une chevelure abondante d'artiste, avec, derrière les cercles de fer de ses lunettes, des yeux profonds, scrutateurs, quelque peu inquiets, fatigués déjà, dirait-on, par le travail nocturne, la face légèrement levée et tournée vers on ne sait quelle attente, le bas du visage barré par la large commissure pressée sur une lèvre inférieure gourmande et volontaire. »

(*In* « Émile Littré et la langue française », célébration du centenaire de la mort d'Émile Littré, Académie des Inscriptions et Belles-Lettres, séance du 27 novembre 1981).

Voici encore la description qu'en donne Claretie, dans ses *Portraits contemporains* (Paris 1875, Librairie illustrée) :

« Au physique, un vieillard étrange, d'une physionomie inoubliable, la taille moyenne, le visage ridé et creusé, *noirâtre*, comme dit Sainte-Beuve. Les cheveux, noirs et plats, retombant sur la nuque comme ceux d'un ecclésiastique ; le front, large et puissant, se creuse sous une pensée unique ; les yeux, usés par les textes déchiffrés, les travaux de physiologie, brillent derrière les lunettes. L'expression vivante de la figure tient dans la lèvre inférieure accusée et tombante, tirée aux commissures de la bouche par deux rides profondes, et qui semble montrer le mépris le plus complet et le plus ironique pour les subtilités mondaines ou les injures rencontrées. Il y a à Florence, au musée des Uffizzi, un buste de Machiavel où se retrouve cette même expression amère et souverainement dédaigneuse. Combien de fois ai-je songé à ce buste, à ce rictus du patriote florentin, en revoyant M. Littré, dont la sculpture italienne est comme l'image pétrifiée. »

206-207 Les deux lettres de Littré à Marie d'Agoult sont conservées au département des manuscrits de la Bibliothèque nationale (fonds Daniel Ollivier).

207 La « lettre ouverte à Littré » de Marie d'Agoult, qui signait Daniel Stern, était une réponse à un article antérieur de Littré, paru dans le même journal le 9 novembre ; Littré exprimait l'opinion que la France ne devait pas tenter de s'imposer en Europe par les armes, mais plutôt par la sagesse politique ; l'article de Marie d'Agoult approuvait totalement cette analyse de la situation (cf. Jacques Vier, *La Comtesse d'Agoult et son temps, op. cit.*, t. VI, p. 46).

208 La citation de Claretie est tirée de : Jules Claretie, *Portraits contemporains* (Paris 1875, Librairie illustrée).

L'opuscule de Monseigneur Dupanloup, *L'Élection de Littré à l'Académie française* (suivi d'une réponse au *Journal des débats*) parut chez Douniol en 1872.

211 La séance de l'Académie française où Victor Hugo vient voter pour Alexandre Dumas fils est racontée par le duc de Castries dans *La*

Vieille Dame du quai Conti (Paris 1978, Librairie Académique Perrin, p. 330).

215 La Société de sociologie fut créée en 1871 par Littré et Robin « pour l'application de la méthode positive à l'étude des doctrines sociales ». Elle n'eut qu'une existence éphémère.

215-216 Les citations de Littré « La religion est un ensemble de... » et « Le jour et la lumière s'avancent... » sont tirées de *Conservation, Révolution et Positivisme* (*op. cit.*, 2ᵉ éd., p. 285 et 408.).

La citation suivante, « Ils vivent leur vie telle que la nature... », est tirée de « Pour la dernière fois », paru dans la revue *La Philosophie positive*, 1880, t. XXIV, p. 327.

La citation dans laquelle Littré déclare que la doctrine positive « réserve la question suprême d'une intelligence divine... » est tirée de « Transrationalisme », paru dans la revue *La Philosophie positive* de janvier 1880, p. 37.

217. La réception de Littré dans la Franc-Maçonnerie est décrite dans un article de N. Caubet, dans la revue *La Philosophie positive*, 1875, t. XV, p. 161.

218 Le discours de réception prononcé par Littré se trouve dans *Fragments de philosophie positive* (*op. cit.*, p. 596).

CHAPITRE XIII — REPENTIRS

222 La lettre écrite par George Sand à Flaubert, le 19 décembre 1875, est citée par Maurice Genty, dans *Les Biographies médicales* (Paris 1932, Baillière).

223 La première édition de *Conservation, Révolution et Positivisme* était parue chez Ladrange en 1852, la seconde, en 1879, eut comme éditeur les Bureaux de la philosophie positive.

227 La citation extraite de *Madame Bovary* se retrouve à la p. 361 du t. I des *Œuvres de Gustave Flaubert* dans l'édition de La Pléiade.

228 La citation de Marcelin Berthelot est tirée de *Science et Morale* (1897).

La citation de Paul Painlevé est extraite de *Paroles et Écrits* (1936).

231-232 La première citation de Littré est extraite de la deuxième édition de *Conservation, Révolution et Positivisme* (*op. cit.*) p. 394, dans un article intitulé « Idéal ou religion » déjà paru dans le *National* du 10 septembre 1849.

Les citations suivantes de Littré sont extraites de la seconde édition de

Conservation, Révolution et Positivisme (op. cit.) p. 400, 410 et 416. Le texte initial était un article intitulé « Idée religieuse de l'humanité », déjà paru dans le *National* du 10 mars 1851.

CHAPITRE XIV — POUR LA DERNIÈRE FOIS

234 Les lignes de Littré qui se compare au malheureux Scarron se trouvent dans « Comment j'ai fait mon dictionnaire » (*in Études et Glanures, op. cit.* p. 437).

235 Pour les références de tous les ouvrages publiés à cette époque, cf. *supra* la Bibliographie des œuvres de Littré.

A propos de la traduction de *L'Enfer* de Dante, on peut consulter : Lucien Auvray « Dante et Littré » *in Mélanges de philologie, d'histoire et de littérature offerts à Henri Hauvette* (Paris 1934, Les Presses françaises). L'auteur analyse trois articles de Littré parus dans le *Journal des débats*, les 11, 13 et 17 janvier 1857 (reproduits dans le 1er volume de l'*Histoire de la langue française, op. cit.*, p. 394 à 434).

236 La citation « La jeunesse songe peu à la mort... » est tirée de *Conservation, Révolution et Positivisme*, 2e éd., *op. cit.*, p. 430-431.

237 Voir J. Hamburger, G. Richet, J. Crosnier et J.-L. Funck-Brentano *Techniques de réanimation médicale* (Paris 1954, Flammarion).

237-240 L'article « Pour la dernière fois » parut dans la revue *La Philosophie positive*, t. XXIV, mai à juin 1880, p. 321. L'article fut publié à nouveau dans le numéro de la revue qui suivit la mort de Littré (t. XXVI, juillet-août 1881), en dernier hommage à sa mémoire.

238 La citation « Un soir, dans ma petite chambre... » est tirée de la revue *La Philosophie positive*, septembre-octobre 1877, p. 168.

240-241 L'abbé Huvelin était connu comme un directeur de conscience excellent. Il avait joué un rôle décisif dans la conversion de Charles de Foucauld ; leur correspondance fut publiée en 1957 chez Desclée De Brouwer. L'abbé Huvelin avait pris des notes sur ses entretiens avec Littré, notes restées inédites jusqu'à leur publication par J.-F. Six, dans son ouvrage *Littré devant Dieu (op. cit.)*.

La citation du journaliste catholique est d'un certain M. Laverdant, auteur de *La Mort de Littré*, qui parut dans le mois suivant l'enterrement (cité par J.-F. Six, *Littré devant Dieu, op. cit.*, p. 77).

241 Bien que le nom de l'abbé Huvelin ne soit pas cité par Littré, il n'est pas douteux que la lettre que ce dernier rapporte dans « Pour la dernière fois » (p. 340) soit de lui : J.-F. Six *(op. cit.)* en apporte les preuves.

242 La phrase de Littré sur les ecclésiastiques se trouve également dans « Pour la dernière fois », p. 333.

La citation de l'abbé Huvelin est tirée de son mémoire inédit publié par Six, p. 139 de *Littré devant Dieu (op. cit.)*

243 Le récit de Sophie Littré fut publié le 25 septembre 1920 dans *Le Correspondant* (p. 994). Il est reproduit dans Six *(op. cit., p. 105)*.

CHAPITRE XV — LE CAS LITTRÉ

244 L'article d'Émile Zola parut dans *Le Figaro* du lundi 13 juin 1881.

245 Lorsque Louis Pasteur succéda à Littré à l'Académie française, il mêla, dans l'éloge de son prédécesseur, les critiques les plus sévères pour sa philosophie à une sincère admiration pour l'homme. Il termina par ces mots :

« Souvent il m'est arrivé de me le représenter, assis auprès de sa femme, comme un tableau des premiers temps du christianisme ; lui, regardant la terre, plein de compassion pour ceux qui souffrent ; elle, fervente catholique, les yeux levés vers le ciel ; lui, inspiré par toutes les vertus terrestres ; elle, par toutes les grandeurs divines ; réunissant dans un même élan comme dans un même cœur les deux saintetés qui forment l'auréole de l'Homme-Dieu, celle qui procède du dévouement à ce qui est humain, celle qui émane de l'ardent amour du divin ; — elle, une sainte dans l'acception canonique ; lui, un saint laïque. Ce dernier mot ne m'appartient pas. Je l'ai recueilli sur les lèvres de tous ceux qui l'ont connu. »

La pensée de Littré sur « La destination de la science... » est citée par G. Daremberg, *in Les Grands Médecins du XIXᵉ siècle (op. cit., p. 240)*.

246 Dans la 2ᵉ édition de *Conservation, Révolution et Positivisme (op. cit., p. 16)*, Littré avait écrit que, si la logique veut qu'un libre penseur ne soit pas enterré religieusement, le contraire « est souvent pratiqué, tantôt pour ne pas affliger une femme, une famille, tantôt pour se conformer à l'usage prévalant ».

245-247 Une grande partie de l'histoire de cette polémique a été racontée dans le livre de l'abbé Jean-François Six *Littré devant Dieu (op. cit.)* Le petit livre de G. Laverdant *La Mort de Littré* était paru en 1881 à la Librairie Saint-Paul. L'année suivante, Caro, confrère de Littré à l'Académie française, avait publié dans la *Revue des Deux-Mondes* deux articles sur Littré (avril 1882, p 516, et mai 1882, p. 5), qui furent réunis ensuite dans un livre d'une grande élévation de pensée *(Littré et le Positivisme, op. cit.)*. Bien que profondément catholique, l'auteur refuse de s'engager dans cette polémique.

Un autre épisode de cette bataille se déroule en 1919, quand l'éloge de Littré est prononcé devant l'Académie de médecine par Maurice de Fleury, qui suggère qu'un penchant à l'hypocondrie aboutissant à une dépression mélancolique explique sans doute la crise morale des derniers jours. *Le Temps* publie un compte rendu de ce discours. Aussitôt, la fille de Littré, toujours confite en dévotion, exige du même journal un droit de réponse. Dans le numéro du 30 décembre, elle élève une protestation véhémente :

« Depuis longtemps, les idées de mon père évoluaient vers les doctrines spiritualistes et religieuses. [..] Le récit de M. Maurice de Fleury n'est pas faux ; il est inexact, erroné, tendancieux, et les conclusions qui en sont tirées sont entièrement fausses. »

249 Dans la première édition de *Conservation, Révolution et Positivisme,* qui date de 1852, Littré avait écrit : « A l'aide de la formule de M. Comte, on explique le passé [...] et l'on prévoit l'avenir. » Dans la seconde édition, en 1878, on lit : « Bientôt les faits eux-mêmes, les événements me montrèrent que M. Comte était aveugle sur ce qui concernait la situation d'alors et ses conséquences. »

251 La citation « L'esprit humain est enfermé... » est tirée de l'article « De quelques points de physiologie psychique », dans la section « Bornes de l'esprit humain ». Paru d'abord dans le numéro de mars 1860 de *La Philosophie positive,* cet article fut reproduit dans *La Science au point de vue philosophique (op. cit.* p. 322).

253 Les mots de Littré sur l'« ordre moral rangé sous la catégorie de la science positive » sont extraits de « Préface d'un disciple » aux *Principes de philosophie positive* d'Auguste Comte *(op. cit.,* p. 50).

254 Le passage sur l'amour de l'humanité est à la p. 510 de *Auguste Comte et la Philosophie positive (op. cit.).*

« Le temps qui est beaucoup pour les individus... » est une citation de Littré que rapporte Renan, à la fin de son discours de réception de Louis Pasteur (élu à l'Académie française au fauteuil de Littré), au cours de la séance publique du 27 avril 1882.

INDEX DES NOMS CITÉS

TABLE DES MATIÈRES

    Les extases de la vie — Un testament spirituel — L'apogée
    tragique.

CHAPITRE XV — LE CAS LEIBNIZ 340
    L'homme du siècle — Tout ange ou camethod de si-
    tuation. Sartre ... — L'homme de Peterloul
    L'homme volcan ... — Le détenteur de l'arme scienti-
    que — La philosophie analytique — La question de
    l'objectivité — Un critère de connaissance — Une
    sociologie baignée d'humanité.

    Remerciements 359
    Bibliographie, notes et commentaires 363
    Index des noms cités 377

*Achevé d'imprimer en septembre 1988
sur presses CAMERON
dans les ateliers de la S.E.P.C.
à Saint-Amand-Montrond (Cher)*